21世纪经济与管理精编教材·工商管理系列

商务礼仪与谈判

Business Etiquette and Negotiation

储节旺 主 编
李玲玲 副主编

北京大学出版社
PEKING UNIVERSITY PRESS

图书在版编目(CIP)数据

商务礼仪与谈判/储节旺主编. —北京:北京大学出版社,2015.2
(21 世纪经济与管理精编教材)
ISBN 978-7-301-25287-1

Ⅰ. ①商… Ⅱ. ①储… Ⅲ. ①商务—礼仪—高等学校—教材 ②商务谈判—高等学校—教材 Ⅳ. ①F718 ②F715.4

中国版本图书馆 CIP 数据核字(2015)第 000989 号

书　　名	商务礼仪与谈判
著作责任者	储节旺　主编　李玲玲　副主编
责任编辑	徐　冰　尉小芸
标准书号	ISBN 978-7-301-25287-1
出版发行	北京大学出版社
地　　址	北京市海淀区成府路 205 号　100871
网　　址	http://www.pup.cn
电子信箱	em@pup.cn　QQ:552063295
新浪微博	@北京大学出版社　@北京大学出版社经管图书
电　　话	邮购部 62752015　发行部 62750672　编辑部 62752926
印 刷 者	北京鑫海金澳胶印有限公司
经 销 者	新华书店
	787 毫米×1092 毫米　16 开本　13.75 印张　326 千字
	2015 年 2 月第 1 版　2019 年 5 月第 6 次印刷
印　　数	15001-18200 册
定　　价	32.00元

序　言

中国素有“文明古国，礼仪之邦”的称谓。礼为儒家“五常”（仁义礼智信）的重要构成部分。孔子提出“仁、义、礼”，孟子延伸为“仁、义、礼、智”，董仲舒扩充为“仁、义、礼、智、信”，后称“五常”。这“五常”贯穿于中华伦理的发展中，成为中国价值体系中最核心的因素。“礼”自然也就成为中国社会人人恪守的基本行为规范。“不知礼，无以立也。”“礼，履也，所以事神致福也。”“礼，体也，得其事证也，人事之仪则也。进退周旋得其体，乃是正人身之法也。尊卑长幼有序，处事有规，淫乱不犯，不败人伦，以正为本，发为恭敬之心，斋庄中正之态，礼也。”礼者，示人以曲也。己弯腰则人高，对他人即为有礼。因此，敬人即为礼。

郭沫若在《十批判书》中指出：“礼之起，起于祀神，其后扩展而为人，更其后而为吉、凶、军、宾、嘉等多种仪制。”这里讲到了礼仪的起源，以及礼仪的发展过程。

仪有仪态、仪表、仪式等，它指人的外表或举动，或按程序进行的礼节，或指法制、准则。“致福曰礼，成义曰仪”，礼与仪具有内在的一致性，合称礼仪。

现代意义上的礼仪是指在人际交往中，以一定的约定俗成的程序、方式来表现的律己敬人的完整行为和过程，涉及仪容、仪表、穿着、言谈、交往、沟通、情商等内容。礼仪大致分为国务礼仪、政务礼仪、商务礼仪、服务礼仪、社交礼仪、销售礼仪、涉外礼仪等几大分支。

礼仪在现代社会中具有十分重要的作用，无论是为官、经商、从教、求学，还是居家、交游，礼仪都是一个人必备的基本素质和应当遵循的行为规范。保有基本的礼节不仅是尊重他人的表现，也是赢得他人尊敬的必要条件。失礼不仅会容易闹笑话，还容易引起他人的误解，招致不必要的麻烦。

商务礼仪是在商务活动中表现出来的对人的仪容仪表和言谈举止的普遍的、基本的要求，是体现着相互尊重的一整套行为准则。在商务谈判中，礼仪是谈判成功的基本前提。一个人若连基本礼仪都不懂，又如何让对方相信其有信义，能遵守合同所定的条款？

本书是笔者在多年教学基础上，结合实践经验，遍阅相关专著论文，广集大家之智慧，历时两年编纂而成。该书体例规范，内容新颖，摘编大量案例，并附实践训练环节，适合应用型本科商务类专业礼仪课程教学之用，也可供相关科研、教学、培训和实践人员参考。

本书写作分工如下（按章节顺序排列）：储节旺（主编，总体负责），李玲玲（副主编，大纲编写，第八章、第九章），靳艳（第一章、第七章），田淑芳（第二章、第十二章），余丽婷（第三章、第十一章），林明辉（第四章），王娟（第五章），金成林（第六章、第十章）。

编　者

2014 年 11 月 23 日于合肥

目 录 contents

第1章 礼仪概论

【学习要点】

1. 掌握礼仪的含义及相关概念
2. 熟悉礼仪的内容、特征、原则、作用

【导入案例】

某公司开会时，下属的手机声此起彼伏，这位领导非常生气，于是大声说："以后请各位注意，在开会时把手机关掉，或是设成静音。我在这里说话，听到你们又是电话声又是短信声的。相信各位也都是学商务礼仪的，礼仪的学习不只是说说而已，一定要付诸实际行动。如果下次开会的时候，谁的手机再响，我……"领导的话还没有说完，自己的手机响起来了，领导的脸一下就红了，尴尬得不知说什么好。

1.1 礼仪及相关概念

中国具有五千年文明史，素有"礼仪之邦"之称，中国人也以其彬彬有礼的风貌著称于世。礼仪文明作为中国传统文化的一个重要组成部分，对中国社会历史发展起了广泛深远的影响，其内容十分丰富。礼仪所涉及的范围十分广泛，几乎渗透于古代社会的各个方面。

1.1.1 礼仪的含义

礼仪被公认为协调人际关系的行为准则，具体表现为礼貌、礼节、仪式等。

1. 礼

礼的本意为敬神，后引申为表示敬意的通称。礼的含义比较丰富，它既可以指表示敬意和隆重而举行的仪式，也可泛指社会交往中的礼貌礼节，是人们在长期的生活实践中约定俗成、共同认可的行为规范。还特指奴隶社会、封建社会等级森严的社会规范和道德规范。在《中国礼仪大辞典》中，礼被定义为特定的民族、人群或国家基于客观历史传统而形成的价值观念、道德规范，以及与之相适应的典章制度和行为方式。礼的本质是"诚"，有敬重、友好、谦恭、关心、体贴之意。礼是人际乃至国际交往中，相互表示尊重、亲善和友好的行为。

2. 礼貌

礼貌指的是人们在交往过程中相互表示敬意和友好的行为准则和精神风貌，是一个人在待人接物时的外在表现。它通过仪表及言谈举止来表示对交往对象的尊重。它反映了时代的风尚与道德水准，体现了人们的文化层次和文明程度。礼貌是表示尊重的言行规范，它可以指礼貌的动作、礼貌的语言、礼貌的表情。例如，在上下楼道时，宾馆服务人员向对迎面走来的客人侧身、微笑并说声“您好”。

3. 礼节

礼节是指人们在日常生活中，特别是在交际场合中，相互表示问候、致意、祝愿、慰问及给予必要的协助与照料的惯用形式。礼节是礼貌的具体表现，具有形式化的特点，主要指日常生活中的个体礼貌行为。

4. 礼仪

礼仪包括“礼”和“仪”两部分。礼即礼貌、礼节；仪，即仪表、仪态、仪式、仪容，是对礼节、仪式的统称。

礼仪是人们在各种社会的具体交往中，为了表示相互尊重，在仪表、仪态、仪式、仪容、言谈举止等方面约定俗成的、共同认可的规范和程序。

从广义的角度看，它泛指人们在社会交往中的行为规范和交际艺术。狭义角度通常是指在较大或隆重的正式场合，为表示敬意、尊重、重视等所举行的合乎社交规范和道德规范的仪式。

1.1.2 商务礼仪的涵义

商务礼仪是在商务活动中体现相互尊重的行为准则。商务礼仪的核心是一种行为准则，用来约束我们日常商务活动的方方面面。商务礼仪的核心作用是为了体现人与人之间的相互尊重。这样，我们学习商务礼仪就显得更为重要。我们可以用一种简单的方式来概括商务礼仪，它是商务活动中对人的仪容仪表和言谈举止的普遍要求。

商务礼仪使用的目的有三：

(1) 提升个人的素养。教养体现细节，细节展示素质。

(2) 方便我们的个人交往应酬。我们在商业交往中会遇到不同的人，对不同的人如何进行交往这是要讲究艺术的，比如夸奖人如果方式不对，也会让人感到不舒服，适得其反。

(3) 有助于维护企业形象。在商务交往中个人代表整体，个人形象代表企业形象，个人的所作所为，就是企业的典型活体广告。

1.1.3 中国礼仪的内容

中国古代的“礼”和“仪”，实际是两个不同的概念。“礼”是制度、规则和一种社会意识观念；“仪”是“礼”的具体表现形式，它是依据“礼”的规定和内容，形成的一套系统而完整的程序。其主要内容有：

1. 尊老敬贤

中国自原始社会到封建社会，人际的政治伦理关系均以氏族、家庭的血缘关系为纽带，故此在家庭里遵从祖上，在社会中尊敬长辈。由于中国古代社会推崇礼治和仁政，敬贤已成为一种历史的要求。

孟子说："养老尊贤，俊杰在位，则有庆。"[1]"庆"就是赏赐。古代这种传统礼仪，不管过去还是现代，对于形成温情脉脉的人际关系，以及有序和谐的伦理关系，都起着重要作用。

说到尊老，这是中国传统文化中的一大特色。古代的敬老，并不是只停留在思想观念和说教上，也并不仅止于普通百姓的生活之中。从君主、士族到整个官绅阶层，都在身体力行，并且形成一套敬老的规矩和养老的礼制。

《礼记》记载："古之道，五十不为甸徒，颁禽隆诸长者。"[2]就是说，五十岁以上的老人不必亲往打猎，但在分配猎物时要得到优厚的一份。一些古籍，对于同长者说话时的声量，也作了明确的要求。如《养蒙便读·言语》说："侍于亲长，声容易肃，勿因琐事，大声呼叱。"《弟子规》又说："低不闻，却非宜。"

总之，上至君王贵族，下达庶人百姓，都要遵循一定的规矩，用各种方式表达对老者、长者的孝敬之意，并以此作为衡量一个人是否有修养的重要标志。

任何形态的社会都需要尊敬老人。不仅因为老人阅历深，见闻广，经验多，劳动时间长，对社会贡献大，理应受到尊敬；同时，他们在体力和精神上较差，需要青年人的体贴、照顾和帮助。作为一个有礼貌的现代青年，对长者和老人，应该做到路遇主动谦让，乘车主动让座，在商店、戏院等公共场所，应尽量考虑到为老人创造方便条件。

关于敬贤，纵观中国古代历史，历来有作为的君主，大多非常重视尊贤用贤，视之为国家安危的决定因素。"三顾茅庐"已是老少皆知的敬贤故事。平时不敬贤，到了紧急关头，贤才就不会为国分忧。不是贤才不为国家着想，而是国家缓贤忘士，如此"而能经其国存者，未曾有也"。[3]

今天我们提倡发扬古代"敬贤之礼"，需赋予现代新人才观的内容，就是要尊重知识、尊重人才。

2. 仪尚适宜

中华民族素来注重通过适合的形式，表达人们内心丰富的情感。遇到重大节日和发生重要事件，多有约定俗成的仪式。如获得丰收，要欢歌庆贺；遭到灾祸，要祈求神灵保佑。久而久之，就形成许多节庆及礼仪形式，如春节、元宵、中秋、重阳等节日都有特定的礼俗。

在古代，婚、丧和节庆等活动是作为社会生活中的大事来对待的，其礼仪规定得格外详尽周密，从服饰、器皿到规格、程序和举止的方位，都有具体的规定。

今天，我们要保持和发扬中华民族优秀的礼仪文明，最重要的一点，就是需贵在适宜。即如二程所主张："奢自文生，文过则为奢，不足则为俭。"[4]可见，仪式的规模在于得当，适当的文饰是必要的，但文饰过当就会造成奢侈浪费，偏离礼仪的要求；而过于吝啬，妨碍到仪式的实行也是不得体的。古人这种见解非常精辟，对我们今天举行各种仪式具有指导作用。

在当今的社会活动中，举行各种仪式仍然是不可缺少的。公司开张、儿女婚嫁、各种节庆活动，都有不同的仪式。我们要把握好各种仪式的规模，就必须掌握好适度的原则，要使必要的仪式同现代文明相结合，相关的活动既隆重其事，又不至于华而不实。我们尤其要反

---

① 出自《孟子·告子下》。

② 出自《礼记·祭义》。

③ 出自《墨子·亲士》

④ 出自《二程集》程氏外书卷六。

对那种借婚丧庆典之机，大操大办、铺张浪费的现象；反对那种认为仪式越隆重越好，越豪华越合乎礼规的做法。如当今不少新婚夫妻为使婚礼够排场，互相攀比，以致债台高筑，造成巨大浪费。甚至有些领导干部不顾影响，为子女以权谋私，收受大宗贺礼，助长奢靡之风。这既不符合我们的优良传统，也不符合我们的国情、民情。

3. 礼貌待人

任何一个文明社会、文明民族，人们总是十分注重礼貌。因为礼貌是人类社会据以促进人际交往友好和谐的道德规范之一，是构建起与他人和睦相处的桥梁。它标志着一个社会的文明程序，反映了一个民族的精神面貌。中华民族历来就非常重视遵循礼规，礼貌待人。其中许多耐人寻味的经验之谈，无论过去和现在，都给人以启迪。具体说来，主要有以下两点：

（1）与人为善。与人相处，为善当先。这个“善”，应是出自内心的诚意，是诚于中而形于外，而不是巧言令色和徒具形式的繁文缛节。《礼记》说：“夫礼者，自卑而尊人。”①如果表面上恭敬热情，而内心虚伪，或是仅仅内心尊敬，而毫无表情，都是不够的。应该表里一致，才能从根本上消除人与人之间的隔阂、摩擦，进而互敬互爱，友好相处。

尊重他人，就要平等待人，不分贵贱等级，一视同仁。如果只对上层人士献其礼敬，以财势取人，以利益交人，其实是小人所为。《论语·子罕》载：孔子看见穿丧服、戴礼帽穿礼服的人和盲人，即使这些人年轻，孔子也必定站起来。行过别人面前时，一定快步走过，以示敬意。

古人敬人的方法，也有值得借鉴的地方。首先，要尊重他人的意愿，体谅别人的需要和禁忌，不能强人所难。不苛求别人做不能做的事，不强求别人接受不喜欢的东西。古人说：“不责人所不及，不强人所不能，不苦人所不好。”②就是这个意思。在与人交往中，幽默与善意的玩笑往往使人轻松愉快，但绝不可戏弄取乐。如果拿别人姓名为笑料，或给人起不雅的绰号，都是十分不敬的。南北朝时颜之推就曾对此种不敬气愤而言：“今世愚人，遂以相戏。或相指名为豚犊者，有识旁观，犹欲掩耳，况当之者乎。”

（2）礼尚往来。礼尚往来是礼貌待人的一条重要准则。就是说，接受别人的好意，必须报以同样的礼敬。这样，人际交往才能平等友好地在一种良性循环中持续下去。因此，《礼记》说：“礼尚往来，往而不来，非礼也；来而不往，亦非礼也。”

对于受恩者来说，应该滴水之恩，涌泉相报。在古人眼中，没有比忘恩负义更伤仁德。孔子说：“以德报德，则民有所劝”；《礼记》载：“以怨报德，则刑戮之民也”。可见，以德报德，有恩必报，是待人接物的基本道德修养。当然，往来之礼，也该适度。送礼的本意，在于表达敬意、答谢之意，所谓礼轻意重，并非越多越好。正如《庄子·山木》篇所说：“君子之交淡若水，小人之交甘若醴；君子淡以亲，小人甘以绝。彼无故以合者，则无故以离。”

4. 容仪有整

一个人的仪表、仪态，是其修养、文明程度的表现。古人认为，举止庄重，进退有礼，执事谨敬，文质彬彬，不仅能够保持个人的尊严，还有助于进德修业。古代思想家曾经拿禽兽的

① 出自《礼记·曲礼上》。
② 出自《文中子·魏相》。

皮毛与人的仪表、仪态相比较,禽兽没有了皮毛,就不能为禽兽;人失去仪礼,也就不成为人了。

古人对仪表的要求,不免过于繁琐。其中最重要的,有如下三个方面:

(1) 衣着容貌。《弟子规》要求:"冠必正,纽必结,袜与履,俱紧切。"这些规范,对现代人来说,仍是必要的。帽正纽结,鞋袜紧切,是仪表规范的基本要求。如果一个人衣冠不整,鞋袜不正,往往会使人产生反感,有谁会亲近这样的人呢。当然,衣着打扮,必须根据自己的职业、年龄、生理特征、相处的环境和交往对象的生活习俗,进行得体大方的选择。

(2) 行为举止。孔子说:"君子不重则不威,学则不固。"①这是因为,只有庄重才有威严,否则,即使学习了,也不能巩固。具体说来,要求做到"站如松,坐如钟,行如风,卧如弓",就是站要正,坐要稳,行动利索,侧身而睡。在公众场合举止不可轻浮,不可亵,应该庄重、谨慎而又从容,做到"非礼勿视,非礼勿听,非礼勿言,非礼勿动"②,处处合乎礼仪规范。

(3) 言语辞令。语言是人们思想、情操和文化修养的一面镜子。古人说:"修辞立其诚,所以居业也"。③ 首先,将诚恳地修饰言辞看成是立业的根基,有一定的道理。并且要"言必信,行必果"。④ 巧言令色的人是不可能取信于人的。其次是慎言。古人说,上天生人,于舌头上下两排牙齿紧密围裹,又在外面包一层厚厚的嘴唇,就是要人们说话一定要谨慎。当然古人并不是要求人们少言语,而是说话要视具体情况,当说则说,当默则默。孔子说:"可与言而不与之言,失人;不可与言而与之言,失言。知者不失人,亦不失言。"⑤说的就是这个道理。

以上几方面,是我国传统礼仪的精华。虽说时代不同了,但古人对仪容、仪表的重视是值得今人借鉴的。外在形象是一种无声的语言,它反映出一个人的道德修养,也向人们传递着一个人对整个生活的内心态度。

1.2 礼仪的特征与原则

1.2.1 礼仪的基本特征

现代礼仪具有其自身独具的特征,主要表现在规范性、限定性、操作性、传承性、失效性五个方面。遵守的原则就是对行为主体提出的基本要求,更是人格素质的基本。

1. 规范性

礼仪是约定俗成的一种敬人的惯用形式。因此,任何人要想在交往场合表现得合乎礼仪、彬彬有礼,都必须对礼仪无条件地加以遵守。

2. 限定性

礼仪,顾名思义,主要用于交际场合,适用于普通情况下的、一般人际交往和应酬。在这个特定范围之内,礼仪肯定有效。离开这个特定的范围,礼仪则未必适用。这就是礼仪的限

---

① 出自《论语·学而》。
② 出自《论语·颜渊》。
③ 出自《易·乾文》。
④ 出自《论语·子路》。
⑤ 出自《论语·卫灵公》。

定性特征。

3．操作性

切实有效，实用可行，规则简明，易学易会，便于操作，是礼仪的一大要求。

4．传承性

任何国家的礼仪都具有自己鲜明的民族特色，任何国家的现代礼仪都是在本国古代礼仪的基础上继承发展起来的。

5．时效性

从本质上讲，礼仪可以说是一种社会历史发展的产物，并具有鲜明的时代特点。一方面，它是在人类长期交际活动实践之中形成、发展、完善起来的，绝不能完全脱离特定的历史背景。另一方面，社会在发展，历史在进步，由此而引起的众多社交活动的新特点、新问题的出现，又要求礼仪与时代同步变化，以适应新形势下的新要求。

传统礼仪文明对我国社会历史发展产生了积极影响。一般说来，社会上讲文明礼貌的人越多，这个社会越和谐、安定。如果我们每一个人都礼貌待人，处事有节，我们的生活就会更多一些愉悦，国家、社会就会更多一些有序与文明。从这一点讲，礼仪对社会起着政治、法律所起不到的作用。

长期以来，由于大量礼仪文化的精华和糟粕处于渗融并存的状态，又由于礼仪文化的糟粕所产生的不可低估的消极作用，我们忽视了传统礼仪文明这一宝贵的精神财富。相当长一段时间内，社会、学校对礼仪养成教育不够重视，许多不文明的行为亦有增无减。在今天社会主义精神文明建设中，我们应立足于吸收民族文化中的精华，使传统文明礼仪古为今用，重建一套现代文明礼仪，使社会更加和谐，人们更加幸福。

1.2.2　礼仪的基本原则

1．信用宽容的原则

信用即讲究信誉。孔子曾有言："民无信不立，与朋友交，言而有信。"强调的正是守信用的原则。守信是我们中华民族的传统美德。在社交场合，尤其讲究一是要守时，与人约定时间的约会、会见、会谈、会议等，绝不应拖延迟到；二是要守约，即与人签订的协议、约定和口头答应他人的事一定要说到做到，所谓言必信，行必果。故在社交场合，如没有十分的把握就不要轻易许诺他人，许诺做不到，反落了个不守信的恶名，从此会永远失信于人。

宽容即与人为善。在社交场合，宽容是一种较高的境界，《大英百科全书》对"宽容"下了这样一个定义：宽容即容许别人有行动和判断的自由，对不同于自己或传统观点的见解的耐心公正的容忍。

宽容是人类的一种伟大思想，在人际交往中，宽容的思想是创造和谐人际关系的法宝。宽容他人、理解他人、体谅他人，千万不要求全责备、斤斤计较，甚至咄咄逼人。总而言之，站在对方的立场去考虑，是争取朋友的最好方法。

2．敬人的原则

即人们在社会交往中，要敬人之心常存，处处不可失敬于人，不可伤害他人的个人尊严，更不能侮辱对方的人格。

敬人就是尊敬他人，包括尊重自己，维护个人乃至组织的形象。不可损人利己，这也是人的品格问题。

3. 自信自律的原则

这是礼仪的基础和出发点。学习、应用礼仪，最重要的就是要自我要求，自我约束，自我对照，自我反省，自我检查。

自信的原则是社交场合中一个心理健康的原则，唯有对自己充满信心，才能如鱼得水，得心应手。自信是社交场合中一份很可贵的心理素质。一个有充分自信心的人，才能在交往中不卑不亢、落落大方，遇到强者不自惭，遇到艰难不气馁，遇到侮辱敢于挺身反击，遇到弱者会伸出援助之手。一个缺乏自信的人，常常会四处碰壁。

自信但不能自负，自以为了不起、一贯自信的人，往往就会走向自负的极端，凡事自以为是，不尊重他人，甚至强人所难。那么，如何剔除人际交往中自负的劣根性呢？自律原则正是正确处理好自信与自负的又一原则。自律即自我约束，在社会交往中，在心中树立起一种内心的道德信念和行为修养准则，以此来约束自己的行为，严于律己，实现自我教育，自我管理，摆正自信的天平，既不必前怕虎后怕狼地缺少信心，又不能凡事自以为是而自负高傲。

4. 遵守的原则

在交际应酬中，每一位参与者都必须自觉、自愿地遵守礼仪，用礼仪去规范自己在交往活动中的言行举止。体现、遵守礼仪规范，才能赢得他人的尊重，确保交际活动达到预期的目标。

5. 适度的原则

在社交中，礼仪行为总是表现为双方的，你给对方施礼，自然对方也会相应地还礼于你，这种礼仪实行起来必须讲究平等的原则。平等是人与人交往时建立情感的基础，是保持良好人际关系的诀窍。平等在交往中表现为不骄狂，不我行我素，不自以为是，不厚此薄彼，不傲视一切、目空无人，更不以貌取人或以职业、地位、权势压人，而应该处处时时平等谦虚待人，唯有此，才能结交更多的朋友。

适度原则即交往应把握礼仪分寸，根据具体情况、具体情境行使相应的礼仪，如在与人交往时，既要彬彬有礼，又不能低三下四；既要热情大方，又不能轻浮谄谀；要自尊却不能自负；要坦诚但不能粗鲁；要信人但不能轻信；要活泼但不能轻浮；要谦虚但不能拘谨；要老练持重，但又不能圆滑世故。

6. 真诚尊重的原则

苏格拉底曾说过，“不要靠馈赠来获得一个朋友，你需贡献你诚挚的爱，学习怎样用正当的方法来赢得一个人的心。”可见在与人交往时，真诚尊重是礼仪的首要原则，只有真诚待人才是尊重他人，才能创造和谐愉快的人际关系，真诚和尊重是相辅相成的。

真诚是对人对事的一种实事求是的态度，是待人真心实意的友善表现，真诚和尊重首先表现为对人不说谎、不虚伪、不侮辱人，所谓“骗人一次，终身无友”；其次表现为对于他人的正确认识，相信他人、尊重他人，所谓心底无私天地宽，真诚的奉献才有丰硕的收获，只有真诚尊重方才能使双方友谊长久。

当然，真诚尊重是重要的，然而在社交场合中，真诚和尊重也表现为许多误区，一种是在社交场合，一味地倾吐自己所有的真诚，甚至不管对象如何；一种是不管对方能否接受，凡是自己不赞同的或不喜欢的一味地抵制排斥，甚至攻击，陷入这样的误区也是糟糕的。故在社交中，必须注意真诚和尊重的一些具体表现，在你倾吐心声时，有必要看一下对方是否是自己真能倾吐肺腑之言的知音，如对方压根儿不喜欢听你的心声，那你就徒劳了。另外，如果对方的观点或打扮等方面你不喜欢、不赞同，也不必针锋相对地批评，更不能嘲笑或攻击，你可以委婉地提出或适度地拒绝或干脆避开此问题。有人以为这是虚伪，其实这是给人留有余地，是一种尊重他人的表现，自然也是真诚在礼貌中的体现。就像在谈判桌上，尽管对方是你的对手，也应彬彬有礼，显示自己尊重他人的大将风度，这既是礼貌的表现，同时也是心理上战胜对方的表现。要表现你的真诚和尊重，在社交场合，切记三点：给他人充分表现的机会，对他人表现出你最大的热情，永远给对方留有余地。

7. 从俗的原则

由于国情、民族、文化背景的不同，必须坚持入乡随俗，与绝大多数人的习惯做法保持一致，切勿目中无人，自以为是。

从俗就是指交往各方都应尊重相互之间的风俗、习惯，了解并尊重各自的禁忌，如果不注意禁忌，就会在交际中引起障碍和麻烦。

8. 平等的原则

平等是礼仪的核心，即尊重交往对象，以礼相待，对任何交往对象都必须一视同仁，给予同等程度的礼遇。

礼仪是在平等的基础上形成的，是一种彼此之间的、平等的相互对待关系的体现，其核心问题是尊重以及满足相互之间获得尊重的需求。在交际活动中既要遵守平等的原则，同时也要善于理解具体条件下对方的一些行为，不应过多地挑剔对方的行为。

1.2.3 礼仪的作用

礼仪的作用概括地说，是表示人们不同地位的相互关系和调整、处理人们相互关系的手段。礼仪的作用表现在以下几个方面：

1. 尊重的作用

尊重的作用即向对方表示尊敬、表示敬意，同时对方也还之以礼。礼尚往来，有礼仪的交往行为，蕴含着彼此的尊敬。

2. 约束的作用

礼仪作为行为规范，对人们的社会行为具有很强的约束作用。礼仪一经制定和推行，久而久之，便成为社会习俗和社会行为规范。任何一个生活在某种礼仪习俗和规范环境中的人，都自觉或不自觉地受到该礼仪的约束。自觉接受礼仪约束是人“成熟”的标志之一，不接受礼仪约束的人，社会就会以道德和舆论的手段来对其加以约束，甚至以法律的手段来强迫。

3. 教化的作用

礼仪具有教化作用，主要表现在两个方面：一方面是礼仪的尊重和约束作用。礼仪作为一种道德习俗，它对全社会的每个人都有教化作用，都在施行教化。另一方面，礼仪的形成、礼仪的完备和凝固，会成为一定社会传统文化的重要组成部分，它以“传统”的力量不断由老一辈传继给新一代，世代相传。在社会进步中，礼仪的教化作用具有极为重大的意义。

4. 调节的作用

礼仪具有调节人际关系的作用。一方面，礼仪作为一种规范、程序，作为一种文化传统，对人们之间关系模式起着规范、约束和及时调整的作用；另一方面，某些礼仪形式、礼仪活动可以化解矛盾、建立新关系模式。可见，礼仪在处理人际关系中，在发展健康良好的人际关系中，是发挥重要作用的。

【本章习题】

1. 分析礼节与礼仪的区别。
2. 简述礼仪的基本特征。
3. 结合实例说明礼仪的重要作用。
4. 礼仪应遵循哪些基本原则？
5. 中国礼仪的主要内容有哪些？
6. 举例说明中西方礼仪的差异。

【扩展学习】

在一次芭蕾舞演出上，人们正沉浸在美好的艺术氛围里，欣赏着台上洁白美丽的白天鹅优美的舞蹈表演。为了留住这精彩的瞬间，一个年轻人拿出照相机"咔嚓咔嚓咔嚓"不停地拍着照，拍完照，他又和身边的女朋友吃开了爆米花，他们俩吃着说着，真是开心极了。

在一次涉外宴请中，主人为了表示对客人的欢迎与热情，不停地劝酒、夹菜。客人实在是喝不下了，可是主人却还是继续劝酒。最后这位客人喝醉了酒，发起酒疯，弄得酒宴场面非常尴尬。

思考题

结合以上案例，谈谈现实生活中你所知道的不符合礼仪规范的行为有哪些？应该怎么做？

第2章 个人礼仪

【学习要点】

1. 掌握日常服饰礼仪
2. 熟悉并了解仪容礼仪
3. 了解仪态礼仪

【导入案例】

瑞士某财团副总裁率代表团来华考察合资办药厂的环境和商谈有关事宜，国内某国有药厂出面接待。洽谈会第一天，瑞方人员全部西装革履，穿着规范出席；而中方人员有穿夹克、布鞋的，有穿牛仔裤、运动鞋的，还有的干脆穿着毛衣外套。结果，当天的会谈草草结束，瑞方连考察的现场都没有去，第二天找了个理由，就匆匆回国了。

2.1 服饰礼仪

2.1.1 职场的着装要求

在现代社会交往过程中，一个人的仪表与着装往往决定着别人对你印象的好坏。仪表与着装会影响别人对你的专业能力及任职资格的判断。设想一下，有谁会将一个重要商务谈判任务交于一个蓬头垢面的人呢？

中国有句古老的谚语“人靠衣妆马靠鞍”，还有“佛要金装，人要衣装”。如果你希望建立良好的形象，那就需要全方位地注重自己的仪表。从衣着、发式、妆容到饰物、仪态甚至指甲都是你要关心的。其中，着装是最为重要的，衣着在某种意义上表明了你对工作、对生活的态度。

衣着对外表影响非常大，大多数人对另一个人的认识，多是从其衣着开始的。特别是对商务人士而言，衣着本身就是一种武器，它反映出个人的气质、性格甚至内心世界。一个对衣着缺乏品味的人，在职场竞争中必然处于下风。

上班时穿得体的正装，胜过千言万语的表达。你选择穿什么样的衣服呢？你的着装是否一成不变？作为一名“企业战将”，你是否尝试过多种不同的造型？请让你的美丽发挥得淋漓尽致，让踏进办公室的你，令人觉得你既清爽又知性，或看起来格外耀眼、舒服！

作为职业人，依场合、人物、事件对衣服进行搭配是常有的事情，也是必须做到的。对男女上班族而言，最好依场合、人物、时间来搭配衣服。有些场合必须表现亲切，就需要你的着装大方朴实；与银行家谈事情时，需要穿得精明干练，才能博得对方信任；与文艺界人士聚会时，最好穿得时尚潮流，富有人文气息；到工作时，衣着除了轻便外还得要有专业权威……

我们每天上班时，也不必太为穿着烦恼，着装应在于适合自我与需要，而非刻意到讲究过度，形成自己特有的穿衣风格会赢得大家的一致好评。不论收入是否能够满足我们对服装的要求，干净舒适、朴实大方是最重要的，再加上亲切有礼的仪表仪态，能够给人以落落大方的好感。

2.1.2 西装的着装要求

西服以其设计造型美观、线条简洁流畅、立体感强、适应性广泛等特点而几乎成为世界性通用的服装，可谓男女老少皆宜。西服七分在做，三分在穿。

西服的选择和搭配是很有讲究的。选择西服既要考虑颜色、尺码、价格、面料和做工，又不可忽视外形线条和比例。西服不一定必须讲究料子高档，但必须裁剪合体，整洁笔挺。选择色彩较暗、沉稳、且无明显花纹图案，但面料高档些的单色西服套装，适用场合广泛，穿用时间长，利用率较高。

男性出席正式场合穿西装、制服，要坚持三色原则，即身上的颜色不能超过三种颜色或三种色系（皮鞋、皮带、皮包应为一个颜色或色系），不能穿尼龙丝袜和白色的袜子。

穿着西装应遵循的礼仪原则：

（1）西服套装上下装颜色应一致。在搭配上，西装、衬衣、领带其中应有两样为素色。

（2）穿西服套装必须穿皮鞋，便鞋、布鞋和旅游鞋都不合适。

（3）配西装的衬衣颜色应与西服颜色协调，不能是同一色。白色衬衣配各种颜色的西服效果都不错。正式场合男士不宜穿色彩鲜艳的格子或花色衬衣。衬衣袖口应长出西服袖口 1 ~ 2 厘米。穿西服在正式场合必须打领带，其他场合不一定都要打领带。打领带时衬衣领口扣子必须系好，不打领带时衬衣领口扣子应解开。

（4）西服纽扣有单排、双排之分，纽扣系法有讲究。双排扣西装应把扣子都扣好。单排扣西装：一粒扣的，系上端庄，敞开潇洒；两粒扣的，只系上面一粒扣是洋气、正统，只系下面一粒是牛气、流气，全扣上是土气，都不系敞开是潇洒、帅气，全扣和只扣第二粒不合规范；三粒扣的，系上面两粒或只系中间一粒都符合规范要求。

（5）西装的上衣口袋和裤子口袋里不宜放太多的东西。穿西装时，内衣不要穿太多，春秋季节只配一件衬衣最好，冬季衬衣里面也不要穿棉毛衫，可在衬衣外面穿一件羊毛衫。穿得过分臃肿会破坏西装的整体线条美。

（6）领带的颜色、图案应与西服相协调，领带是西装必不可少的组成部分，对西装的美观起着重要的作用。有人说："领带是服饰的灵魂。"在正式场合穿西装要系好领带，领带必须打在有硬领座的衬衫上，也就是说，穿套头的高领衫或其他翻领衫不宜系领带。衬衫的领口切勿过大，否则会影响领带的美观。

非正式场合穿西装可以不系领带，但衬衫领口的扣子必须解开。日常不穿西装，只穿衬衫或穿短袖衬衫时也可以打领带，但衬衫的下摆应塞在裤子里面，并放好摆平。穿猎装、夹克衫也可以打领带，但只适于非正式场合。

领带的长度、宽度要适中。一般领带长度为130—150厘米，往往好的领带也比较长。系好后的领带，以大箭头垂到腰带处为宜，上面宽的一片略长于下面窄的一片。穿坎肩时，领带尖不要露出坎肩的下边。所以，每个人所需领带的长度是由自己的身高决定的。领带的宽度应该与西装翻领的宽度相适应，过细的领带会显得不大方。选择领带还要注意领带的花色与服装、衬衫的搭配。领带的花色很多，单色的领带可以搭配多种色彩、款式的西装和衬衫，应尽量避免花领带与花衬衣搭配在一起。

(7) 西服袖口的商标牌应摘掉，否则不符合西服穿着规范，高雅场合会贻笑大方。

(8) 注意西服的保养。保养存放的方式，对西服的造型和穿用寿命影响很大。高档西服要吊挂在通风处并常晾晒，注意防虫与防潮。有皱折时可挂在浴后的浴室里，利用蒸气使皱折展开，然后再挂在通风处。

2.1.3 套裙的着装要求

所有适合职业女士在正式场合穿着的裙式服装中，套裙是首选。它是西装套裙的简称，上身是女式西装，下身是半截式裙子。也有三件套的套裙，即女式西装上衣、半截裙外加背心。

套裙可以分为两种基本类型：一种是用女式西装上衣和随便一条裙子进行自由搭配组合成的“随意型”，另一种是女式西装上衣和裙子成套设计、制作而成的“成套型”或“标准型”。

1. 怎样选择套裙

一套在正式场合穿着的套裙，应该由高档面料缝制，上衣和裙子要采用同一质地、同一色彩的素色面料。在造型上讲究为着装者扬长避短，所以提倡量体裁衣、做工讲究。上衣注重平整、挺括、贴身，较少使用饰物和花边进行点缀。裙子要以窄裙为主，并且裙长要及膝或者过膝。

色彩方面以冷色调为主，应当清新、雅气而凝重，以体现着装者的典雅、端庄和稳重，如藏青、炭黑、茶褐、土黄、紫红等。最好不选鲜亮抢眼的。有时两件套套裙的上衣和裙子可以是一色，也可以是上浅下深或上深下浅等两种不同的色彩，这样形成鲜明的对比，可以强化它留给别人的印象。

有时候，穿着同色的套裙，可以采用不同色的衬衫、领花、丝巾、胸针、围巾等衣饰，来加以点缀，显得生动、活跃。另外，还可以采用不同色彩的面料，来制作套裙的衣领、兜盖、前襟、下摆，这样也可以使套裙的色彩看起比较活跃。为避免显得杂乱无章，一套套裙的全部色彩不应超过两种。

正式场合穿的套裙，可以不带任何图案，讲究朴素而简洁。以方格为主体图案的套裙，可以使人显得静中有动，充满活力。一些以圆点、条纹图案为主的套裙，也可以穿着，但不能用花卉、宠物、人物等符号为主体图案。套裙上不要添加过多的点缀，否则会显得杂乱而小气。如果喜欢可以选择少且制作精美、简单的点缀。

套裙的上衣和裙子的长短没有明确的规定。一般认为裙短不雅，裙长无神。最理想的裙长，是裙子的下摆恰好抵达小腿肚子最丰满的地方。套裙中的超短裙，裙长应以不短于膝盖以上15厘米为限。

2. 套裙穿着和搭配的注意事项

一是长短适度。上衣最短可以齐腰,裙子最长可以达到小腿中部,上衣的袖长要盖住手腕。

二是认真穿着。要穿得端端正正。上衣的领子要完全翻好,衣袋的盖子要拉出来盖住衣袋。衣扣一律全部系上,不允许部分或全部解开,更不允许当着别人的面随便脱下上衣。

三要注意场合。女士在各种正式活动中,一般以穿着套裙为好,尤其是涉外活动中。其他情况就没必要一定穿套裙。当出席宴会、舞会、音乐会时,可以选择和这类场合相协调的礼服或时装。这种高度放松的场合里,如果还穿套裙的话,会使你和现场"格格不入",还有可能影响别人的情绪。外出观光旅游、逛街购物、健身锻炼时,当然是休闲装、运动装等便装最合适了。

四是套裙应当与妆饰协调。通常穿着打扮,讲究的是着装、化妆和配饰风格统一,相辅相成。穿套裙时,必须维护好个人形象,所以不能不化妆,但也不能化浓妆。选配饰也要少,合乎身份。在工作岗位上,不佩戴任何首饰也是可以的。

五是兼顾举止。套裙最能够体现女性的柔美曲线,这就要求穿着者举止优雅,注意个人仪态等。当穿上套裙后,站要站得又稳又正,不可以双腿叉开,站得东倒西歪。就座以后,务必注意姿态,不要双腿分开过大,或是翘起一条腿来,抖动脚尖,更不可以脚尖挑鞋直晃,甚至当众脱下鞋来。走路时不能大步奔跑,只能小碎步走,步子要轻而稳。拿自己够不着的东西,可以请他人帮忙,千万不要逞强,尤其是不要踮起脚尖、伸直胳膊费力去够,或是俯身、探头去拿。

六是要穿衬裙。穿套裙的时候一定要穿衬裙。特别是穿丝、棉、麻等薄型面料或浅色面料的套裙时,假如不穿衬裙,就很有可能使内衣"活灵活现"。可以选择面料透气、吸湿、单薄、柔软的衬裙,而且应为单色,如白色、肉色等,必须和外面套裙的色彩相互协调。衬裙不要出现任何图案,尺寸大小合适,不要过于肥大。

七是穿衬裙的时候裙腰不能高于套裙的裙腰,不然就暴露在外了。要把衬衫下摆掖到衬裙裙腰和套裙裙腰之间,不可以掖到衬裙裙腰内。

3. 套裙鞋袜的选择

用来和套裙配套的鞋子,应该是皮鞋,并且黑色的牛皮鞋最好。和套裙一致色彩的皮鞋也可以选择。袜子,可以是尼龙丝袜或羊毛袜,但鲜红、明黄、艳绿、浅紫色的最好别穿,一般选择肉色、黑色、浅灰、浅棕等单色。

穿套裙的时候,有意识地注意一下鞋、袜、裙之间的颜色是否协调。鞋、裙的色彩必须深于或略同于袜子的色彩。如果一位女士在穿白色套裙、白色皮鞋时穿上一双黑袜子,就只会给人以长着一双"乌鸦腿"的感觉。不论是鞋子还是袜子,图案和装饰都不要过多。一些加了网眼、镂空、珠饰、吊带、链扣,或印有时尚图案的鞋袜,只能给人肤浅的感觉。

在和套裙搭配穿着时,款式上也有讲究。鞋子应该是高跟、半高跟的船式皮鞋或盖式皮鞋,系带式皮鞋、丁字式皮鞋、皮靴、皮凉鞋等都不适合。高筒袜和连裤袜,是和套裙的标准搭配。中筒袜、低筒袜,绝对不要和套裙同时穿着。

另外,鞋袜应当大小相配套、完好无损。不要随意乱穿,不能当众脱下。不要同时穿两双袜子,也不可将九分裤、健美裤等当成袜子穿。有些女士喜欢有空便脱下鞋子,或是处于半脱鞋状态。还有个别人经常将袜子撸下去一半,甚至当着外人的面脱去袜子,这些都是不礼貌的行为。

不要暴露袜口。暴露袜口,是公认的既缺乏服饰品位又失礼的表现。不仅穿套裙时应自觉避免这个情形的发生,当穿开衩裙的时候更要注意。

2.1.4 饰品的选择

饰品佩戴有一套规矩。饰物佩戴,既可以传达某种特定的含义,也能表现佩戴者的审美情趣和礼仪修养。

饰品佩戴要少而精。比如,公务人员要树立廉洁勤政、平易近人的形象,更不能珠光宝气,华丽奢侈。饰物过多,从头到脚,项链、手链、脚链,一样不少会形成一种夸张和奢华的形象。少而精,可以收到画龙点睛的效果一般不要超过三个品种。一只手一般只戴一枚戒指,戴两枚或两枚以上都是不适宜的。同样,一只手不能戴两只或两只以上的手镯、手链。

饰品佩戴要慎重。饰品通常可以传达某种信息和表达特定的含义,佩戴时要遵守成规。最有讲究的是戒指。戒指通常要戴左手,戴无名指表示已经结婚或订婚,戴中指表示尚未结婚,戴食指表示无偶求爱,戴小指则表示终身不嫁或不娶。在一些西方国家,未婚女子把戒指戴在右手的中指上,修女则戴在右手的无名指上。已婚者应将手镯佩戴在左腕或双腕。

饰品佩戴男女有别。女士的饰物丰富多样,除了服装外,还包括纱巾、发卡、胸饰、手提包、手表、耳环、项链、戒指、手镯等。这些饰物,有些具有实用功能,有些是纯粹的装饰品。只要使用得体,都能为装饰者增色。男士的饰物相对少些,主要是手表、皮带、领带,穿西装时有时加上胸饰、领带夹等。男性公务人员一般不宜戴耳环、项链之类的首饰。

1. 耳环佩戴礼仪

耳环是佩戴在耳朵上的一种饰品,有各种色彩和质地,因而戴与不戴、怎样戴直接影响到整个脸部的造型效果。现在市面上耳环的款式丰富多样,但并不是所有款式均适合每个人。佩戴时应注意与脸型、服饰款式、色彩、肤色等相协调。

耳环的佩戴首先应考虑佩戴者的脸型。圆脸适宜戴各种款式的长耳环或垂坠或耳珠,但是不宜选戴长垂挂形以及有横向扩张感的耳环,纤细的"I"型耳坠,可使脸型显得修长;瓜子脸是最为可人的脸型,应该说几乎所有造型的耳环都适于选戴,尤其以扇型耳坠、奶滴型耳坠更显秀丽妩媚;方形脸的女性可以选用富有弧线,线条流畅的圆型、纽型、鸡心型、螺旋型或造型夸张的耳环,使脸型显得具有曲线之美。

一般肤色白皙的女性适宜戴红色、绛红、翡翠绿等色彩较为鲜艳的耳环;皮肤偏黑的女性,宜选用色调柔和的,如白色、浅蓝、天蓝、粉红色耳环。金色耳环适合于各种肤色的人佩戴。耳环的佩戴必须与整体服饰协调一致。服饰色调鲜艳的,选配的耳环色泽宜淡雅或者同色调。穿大衣的可以选用无穗或大圆形耳环;穿连衣裙的,适于无穗式小圆形耳环。

在各种比较正规的社交场合,如参加宴会、婚礼或庆典仪式,应选用钻石、翡翠、宝石镶嵌的高档耳环。同样,老年人不宜选用大型的、新潮的、鲜艳的耳环,以不失端庄与持重。

2. 项链佩戴礼仪

项链是女性常用的饰品之一。项链有金、银、珍珠、象牙等材质,不同质地的项链其艺术效果不同。金银项链富贵,珍珠项链清雅,钻石项链华贵,景泰蓝项链古朴,玛瑙项链柔美,象牙项链高洁,贝壳项链自然,玻璃项链活泼,骨质项链典雅,木质项链朴素。

选择项链时,应考虑个体的一些因素。个子偏矮且圆脸型的人戴长项链至胸部,可以拉长人的高度;个子细长且颈部细长的人,用短粗项链可以缩短颈长。金银、珍珠等价值颇高的项链不宜太粗太长,应以精致短小为佳,适宜贴颈而戴;相反,一些仿制的工艺项链可以夸张粗大些,以增加艺术效果,适宜戴在羊毛衫、套头衫外面。

3. 戒指佩戴礼仪

戒指是男女的一种主要饰品,同时还是具有特定含义的传递物。戒指有金、银、钻石、宝石等不同质地,形状也千差万别,有方形的、圆形的、镂空雕花的、刻字的,等等。

戒指戴在不同手指上其含义不同,之前已经讲过。按照风俗,结婚戒指忌用合金制造,必须用纯金或白银制成,象征爱情的纯洁。选择戒指,应与自己的手型相配。手指粗短者,不宜戴方形宽阔的戒指,最好选一些不规则图形如椭圆形、梨形等较好;手指纤细者,可适当选一些较为丰满的戒指佩戴,如圆形、心形等。从审美角度而言,戒指并不是越大越重就越好,而是应视个体的手形等来进行选择。一般女性的戒指以镶宝石、钻石、翡翠或镂空雕花居多,而男性相对比较规范些,如正方形的、长方形的等,更显庄重、高贵。

4. 手表的选择与手表佩戴礼仪

与首饰相同的是,在社交场合人们所戴的手表往往体现其地位、身份和财富状况。因此在人际交往中人们所戴的手表、尤其是男士所戴的手表,大都引人瞩目。在正规的社交场合,手表往往被视同首饰,对于平时只有戒指一种首饰可戴的男士来说,更是备受重视。有人甚至强调说:“手表不仅是男人的首饰,而且是男人最重要的首饰。”在西方国家,手表与钢笔、打火机曾一度被称为成年男子的“三件宝”,是每个男人须臾不可离身之物。佩戴手表若要正确无误,自然先要了解手表,并且善于选择手表。选择手表,往往应注重其种类、形状、色彩、图案、功能五个方面的问题。

(1) 手表的种类。根据标准的不同,手表可以分为许多不同的种类。在社交场合,人们一般都是依据价格来区分其种类的,按照这个标准,手表可被分为豪华表、高档表、中档表、低档表四类。以时价而论,豪华表价格在10 000元以上,高档表在2 000~10 000元之间,中档表在500~2 000元之间,低档表在500元以下。选择手表的具体种类时,首先要根据购买力量力而行,另外还要同时顾及个人的职业、露面的场合、交往的对象和同时所选用的其他服饰等一系列相关因素。

(2) 手表的功能。计时是手表最主要的功能,因此,正式场合所用的手表,不管是指针工、跳字式还是报时式,都应具有这一功能,并且应当精确到时、分,能精确到秒则更好。只精确到时的手表,显然不符合要求。有些附加的功能,如温度、湿度、风速、方向、血压、步速等,均可有可无,而且以无为好。总之,手表的功能要少而精,并要有实用价值。

(3) 手表的形状。手表的造型往往与其身价、档次有关。在正式场合所戴的手表,在造型方面应当庄重、保守,避免怪异、新潮,尤其是位尊、年长的男士更要注意。造型新奇、花哨的手表,仅适用于少女及儿童。一般而言,正圆形、椭圆形、正方形、长方形及菱形手表,因其造型庄重、保守,适用范围极广,特别适合在正式场合佩戴。

(4) 手表的图案。除数字、商标、厂名、品牌外,手表上没有必要出现其他没有任何作用的图案。选择使用于正式场合的手表,尤其需要牢记此点。倘若手表上图案稀奇古怪、多种多样,不仅不利于使用,反而有可能招人笑话。

(5) 手表的色彩。选择在正式场合所戴的手表,其色彩应力戒繁杂凌乱,一般宜选择单色手表、双色手表,不应选择三色或三色以上的手表。不论是单色手表还是双色手表,其色彩都要清晰、高贵、典雅。金色表、银色表、黑色表,即表盘、表壳、表带均有金色、银色、黑色的手表,是最理想的选择。金色表壳、表带、乳白色表盘的手表,也能经得住时间的考验,在任何年代佩戴都不会落伍。

在比较正式的交际场合,成年人通常不应佩戴以下不符合礼仪规范的手表:

(1) 失效表。即计时不准确,或是不能计时的手表。戴着这种手表滥竽充数,不仅没有多大作用,还有可能误事,而且还会给人没有时间观念的感觉。

(2) 劣质表。即糙钢、塑料制造的质地与做工低劣的手表。这种手表平日戴着尚可,但在正式场合千万不要戴着它去凑合,否则这一"不慎之棋"极有可能会败坏服饰的整体效果。不一定非要戴名牌表,但在力所能及的情况下,应选戴质地与做工稍好一些的手表,以确保自己在必要之时"分秒必争""分秒不差"。

(3) 怀式表。又叫怀表、袋表、链表。这是一种极具古典浪漫风格的手表,但是"古调虽自爱,今人多不弹"。在今天使用怀式表,虽意味着怀旧,但已与"只争朝夕"的时代气息格格不入,而且与日常所穿戴的服装也难以进行搭配。

(4) 广告表。广告,是一种付费的宣传。广告表,即用作广告宣传的手表,在正式场合佩戴广告表,不仅有可能被人理解为自己是在进行广告宣传,还会给人以爱占小便宜之嫌,所以最好不要戴广告表。

(5) 卡通表。即以卡通图形为主制造而成的手表。它属于时装表,可用以同时装、便装搭配,多受少女、儿童的欢迎,但不能与正装搭配,不适合在庄重、严肃的场合佩戴,尤其不适合成年男子佩戴。

(6) 世界表。即可用以同时显示外地或世界各地时间的手表。戴这种不发挥真正的计时作用的手表的人,常常被人当成不切实际、见异思迁,随时想露两手,但又机会无多的可怜的梦想家。

2.2 仪容礼仪

2.2.1 仪容礼仪的规则

仪容礼仪是个人基本礼仪的重要组成部分。仪容的基本含义是指人的容貌,但是从礼仪学的角度说,仪容还应该包括头发、面部、手臂和手掌,即人体不着装的部位。仪容礼仪的规则主要涉及三个方面,即仪容的干净、整洁和修饰。

仪容的基本要求:

(1) 发型得体。男性头发前不盖眉,侧不掩耳,后不及领;女性根据年龄、职业、场合的不同,梳理得当。

(2) 面部清爽。男性宜每日剃须修面,女性宜淡妆修饰。保持口腔清洁。

(3) 表情自然。目光温顺平和,嘴角略显笑意。

(4) 手部清洁。定期修剪指甲并保持手部洁净。女性在正式场合不宜涂抹浓艳的指甲油。

2.2.2 女士仪容礼仪

1. 头发的保养与美化

一头健康、美丽的秀发可以让一个相貌平平的女性平添许多风韵,能让美丽的女性变得更加迷人。

想要保持清洁、健康的头发,就要勤洗头。洗的时候要注意水质和水温(四十度左右的温水),以及选用适合自己的洗发水。让头发自然晾干,不要经常使用电吹风来吹头发。如果每天吹头发或头发很干枯并且有开叉的情形,那就应该用一些护发产品来养护一下。

正确梳理头发。梳头除了理顺头发之外,还可以促进血液循环和皮脂分泌,提高头皮和头发的生理机能。要一束一束地慢慢梳理,切不要性急乱扯乱拉。最好不要使用塑料质地的梳子。

头发较稀薄的女性,可以剪个齐发脚的短发,使人在比例上感到头发浓密。长发会使稀薄的头发显得更稀少,削发也会使头发薄。另外,经常洗头,使头发上的多余油脂减少,头发会显得蓬松和浓密。

2. 头发和脸型的搭配

要注意用脸型和发型的搭配来达到扬长避短的效果,同时也要考虑到自己的年龄和身份。人的头型有大、小、阔、扁、圆之分,颈项有长、短、粗、细。在处理发型时,就要根据人的脸、头、颈等特点来协调平衡。

瓜子形脸的人是最幸运的,因为大部分的发型都适合她们。如果是其他脸型,就要通过发型的设计和处理,创造出平衡感和美感。

(1) 圆形脸。对这种脸型来说,合适的发型应该是把圆的部分盖住,使脸显得清瘦一些。

(2) 梨形脸。这种脸型不适合留太短的头发,要尽量用长发去盖住脸下端大出的部分。可以增加头顶头发的蓬松感,让头发下边扣进去,以保持腮部的柔和线条。

(3) 长脸。这种脸型需要选一个发型使脸看起来变短。这就需要好好地利用刘海,而且头顶的头发不能太高,那样无形中就增加了脸的长度。可以将头发剪到腮帮以上,侧分头发,脸会显得稍圆。

(4) 方形脸。方形脸选择发型要尽量把脸的四角盖住,头发不要留太短、平直或中分。

总之,选择什么样的发型一定要根据自身的脸型条件。不妨对着镜子拨弄自己的头发,看看究竟哪一种发型适合自身的条件。

3. 面部化妆

女士必须根据不同的场合化不同的妆。休闲的时候可以化淡妆,用淡颜色的口红,甚至不化妆;在工作中以淡妆为主(以淡雅、简洁、适度、庄重、避短为好);晚上的社交活动,如鸡尾酒会或晚宴,通常化妆要浓一点。

4. 怎样正确使用香水

香水是女性美容的化妆品之一,也是居室中常备的物品。香水不仅能除臭、添香、止痒、消炎、防止蚊叮虫咬等，还能刺激大脑，使人兴奋，消除疲劳。但使用香水亦有讲究：

（1）最好将香水洒在手腕、颈部、耳后、太阳穴、臂弯里、喉咙两旁、膝头等不完全暴露的部位，这样香味随着脉搏跳动、肢体转动而飘溢散发。为避免香水对皮肤的刺激，也可洒在衣领、手帕处。千万不要将香水搽涂在面部，那样会加速面部皮肤老化。

（2）不要在毛皮衣服上洒香水，因为它的酒精成分会使毛皮失去光泽。如果将香水洒在浅色衣服上，日晒后会出现色斑。所以，尽量避免直接洒在衣服上。

（3）不可将香水喷在首饰上，应该先搽香水，等完全干后，再戴项链之类的饰物。否则会影响饰物的颜色及光泽。

（4）香水不宜洒得太多、太集中，最好在离身体 20 厘米处喷射。如果在 3 米以外还可以嗅到身上的香水味，则表明用得太多。

（5）使用香水后不宜晒太阳，因阳光的紫外线会使涂过香水的部位发生化学反应，严重的会引起皮肤红肿或刺痛，甚至引发皮炎。

（6）不要同时将不同牌子的香水混用，因为那样会使香水变味或无效。

（7）夏日出汗后不宜再用香水，否则汗味和香味混杂在一起，给人留下污浊、不清新的感觉。因此多脂多汗处忌洒香水，以免怪味刺鼻。

（8）患有支气管哮喘或过敏性鼻炎的人，最好不要用浓香的香水。

2.2.3 男士仪容礼仪

男士要显得有风度、庄重、文雅有朝气，外形就应该使人感觉到清洁且有品位。

1. 从“头”说起

头发表现了一个人的生活状况和情绪。梳理头发是每天必做的事，而且还不止一次。不管从哪个方面说，一个人的头发凌乱不堪都会让人难以接受，感觉不舒服。要让头发闪闪发亮就要保持头发的清洁，养成周期性洗头的习惯。

在出门前，上岗前，摘下帽子时，下班回家时，其他必要时都要自觉梳理头发，保持头发的整齐。

还要常洗头发，特别是夏天更要及时清洗。洗头发时水温同样不要太高，摄氏四十度左右，选用适合自己发质的洗发剂。洗干净后最好自然晾干，如果必须让头发迅速变干，可以用温度不高的电吹风，不然会损伤头发。还要常剪发，头发留短不留长，更不要在耳朵前面故意留下一缕头发。通常留短发最好，除了艺人、文艺创作者、学生外，男士头发长度前不应遮眼，左右不应遮耳，后碰不到衣领。

交谈的时候，不要在别人面前梳理头发，使残发、头屑满天飞。要随时注意清理落在肩背上的头皮屑，头皮屑太多的人更要注意。多吃水果是减少头皮屑很好的方法。

2. 面容的美化

（1）耳朵的修饰。耳孔里，不仅有分泌物，还有灰尘。要经常进行耳部的清洁。不过一定要注意，这个举动绝对不应该在工作岗位上进行。如果有耳毛的话，还要及时进行修剪。

（2）眼部的修饰。眼部是被别人注意最多的地方。所以要时刻注意眼部的清洁，避免眼屎遗留在眼角，并让眼睛能够得到足够的休息。有些男士喜欢戴墨镜。墨镜主要适合在外活动时佩戴，以防止紫外线损伤眼睛，在室内时最好不要佩戴。

(3) 牙齿的保洁。保持牙齿清洁，首先要坚持每天早晚刷牙。不要敷衍自己，应该顺着牙缝的方向上下刷，牙齿的各部位都应刷到。如果牙齿上有不易去除的牙垢很明显，或是牙齿发黄，可以去医院或专业洗牙机构洗牙，以使牙齿看起来更加洁白、健康。不吸烟、不喝浓茶是防止牙齿变黄的有效方法。

(4) 鼻部的修饰。早晚特别是经过较长时间在外奔波的，更要注意清洁鼻子内外，起码不要让人看到“乌溜溜”的鼻孔。有鼻液要及时用手帕或纸巾擦干净。不应当众用手去擤鼻涕、挖鼻孔、乱弹或乱抹鼻垢，更不要用力“哧溜、哧溜”地往回吸，那样既不卫生又让人恶心。一定要在卫生间或没有人的地方清理，用手帕或纸巾辅助进行，还应避免搞得响声太大，用完的纸巾要自觉放到垃圾箱里。平时还要注意经常修剪鼻毛，不要让它在外面“显露”，也不要当众揪拔自己的鼻毛。

(5) 胡须的处理。如果没有特殊的职业需要、宗教信仰或民族习惯，应该把每天刮胡须作为自己的一个生活习惯，不可以胡子拉碴地抛头露面。

3. 男士香水

男士也可以用香水。刮完胡子后，可以用一些男士香水或者是须后水。用香水是不受年龄、职业限制的，可以根据自己的喜好选择。像现在很多年轻的男士比较喜欢古龙香水。

4. 脸型和眼镜的搭配

戴眼镜的人，都应该考虑眼镜和脸型的配合，以增添美感。眼镜的造型和色彩十分丰富，可以根据脸型的不同，在戴着舒适的基础上进行挑选。

我们提供三点参考意见，这三点参考意见也一样适用于女性。

(1) 长脸型的人。宽边、深色、大镜框的眼镜，由于形成了较强烈的横向切割，长脸的直线感被打破，在视觉上会显得脸型偏短。没底边、透明、细框、金丝边框架的眼镜，不适合长脸型。

(2) 短脸型的人。镜框的颜色应和脸色接近，色彩反差大容易形成脸部被分割的感觉，而使得脸型更短。没有底边镜框在视觉上容易和肤色相融，也不至于使脸的下半部显短。选择细边眼镜和透明、金丝、银丝边眼镜，容易和脸型平衡协调。不要佩戴大镜框眼镜，以避免眼镜在脸上占据太大的空间。

(3) 圆脸型的人。应该避免大镜框、深色镜框和宽边镜框，也不适合戴圆镜框或方正的镜框。因为圆镜框在圆脸上会使脸部出现过多的圆线，方正的镜框会和圆润的脸廓线形成对比，使脸型更圆。

2.3 仪态礼仪

2.3.1 举止

不同的手势表达不同的含义，那么我们在运用手势的时候要注意什么呢？

1. 注意区域性差异

在不同国家、不同地区、不同民族，由于文化习俗的不同，手势的含义也有很多差别，甚至同一手势表达的含义也不相同。所以，手势的运用只有合乎规范，才不至于无事生非。

掌心向下的招手动作，在中国主要是招呼别人过来，在美国是叫狗过来。

跷起大拇指，一般都表示顺利或夸奖别人。但也有很多例外，在美国和欧洲部分地区，表示要搭车，在德国表示数字“1”，在日本表示“5”，在澳大利亚就表示骂人。与别人谈话时将拇指翘起来反向指向第三者，即以拇指指腹的反面指向除交谈对象外的另一人，是对第三者的嘲讽。

OK 手势，源于美国，在美国表示“同意”“顺利”“很好”的意思；而法国表示“零”或“毫无价值”；在日本表示“钱”；在泰国表示“没问题”；在巴西表示粗俗下流。

V 形手势。这种手势是二战时的英国首相丘吉尔首先使用的，现在已传遍世界，表示“胜利”。如果掌心向内，就变成骂人的手势了。

举手致意。也叫挥手致意。用来向他人表示问候、致敬、感谢。当你看见熟悉的人，又无暇分身的时候，就举手致意，可以立即消除对方的被冷落感。要掌心向外，面对对方，指尖朝向上方，千万不要忘记伸开手掌。

与人握手。在见面之初、告别之际、慰问他人、表示感激、略表歉意等时候，往往会与他人握手。一是要注意先后顺序。握手时，双方伸出手的先后顺序应为“尊者在先”，即地位高者先伸手，地位低者后伸手。如果是服务人员，通常不要主动伸手和服务对象相握。二是和人握手时，一般握上 3 到 5 秒钟就行了。三是通常应该用右手和人相握，左手不宜使用，双手相握也不常用。

双手抱头。很多人喜欢用单手或双手抱在脑后，这一体态的本意是放松。在别人面前特别是给人服务的时候这么做的话，就给人一种目中无人的感觉。

摆弄手指。反复摆弄自己的手指，要么活动关节，要么捻响，要么攥着拳头，或是手指动来动去，往往会给人一种无聊的感觉，让人难以接受。

手插口袋。在工作中，通常不允许把一只手或双手插在口袋里的。这种表现，会让人觉得你在工作上不尽力，忙里偷闲。

2. 手势宜少不宜多

手势宜少不宜多。多余的手势，会给人留下装腔作势、缺乏涵养的感觉。

3. 要避免出现的手势

在交际活动时，有些手势会让人反感，严重影响形象。比如当众搔头皮、掏耳朵、抠鼻子、咬指甲、手指在桌上乱写乱画等。

2.3.2 表情

表情，即面部表情，是指脸部各部位对于情感体验的反应动作。表情与说话内容的配合最便当，因而使用频率比手势高得多。达尔文在《人类与动物的表情》一书中指出，现代人类的表情动作是人类祖先遗传下来的，因而人类的原始表情具有全人类性。这种全人类性使得表情成了当今社交活动中少数能够超越文化和地域的交际手段之一。

笑与无表情是面部表情的核心，任何其他面部表情都发生在笑与无表情两极之间。发生在此两极之间的其他面部表情都体现为这样两类情感活动表现形式：愉快（如喜爱、幸福、快乐、兴奋、激动）和不愉快（如愤怒、恐惧、果敢、痛苦、厌弃、蔑视、惊讶）。愉快时，面部肌肉横位，眉毛轻扬，瞳孔放大，嘴角向上，面孔显短，所谓“眉毛胡子笑成一堆”；不愉快时，面部肌肉纵伸，面孔显长，所谓“拉得像个马脸”。无表情的面孔，平视，脸几乎不动。无表情的面孔最令人窒息，它将一切感情隐藏起来，叫人不可捉摸，而实际上它往往比露骨的愤怒或厌恶更深刻地传达出拒绝的信息。真诚的微笑是社交的通行证。它向对方表白自己没有敌意，并可进一步表示欢迎和友善。因此微笑如春风，使人感到温暖、亲切和愉快，它能给谈话带来融洽平和的气氛。

我们举一些常用面部表情的例子：点头表示同意，摇头表示否定，昂首表示骄傲，低头表示屈服，垂头表示沮丧，侧首表示不服，咬唇表示坚决，撇嘴表示藐视，鼻孔张大表示愤怒，鼻孔朝人表示高兴，咬牙切齿表示愤怒，神采飞扬表示得意，目瞪口呆表示惊讶，等等。

2.3.3 体语

1. 站姿

站立是人们日常交往中一种最基本的举止。站姿是静态的，不仅要挺拔，还要优美典雅，是优雅举止的基础。

(1) 站姿的基本要领。

① 头正，双目平视，嘴唇微闭，下颌微收，面部平和自然。

② 双肩放松，稍向下沉，身体有向上的感觉，呼吸自然。

③ 躯干挺直，收腹，挺胸，立腰。

④ 双臂放松，自然下垂于体侧，手指自然弯曲。

⑤ 双腿并拢立直，膝、两脚跟靠紧，脚尖分开呈60度，身体重心放在两脚中间。

以上为标准站姿，在此基础上还可以有所调整，以下是适用于不同场合的几种站姿。

(2) 几种不同的站姿。

正式场合下，站姿有肃立和直立之分。

① 肃立。身体直立，双手置于身体两侧，双腿自然并拢，脚跟靠紧，脚掌分开呈“V”字形。

② 直立。身体直立，双臂下垂置于腹部。女性将右手搭握在左手四指，四指前后不要露出，两脚可平行靠紧，也可前后略微错开；男性左手握住右手腕，贴住臂部，两脚平行站立，略窄于肩宽。

直立的站法比肃立显得亲切随和些。

非正式场合下，我们举三个常见例子来说一下。

① 车上的站姿。在晃动的车(或其他交通工具)上，可将双脚略分开，以求保持平衡，但开合度不要超过肩宽，重心放在全脚掌，膝部不要弯曲，稍向后挺，即使低头看书，也不要弯腰驼背。

② 等人或与人交谈的站姿。可采取一种比较轻松的姿势：脚或前后交叉，或左右开立，肩、臂不要用力，尽量放松，可自由摆放，头部应自然直视前方，使脊背能够挺直。采用此姿势，重心不要频繁转移，否则给人不安稳的感觉。

③ 接待员式站姿。脚型呈“O”型的人，即使脚后跟靠在一起，膝部也无法合拢，因此，可采用此种站姿。将右脚跟靠与左脚中部，使膝部重叠，这样可以使腿看来较为修长。手臂可采用前搭或后搭的摆法。拍照或短时间站立谈话时，都可采用此种站姿。

2. 走姿

走姿是站姿的延续动作，是在站姿的基础上展示人的动态美。无论是在日常生活中还是在社交场合，走路往往是最引人注目的身体语言，也最能表现一个人的风度和活力。

走的时候，头要抬起，目光平视前方，双臂自然下垂，手掌心向内，并以身体为中心前后摆动。上身挺拔，腿部伸直，腰部放松，脚步要轻并且富有弹性和节奏感。

走路时上身基本保持站立的标准姿势，挺胸收腹，腰背笔直；两臂以身体为中心，前后自然摆。前摆约35度，后摆约15度，手掌朝向体内；起步时身子稍向前倾，重心落前脚掌，膝盖伸直；脚尖向正前方伸出，行走时双脚踩在一条线缘上。

女士还要步履匀称、轻盈，端庄、文雅，显示温柔之美。

我们可以试着将一本书放在头顶上，放稳后再松手。接着把双手放在身体两侧，用前脚慢慢地从基本站立姿势起步走。这样虽有点不自然，但却是一种很有效的方法，关键是走路时要摆动大腿关节部位，而不是膝关节，才能使步伐轻捷。

几种特例下的走姿要求：

关于走姿，除了要牢记“应该怎么做”和“不应该怎么做”之外，还应了解一些有关走姿的特例。

（1）陪同引导。在陪同引导对方时，应注意方位、速度、关照及体位等方面，如：双方并排行走时，陪同引导人员应居于左侧。如果双方单行行走时，要居于左前方约一米左右的位置。当被陪同人员不熟悉行进方向时，应该走在前面、走在外侧；另外陪同人员行走的速度要考虑到和对方相协调，不可以走得太快或太慢。这时候，一定要处处以对方为中心。每当经过拐角、楼梯或道路坎坷、照明欠佳的地方，都要提醒对方留意。同时也有必要采取一些特殊的体位。如请对方开始行走时，要面向对方，稍微欠身。在行进中和对方交谈或答复提问时，把头部、上身转向对方。

（2）上下楼梯。应注意：

① 走专门指定的楼梯。有些单位往往规定本单位人员不得与顾客走同一个楼梯。在运送货物时，特别要注意这一点。减少楼梯上的停留。楼梯上的来往人很多，所以不要停在楼梯上休息、站在楼梯上和人交谈或是在楼梯上慢悠悠地行走。

② 坚持“右上右下”原则。上下楼梯、自动扶梯的时候，都不应该并排行走，而要从右侧上。这样一来，有急事的人，就可以从左边的急行道通过。

③ 注意礼让别人。上下楼梯时，不要和别人抢行。出于礼貌，可以请对方先走。当自己陪同引导客人时，如果是陪客人上楼，陪同人员应该走在客人的后面；如果是下楼，陪同人员应该走在客人的前面。

（3）进出电梯。使用电梯时，大致上应当注意四个问题：

① 使用专用的电梯。假如本单位有这样的规定，就一定要自觉遵守。有可能的话，工作人员不要和来访客人混用同一部电梯。

② 如果是无人操作电梯，工作人员必须自己先进后出，以方便控制电梯。如果是有人操作的电梯，应当后进后出。

③ 牢记“先出后进”。在乘电梯时碰上了并不相识的来访客人，也要以礼相待，请对方先进先出。

④ 尊重周围的乘客。进出电梯时，应该侧身而行，免得碰撞别人。进入电梯后，要尽量站在里面。人多的话，最好面向内侧，或与别人侧身相向。下电梯前，应该提前换到电梯门口。

（4）出入房门。进入或离开房间时，要求：

① 先通报。在出入房间时，特别是在进入房门前，一定要以轻轻叩门、按铃的方式，向房内的人进行通报。贸然出入或者一声不吭，都显得冒冒失失。

② 以手开关。出入房门，务必要用手来开门或关门。开关房门时，最好是反手关门、反手开门，并且始终面向对方。用肘部顶、用膝盖拱、用臀部撞、用脚尖踢、用脚跟蹬等方式关门都是不好的做法。

③ 后入后出。和别人一起先后出入房门时，为了表示自己的礼貌，应当自己后进门、后出门，而请对方先进门、先出门。

④ 出入拉门。平时，特别是陪同引导别人时，还有义务在出入房门时替对方拉门或是推门。在拉门或推门后要使自己处于门后或门边，以方便别人的进出。

3. 坐姿

在对外场合的坐姿，要自然大方。既不要放任随便，以致失礼；也不必正襟危坐，过于拘束。可以按照座位的条件和场合的不同，采取适当的坐姿，并可以根据交谈的需要，转化自己的体态。注意：

（1）不要半躺在沙发坐椅上，显得懒散没有精神；

（2）不要跷起二郎腿，还不断摇动自己的双腿；

（3）不要把头仰靠在沙发背上，仰着脸同别人交谈。

男士穿单排扣西服，落座后一般可以解开自己的西服扣子；女士则应该双腿并拢。

有的场合，座位已事先排好，并放上名卡，可按排定次序就座；有的场合不排座次，应注意选择适合自己身份、地位的座位，不要随便占尊者和长者的位子。有的活动场合有坐有站，要注意给老年人和妇女让座。在中华民族礼仪要求中，“站有站相，坐有坐相”是对一个人行为举止最基本的要求。但是，现在很多人，尤其是年轻人的站姿和坐姿非常不正确，甚至可以说是难看。

在坐公共汽车的时候，很多年轻人不扶把手，而是将身体全部靠在车上的钢杆上，姿势不仅不好看，而且一旦遇到刹车，常常会扑到别人身上，很不礼貌。在公共汽车上也应该保持端正的站姿，全身不够端正、双脚叉开过大、双脚随意乱动、无精打采、自由散漫的姿势，都会被看做不雅或失礼。当站立过久觉得累时，可以将左脚或右脚交替后撤一步，但伸出的脚不可太远，双腿不可叉开过大。

坐地铁的时候，由于地铁的座位都是相对的，因此如果女性的坐姿稍不注意就很失态。不仅女性应该注意不要叉腿坐，男性坐地铁时也要特别注意身体不可叉开、两腿后仰，或歪向一侧，也不要把两腿直伸开去反复不断抖动。这些都是缺乏教养的表现。

2.3.4 适当的距离

在与人交流时应注意保持“安全距离”，即在谈话时让双方都感到自在的合适距离。不同文化的人们所认同的“安全距离”有很大差异。一般西方人士在交谈时习惯与对方保持较大距离,在我国则不是这样。由于文化传统、经济发展水平、人口素质等原因,许多人不太注意这个问题。但随着国际交往日益频繁,注意保持让对方感到自在的“安全距离”也应成为“礼仪课堂”的必修课。

1. 空间距离

空间距离是人们在谈话时相距的空间。谈话时距离太远会让人误会你是在嫌弃他,太近又会侵犯他人的个体空间,使对方不自在,因此太远太近都是失礼。研究者将人们交谈的空间距离分为四种。

(1) 亲密距离(15 厘米之内)。这是人际间最亲密的距离,只能存在于最亲密的人之间,彼此能感受到对方的体温和气息。就交往情境而言,亲密距离属于私下情境,即使是关系亲密的人,也很少在大庭广众之下保持如此近的距离,否则会让人不舒服。

(2) 个人距离(46 ~76 厘米)。这是人际间稍有分寸感的距离,较少直接的身体接触,但能够友好交谈,让彼此感到亲密的气息。一般说来只有熟人和朋友才能进入这个距离。人际交往中,个人距离通常是在非正式社交情境中使用,在正式社交场合则使用社交距离。

(3) 社交距离(1.2 ~2.1 米)。这是一种社交性或礼节上的人际距离,也是我们在办公室中经常见到的。这种距离给人一种安全感,处在这种距离中的两人,既不会怕受到伤害,也不会觉得太生疏,可以友好交谈。

(4) 公众距离(3.7 ~7.6 米)。一般说来,演说者与听众之间的标准距离就是公众距离,还有明星与粉丝之间也是如此。这种距离能够让仰慕者更加喜欢偶像,既不会遥不可及,又能够保持神秘感。

了解了交往中人们所需的自我空间及适当的交往距离,就能有意识地选择与人交往的最佳距离,更好地进行人际交往。

2. 心理距离

俗话说,“过于亲近易生侮慢之心”,人与人之间往往因为失去分寸而发生很多的遗憾,其实这都是可以避免的事情,只不过人们通常会因为过于亲近而忘记应守的界限,在说话和行动上乱了方寸,让原本要好的朋友,转眼间变成见面不相识的陌生人。所以应当保持适当的心理距离以策安全。

【本章习题】

1. 如何正确穿着西装?女士在出席一些正式场合时应该注意哪些服饰要求?
2. 正确的站、坐、行等姿势有哪些要求?
3. 如何保持个人卫生清洁?
4. 手部保养有哪些基本要求?

【扩展学习】

某照明器材厂的业务员金先生按原计划,手拿企业新设计的照明器材样品,兴冲冲地登上六楼,脸上的汗珠未及擦一下,便直接走进了业务部张经理的办公室,正在处理业务的张经理被吓了一跳。“对不起,这是我们企业设计的新产品,请您过目。”金先生说。张经理停下手中的工作,接过金先生递过的照明器,随口赞道:“好漂亮啊!”并请金先生坐下,倒上一杯茶递给他，然后拿起照明器仔细研究起来。金先生看到张经理对新产品如此感兴趣，如释重负，便往沙发上一靠，跷起二郎腿，一边吸烟一边悠闲地环视着张经理的办公室。当张经理问他电源开关为什么装在这个位置时，金先生习惯性地用手搔了搔头皮。虽然金先生作了较详尽的解释，张经理还是有点半信半疑。谈到价格时，张经理强调："这个价格比我们预算高出较多，能否再降低一些？"金先生回答："我们经理说了，这是最低价格，一分也不能再降了。"张经理沉默了半天没有开口。金先生却有点沉不住气，不由自主地拉松领带，眼睛盯着张经理，张经理皱了皱眉，"这种照明器的性能先进在什么地方？"金先生又搔了搔头皮，反反复复地说："造型新、寿命长、节电。"张经理托辞离开了办公室，只剩下金先生一个人。金先生等了一会，感到无聊，便非常随便地抄起办公桌上的电话，同一个朋友闲谈起来。这时，门被推开，进来的却不是张经理，而是办公室秘书。

思考题

1. 请结合案例分析，导致金先生的生意没有谈成的礼仪缺陷有哪些？
2. 在商务活动中，金先生应该如何注意自己的个人礼仪问题？

第3章 日常交际礼仪

【学习要点】

1. 语言类型的选择和礼仪
2. 见面的称呼礼仪、介绍礼仪、握手礼仪
3. 接、打电话礼仪
4. 接待礼仪、拜访礼仪
5. 中西餐、酒水礼仪
6. 礼品的选择、馈赠方式的选择

【导入案例】

一位移动公司的客户经理准备给一个生病的小企业主客户赠送一束鲜花，在离500米的地方便开始挨户询问："我是移动公司的客户经理，请问××先生住在哪?"对方虽然回答不知道，但是都清楚移动公司在给他们的客户送礼品，无形之中宣传了这家移动公司。由于这条街上所有的人都知道了，那位生病的小企业主觉得自己得到了优待，因此非常高兴，继续支持这位客户经理的工作。另外一位客户经理听说后，也效仿为一位客户送花。他在离1 000米的地方便开始询问。但送去后，客户反而离网了。因为他是一个政府官员，在别人知道他病了后，都去探望他给他造成了很大的不便。因此看来选择合适的时机送礼是极其重要的。日常交际礼仪是指社会各界人士在交际场合中与他人相见所应当遵守的礼节和礼貌行为。日常交际礼仪主要包括谈话礼仪、见面礼仪、电话礼仪、接待拜访礼仪、宴会礼仪、馈赠礼仪等。

3.1 谈话礼仪

谈话是表达思想及情感的重要工具，是人际交往的主要手段，因此在人际关系中起着十分突出的作用。在丰富多彩的礼仪形式中，谈话礼仪占有重要地位，从一定意义上讲，它标志着一个社会的文明程度，反映着一个人的修养与素质。

人际交往离不开谈话，谈话得体与否，常常决定着办事是否顺利，甚至关系成败。可见，谈话在交际中的重要性是不容忽视的。提高语言方面的修养，学习、掌握并运用好谈话礼仪，对于我们每个人来说，都是十分重要的。

3.1.1 对象的区分

谈话礼仪中要区分谈话的对象，根据谈话双方的亲疏关系，谈话对象可以分为：

关系亲密型：家人、亲属、知己、挚友等；

关系普通型：同乡、同学、同事、同行、客户等；

关系疏远型：萍水相逢之人、刚认识的客户或同行等；

关系抵触型：不中伤、不找事，坦诚相见、消除误会等；

关系敌对型：勿怒发冲冠、拂袖而去，避重就轻等。

3.1.2 宜选的话题

话题，就是人们在谈话时，为了引起对方的兴趣或配合，而有目的地选择的主题。话题的选择尤其重要，宜选的话题有：

（1）既定的话题。交谈双方事先约定的主题，如征求意见、讨论问题、研究工作等，适用于正式交谈。

（2）高雅的话题。文学、艺术、哲学、历史、地理、建筑等，适用于各种场合的交谈。

（3）轻松的话题。时尚休闲、体育赛事、电影电视、旅游度假、天气状况等，适用于非正式交谈。

（4）擅长的话题。“三句话不离本行”，它适用于各种交谈。

3.1.3 忌谈的话题

忌谈的话题主要包括：涉及个人隐私的话题；捉弄对方的话题；非议旁人的话题；倾向错误的话题；令人反感的话题，比如一味地抱怨、当众揭短、大肆批评和训斥别人等；以及低级下流的话题。具有争议性的或谈话者感觉较敏感的话题，诸如政治、宗教、同性恋、对方在生活上和生理上的缺陷等。

记住，谈话中交往要注意“个人隐私八不问”：不问收入支出，不问年龄大小，不问恋爱婚姻，不问身体健康，不问家庭地址，不问个人经历，不问信仰政见，不问所忙何事。

3.1.4 语言类型和礼仪

语言是双方信息沟通的桥梁，是双方思想感情交流的渠道，语言交流在人际交往中占据着最重要的位置。作为一种表达方式，语言交流首先随着时间、场合、对象的不同，而表达出各种各样的信息和丰富多彩的思想感情。

1. 寒暄与问候

寒暄者，应酬之语是也。问候，就是人们相逢之际所打的招呼，所问的安好。在多数情况下，二者应用的情境都比较相似，都是作为交谈的“开场白”来被使用的。从这个意义讲，二者之间的界限常常难以确定。

寒暄的主要用途，是在人际交往中打破僵局，缩短人际距离，向交谈对象表示自己的敬意，或是借以向对方表示乐于与其结交之意。所以说，在与他人见面之时，若能选用适当的寒暄语，往往会为双方进一步的交谈做良好的铺垫。反之，在本该与对方寒暄几句的时刻一言不发，则是极其无礼的。当被介绍给他人之后，应当跟对方寒暄。若只是点点头，或是只握一下手，通常会被理解为不想与之深谈，不愿与之结交。碰上熟人，也应当寒暄一两句。视而不见，不置一辞，难免显得自己妄自尊大。

在不同时候，适用的寒暄语各有特点：

跟初次见面的人寒暄，最标准的说法是："你好！""很高兴能认识您。""见到您非常荣幸。"比较文雅一些的话，可以说："久仰"，或者说："幸会"。要想随便一些，也可以说："早听说过您的大名""某某某人经常跟我谈起您"或是"我早就拜读过您的大作""我听过您作的报告"，等等。跟熟人寒暄，用语则不妨显得亲切一些、具体一些，可以说"好久没见了""又见面了"，也可以讲："你气色不错""您的发型真棒""您的小孙女好可爱呀""今天的风真大""上班去吗？"寒暄语不一定具有实质性内容，而且可长可短，需要因人、因时、因地而异，但它却不能不具备简洁、友好与尊重的特征。寒暄语应当删繁就简，不要过于程式化，像写八股文。例如，两人初次见面，一个说："久闻大名，如雷贯耳，今日得见，三生有幸"，另一个则道："岂敢，岂敢！"搞得像演古装戏一样，大可不必。寒暄语应带有友好之意，敬重之心。既不容许敷衍了事般地打哈哈，也不可以戏弄对方。"瞧您那德性""喂，您又长膘了"，等等，均应禁用。

问候，多见于熟人之间打招呼。西方人爱说："嗨！"中国人则爱问："去哪儿""忙什么""身体怎么样""家人都好吧？"在商务活动中，也有人为了节省时间，将寒暄与问候合二为一，以一句"您好"来代表。

问候语具有非常鲜明的民俗性、地域性。比如，老北京爱问别人："吃过饭了吗？"其实质就是"您好！"您要是回答"还没吃"，意思就不大对劲了。若这样问候南方人或外国人，常会被理解为："要请我吃饭""讽刺我不具有自食其力的能力""多管闲事""没话找话"，从而引起误会。

在阿拉伯人中间，也有一句与"吃过饭没有"异曲同工的问候语："牲口好吗？"听了你可别生气，人家这样问候您，绝不是拿您当牲口，而是关心您的经济状况如何。在以游牧为主的阿拉伯人中间，还有什么比牲口更重要的呢？问您"牲口好吗？"其实是关心您的日子过得怎么样。

为了避免误解，统一规范，商界人士应以"您好""忙吗"为问候语，最好不要乱说。牵涉个人私生活、个人禁忌等方面的话语，最好别拿出来"献丑"。例如，一见面就问候人家"跟朋友吹了没有"，或是"现在还吃不吃中药"，都会令对方反感。

2. 称赞与感谢

什么样的人最招人喜欢？答案是有的：懂得赞美别人的人，最是招人喜欢。

什么样的人最有礼貌？答案也是有的：得到他人帮助后，知道及时表示感谢的人最有礼貌。

称赞与感谢，都有一定的技巧。如不加遵守，自行其是，不但可能会显得虚伪，而且还可能会词不达意，招致误解。比如，赞美旁人："您今天穿的这件衣服，比前天穿的那件衣服好看多了"，或是"去年您拍的那张照片，看上去多年轻呀"，都是错误的典型例子。前者有可能被理解为指责对方"前天穿的那件衣服"太差劲，不会穿衣服；后者则有可能被理解为是在向对方暗示：你现在看上去可一点儿也不年轻了。您说，讲这种废话是不是还不如不说话呢？

赞美别人，应有感而发，诚挚中肯。因为它与拍马屁、阿谀奉承，终究是有区别的。

赞美别人的第一要则，就是要实事求是，力戒虚情假意，乱给别人戴高帽子。夸奖一位不到40岁的女士“显得真年轻”，还说得过去；要用它来恭维一位气色不佳的80岁老太太，就过于做作了。离开真诚二字，赞美将毫无意义。

有位西方学者说过，面对一位真正美丽的姑娘，才能夸她“漂亮”；面对相貌平平的姑娘，称道她“气质甚好”，是很得体的；而“很有教养”一类的赞语只能用来对长相实在无可称道的姑娘讲。他的话讲得虽然有些率直，却道出赞美别人的第二要则：因人而异。男士喜欢别人称道他幽默风趣、很有风度，女士渴望别人注意自己年轻、漂亮。老年人乐于别人欣赏自己知识丰富、身体保养好，孩子们爱别人表扬自己聪明、懂事。适当地道出他人内心之中渴望获得的赞赏，最受欢迎。

赞美别人的第三要则，是话要说得自自然然，不露痕迹，不要听起来过于生硬，更不能“一视同仁，千篇一律”。当着一位先生的夫人之面，突然对后者来上一句：“您很有教养”，会让人摸不着头脑。可要是明明知道这位先生的领带是其夫人“钦定”的，再夸上一句：“先生，您这条领带真棒！”那就会收到截然不同的效果。个别人乐于赞美异性，轮到面对同性时，却金口难开。这种人，难有挚友与密友。

最后应当指出的是，在人际交往中，不要“老王卖瓜，自卖自夸”。应当少夸奖自己，多赞美别人。除了必须进行的自我评价之外，猛夸自己，认定自己一贯正确，举世无双，是极不理智的做法。“谢谢！”这句话虽然只有两个字，但如运用得当，却会让人觉得意境深远，魅力无穷。在必要之时，对他人给予自己的关心、照顾、支持、喜欢、帮助，表示必要的感谢，不仅是一名商界人士应当具备的教养，而且也是对对方为自己“付出”的最直接的肯定。这种做法，不是虚情假意、可有可无的，而是必需的，否则可能导致交往对象的失落和抱怨。

感谢，也是一种赞美！对它运用得当，可以表示对他人的恩惠领情不忘，知恩图报，而不是忘恩负义、过河拆桥之辈。在今后“下一轮”的双边交往中，商界人士必定会因为自己不吝惜这么简短的一句话，而赢得更好的回报。

在人际交往中，需要商务人员认认真真地对他人说一声“谢谢！”的机会非常之多，比如：受到他人夸奖的时候，应当说“谢谢！”。这既是礼貌，也是一种自信。旁人称道自己的衣服很漂亮、英语讲得很流利时，说声“谢谢！”最是得体。反之，要是答以“瞎说”“不怎么地”“哪里、哪里”“谁说的”“少来这一套”，便收不到同样好的效果了。

获赠礼品与受到款待时，别忘了郑重其事地道谢。这句短语，是肯定，也是鼓舞，是对对方最高的评价。

得到领导、同事、朋友明里暗里的关照后，一定要去当面说一声“谢谢！”。在公共场合，得到了陌生人的帮助，也应该当即致以谢意。

在具体操作中，感谢他人有一些常规可以遵循。在方式方法上，有口头道谢、书面道谢、托人道谢、打电话道谢之分。一般地讲，当面口头道谢效果最佳。专门写信道谢，如获赠礼品、赴宴后这样做，也有很好的效果。打电话道谢，时效性强一些，且不易受干扰。托人道谢，除非是人家出面，效果就差一些了。

感谢他人，还有场合方面的考虑。有些应酬性的感谢可当众表达，不过要显示认真而庄重的话，最好“专程而来”，应于他人不在场之际表达谢意。

表示感谢时，通常应当加上被感谢者的称呼。例如："马小姐，我专门来跟您说一声'谢谢'""许总，多谢了"。越是这样，显得越是正式。

表示感谢，有时还有必要随便提一下致谢的理由。比如："易先生，谢谢上次您在制作广告方面的帮助"，免得对方感到空洞或茫然不知所措。

表示感谢，最重要的莫过于要真心实意。为使被感谢者体验到这一点，务必要认真、诚恳、大方。话要说清楚，要直截了当，不要连一个"谢"字都讲得含混不清。表情要加以配合：要正视对方双目，面带微笑。必要时，还需专门与对方握手致意。

表示感谢时，所谢的如果只是一个人，应予突出。所谢的若是多人，可概括为"谢谢大家"，也可一一具体到个人，逐个言谢。

3. 祝贺与慰问

祝贺，就是向他人道喜。每当亲朋好友在工作与生活上取得了进展，或是恰逢节日喜庆之时，对其致以热烈且富有感情色彩的吉语佳言，会使对方的心情更为舒畅，双方的关系更为密切。祝贺的方式有多种多样。口头祝贺、电话祝贺、书信祝贺、传真祝贺、贺卡祝贺、贺电祝贺、点播祝贺、赠礼祝贺、设宴祝福等，都有自己特定的适用范围。在多数情况下，几种方式也可以同时并用。

祝贺的时机，也需要审慎地选择。对商界人士来说，适逢亲朋好友们结婚、生育、乔迁、获奖、晋职、晋级、过生日、出国深造、事业上取得突出成就之时，应当及时向其表示自己为对方而高兴。不然，就有疏远双方关系、心存不满或妒忌之嫌。碰上节日，出于礼貌，向亲朋好友们道贺，也是必要的。对于关系单位的开业、扩店、周年纪念、业务佳绩，予以祝贺，亦"义不容辞"。

一般说来，口头祝贺，是商界人士用到机会最多的一种祝贺方式。口头祝贺总体上的礼仪性要求，是要简洁、热情、友善、饱含感情色彩，要区分对象，回避对方所忌。通常，口头上的祝贺都以一些约定俗成的表达方式来进行。例如，"恭喜，恭喜""我真为您高兴"就是常用的道贺语言。"事业成功""学习进步""工作顺利""一帆风顺""身体健康""心情愉快""生活幸福""阖家平安""心想事成""恭喜发财"之类的吉祥话，大家也耳熟能详，百听不厌。对不同的对象，在不同的时刻，道贺之语的选择应有所不同。在祝贺同行开业时，"事业兴旺""大展宏图""日新月异""生意兴隆""财源茂盛"，应该是对方最爱听的话。在祝贺生日时，除了"生日快乐"可广泛使用外，"寿比南山，福如东海"，这种老寿星爱听的祝词，就不宜对年轻人尤其是孩子们来讲。对新婚夫妇，使用"天长地久""比翼齐飞""白头偕老""百年好合""互敬互爱""早生贵子"之类的祝贺语，能使对方更加陶醉在幸福与憧憬之中，多多益善。有些话本意不错，但可能犯一些人的忌讳，故宜加以回避。例如，乘飞机的人不喜欢别人祝他"一路顺风"，因为这对飞机飞行有碍；香港人不爱听别人祝他"快乐"，因为爱讨"口彩"的他们，往往把"快乐"听成了与之发音相近的"快落"；若明知一位小姐才疏学浅，事业上难有重大进展，那么就不该祝她"事业有成"，免得让人家伤感，代之以"生活幸福美满"，才更能让对方高兴。

如果说适时而得体的祝贺可以加深人与人之间感情、促进友谊，那么一句恰当的慰问，也可以把商界人士的关心、体贴和爱护，及时传达给自己的交往对象，"雪里送炭"般温暖对方。

4. 规劝与批评

规劝，即在交谈中对他人郑重其事地加以劝告，劝说其改变立场，改正错误。在这个意义上来讲，规劝与批评大体上有许多方面的共性，因为批评就是对他人的缺点提出意见。两者都是至交与诤友所为。对“多一事不如少一事”“不愿得罪人”甚至想“看好戏”的人来说，是绝不会这样做的。

提出规劝与批评的人都应就事论事，都是对“过失者”的一种关心与负责任的督促。指出他人的缺点与错误，找出其薄弱环节，意在使其今后扬长避短，更好地为人处世。这是对“过失者”最大的关心与爱护，也是对其最负责任的表现。

注重说话技巧的商界人士，在规劝与批评他人时，应注意以下几点：

第一，表达上要温言细语，勿失尊重。经常有人笃信“良言苦口利于病，忠言逆耳利于行”，一上来就对别人下猛药，用最难听的话进行批评规劝。例如，“瞧你这德性”“叫我说你什么好”“真不想再理你”之类。以这种套话开头，会让被批评者心不服，气不顺，产生逆反心理，拒绝进行合作。到后来，还有可能使被批评者反唇相讥，导致双方势同水火，反目为仇。这种情况的产生，原因就在于批评者下“狠药”、开“苦口”的方法不得当。

人需要尊重，在批评规劝他人时也别忘了这一点。明智的人在批评规劝他人时，可以把同一种意思表达得更中听。良药未必都要苦口，忠言也不一定非得逆耳。

第二，尽可能不要当众规劝批评别人。人有脸，树有皮。当众批评规劝，尤其是针对那些有地位、有身份的人士，会让其自尊心备受伤害。当着部下的面训斥一名部门经理，当着孩子的面批评他的父亲，都会让后者长时间“抬不起头来”，或许还会因此对规劝者与批评者心存怨恨。

除非绝对必要，不要在会议上、写字间内等公共地点当众批评他人。如果有条件，可找对方单独交谈，即使话说得重一些，也易于为对方所接受。

要注意的是，在外人面前规劝同事、批评下属，有时会有“借题发挥”“指桑骂槐”之嫌。

第三，规劝与批评需要一分为二。著名公关专家、美国人卡耐基曾说：“当我们听到别人对我们的某些长处表示赞赏后，再听到他的批评，我们的心里时常就好受得多。”他的话确实非常实在。规劝与批评一分为二，就是要求商务人员不能将规劝与批评对象“一棍子打死”。规劝批评别人时，先肯定，后否定，在肯定的基础上局部地否定，既顾全了被批评者的自尊心，又往往使之有台阶下，是一种很好的办法。

擅长“一分为二”的人，批评他人之前，大都爱进行一番自我批评。在批评下属前，自己先承担一定责任；规劝年轻人时，表示自己当初也曾“年轻过”……这样比起标榜自己“一贯正确”来，往往更容易被接受。

5. 拒绝与道歉

（1）拒绝

拒绝，就是不接受。在语言方面来说，拒绝既可能是不接受他人的建议、意见或批评，也可能是不接受他人的恩惠或赠予。从本质上讲，拒绝亦即对他人意愿或行为的间接性否定。在商务交往中，有时尽管拒绝他人会使双方一时有些尴尬难堪，但“长痛不如短痛”，需要拒绝时，就应将此意以适当的形式表达出来。

拒绝，既然是对他人意愿或行为的一种间接否定，那么在有必要拒绝他人时，就应考虑不要把话说绝，让别人感到难为情。通常，拒绝应当机立断，不可含含糊糊，态度暧昧。别人求助于自己，而这个忙不能帮或帮不了时，就该当场明说。当时拍了胸脯，此后却一拖再拖，最后才说没办法。既误事，又害人。

从语言技巧上说，拒绝有直接拒绝、婉言拒绝、沉默拒绝、回避拒绝等方法。

直接拒绝，就是将拒绝之意当场明讲。采取此法时，重要的是应当避免态度生硬，说话难听。在一般情况下，直接拒绝时需要把拒绝的原因讲明白。可能的话，还可向对方表达谢意，表示对其好意自己心领，以显得自己通情达理。必要时也可为之向对方致歉。

婉言拒绝，就是用温和曲折的语言表达拒绝的意思。与直接拒绝相比，它更容易被接受。因为它更大程度上，顾全了被拒绝者的尊严。

沉默拒绝，就是在面对难以回答的问题时，暂时中止“发言”。当他人的问题很棘手甚至具有挑衅、侮辱的意味，“拔剑而起”，不一定是最好的应对方法，不妨尝试以静制动，一言不发，静观其变。这种不说“不”字的拒绝，所表达出的无可奉告之意，常常会产生极强的心理上的威慑力，令对方不得不在这一问题上“遁去”。沉默拒绝法虽然效果明显，但若运用不当，也难免会“伤人”。

回避拒绝，就是避实就虚，对对方不说“是”，也不说“否”，只是搁置此事，转而议论其他事情。遇上他人过分的要求或难答的问题时，均可使用此法。

（2）道歉

有道是“知错就改”，人不怕犯错误，却怕不承认过失，明知故犯。在人际交往中，倘若自己的言行有失礼不当之处，或是打扰、麻烦、妨碍了别人，最聪明的方法就是及时向对方道歉。道歉的好处在于，它可以冰释前嫌，消除他人对自己的不好印象，也可以防患于未然，为自己留住知己、赢得朋友。

在商务交往中，需要掌握的道歉技巧，有下面几点：

第一，道歉语应当文明而规范。有愧对他人之处，宜说“深感歉疚”“非常惭愧”；渴望见谅，需说“多多包涵”“请您原谅”；有劳别人，可说“打扰了”“麻烦了”；一般场合，则可以讲“对不起”“很抱歉”“失礼了”。

第二，道歉应当及时。知道自己错了，马上就要说“对不起”，否则越拖得久，就越让人家“窝火”，越容易使人误解。道歉及时，还有助于当事人避免因小失大。

第三，道歉应当大方。道歉绝非耻辱，故而应当大大方方，堂堂正正，完全彻底。不要遮遮掩掩，欲说还休。不要过分贬低自己，说什么“我真笨”“我真不是个东西”，这可能让人看不起，碰上欺软怕硬的人也有可能被人得寸进尺。

第四，道歉可以借助于“物语”。有些道歉的话难以当面启齿，写在信上寄去也成。对西方妇女而言，令其转怒为喜的最佳道歉方式，无过于送上一束鲜花，婉“言”示错。这类借物表意的道歉“物语”，会有极好的反馈。

第五，道歉并非万能。不该向别人道歉的时候，就不要向对方道歉。不然对方不但不领我方的情，搞不好还会得寸进尺，为难我方。另外，在向他人道歉后，要真的知错就改，付诸行动，不要言行不一，依然故我。让道歉仅仅流于形式，否则只能证明自己待人缺乏诚意。

3.2 见面礼仪

3.2.1 称呼礼仪

称呼，指的是人们在日常交往应酬之中，所采用的彼此之间的称谓语。在人际交往中，选择正确、适当、得体的称呼，反映着自身的教养、对对方尊敬的程度，甚至还体现着双方关系发展所达到的程度和社会风尚，因此不能疏忽大意，随便乱用称呼。

1. 生活中的称呼

(1) 对自己亲属的称呼。亲属，即与本人直接或间接拥有血缘关系者。在日常生活中，对亲属的称呼业已约定俗成，人所共知。例如，父亲的父亲应称为“祖父”，父亲的祖父应称为“曾祖父”，姑、舅之子应称为“表兄”“表弟”，叔、伯之子应称为“堂兄”“堂弟”，大家对此都不会搞错。

面对外人，对亲属可根据不同情况采取谦称或敬称。对本人的亲属，应采用谦称。称辈份或年龄高于自己的亲属，可在其称呼前加“家”字，如“家父”“家叔”“家姐”。称辈分或年龄低于自己的亲属，可在其称呼后前加“舍”字，如“舍弟”“舍侄”。称自己的子女，则可在其称呼前加“小”字，如“小儿”“小婿”。

对他人的亲属，应采用敬称。对其长辈，宜在称呼之前加“尊”字，如“尊母”“尊兄”。对其平辈或晚辈，宜在称呼之前加“贤”字，如“贤妹”“贤侄”。若在其亲属的称呼前加“令”字，一般可不分辈分与长幼，如“令堂”“令尊”“令爱”“令郎”。

对待比自己辈分低、年纪小的亲属，可以直呼其名，使用其爱称、小名，或是在其名字之前加上“小”字相称，如“毛毛”“小宝”等。但对比自己辈分高、年纪大的亲属，则不宜如此。

(2) 对朋友、熟人的称呼，既要亲切、友好，又要不失敬意。敬称对任何朋友、熟人，都可以“你”“您”相称。对长辈、平辈，可称其为“您”。对待晚辈，可称为“你”。以“您”称呼他人，是为了表示自己的恭敬之意。对于有身份者、年纪长者，可以“先生”相称；其前还可以冠以姓氏，如“尚先生”“何先生”。对德高望重的年长者、资深者，可称之为“公”或“老”。其具体做法是：将姓氏冠以“公”之前，如“谢公”；将姓氏冠以“老”之前，如“周老”；若被尊称者名字为双音，还可将其双名中的头一个字加在“老”之前，如可称沈雁冰先生为“雁老”。

(3) 对普通人的称呼。在现实生活中，对一面之交、关系普通的交往对象，可酌情采取下列方法称呼：

① 以“同志”相称。

② 以“先生”“女士”“小姐”“夫人”“太太”相称。

③ 以其职务、职称相称。

④ 入乡随俗，采用对方理解并接受的称呼相称。

2. 工作中的称呼

在工作中，彼此之间的称呼有其特殊性。总的要求是庄重、正式、规范。

(1) 职务性称呼

在工作中，以职务相称，以示身份有别、敬意有加，是一种最常见的称呼方法。

① 仅称职务。例如:“部长”“经理”“主任”,等等。

② 职务之前加上姓氏。例如:“周局长”“张处长”“马委员”,等等。

③ 职务之前加上姓名,仅适用极其正式的场合。例如:“胡锦涛主席”等。

（2）职称性称呼

对于具有职称者,尤其是具有高级、中级职称者,可直接以其职称相称。

① 仅称职称。例如:“教授”“律师”“工程师”等。

② 在职称前加上姓氏。例如:“钱编审”“孙研究员”。有时,这种称呼也可加以约定俗成的简化,例如,“王工程师”简称为“王工”。但使用简称应以不发生误会、歧义为限。

③ 在职称前加上姓名,它适用于十分正式的场合。例如:“安文教授”“杜锦华主任医师”“郭雷主任编辑”,等等。

（3）行业性称呼

在工作中,有时可按行业进行称呼。它具体又分为两种情况:

① 称呼职业,即直接以被称呼者的职业作为称呼。例如,“老师”“教练”“律师”“警官”“会计”“医生”或“大夫”,等等。一般在此类称呼前,均可加上姓氏或姓名。

② 称呼“小姐”“女士”“先生”。对商界、服务业从业人员,一般约定俗成地按性别分别称呼为“小姐”“女士”或“先生”。其中,“小姐”“女士”二者的区别在于未婚者称“小姐”,已婚或不明确婚姻状况的则称“女士”。在公司、宾馆、商店、餐馆、歌厅、酒吧、交通行业,此种称呼极其普遍。在此种称呼前,可加姓氏或姓名。

（4）学衔性称呼

工作中,以学位、军衔作为称呼,可增加其权威性,有助于增强现场的学术气氛。称呼学衔,有四种情况使用最多。

① 仅称学衔。例如:“博士”。

② 在学衔前加上姓氏,例如:“杨博士”。

③ 在学衔前加上姓名,例如:“劳静博士”。

④ 将学衔具体化,说明其所属学科,并在其后加上姓名。例如:“史学博士周燕”“工学硕士郑伟”“法学学士李丽珍”,等等。此种称呼最为正式。

（5）姓名性称呼

在工作岗位上称呼姓名,一般限于同事、熟人之间。其具体方法有三种:

① 直呼姓名。

② 只呼其姓,不称其名,但要在它前面加上“老”“大”“小”。

③ 只称其名,不呼其姓,通常限于同性之间,尤其是上司称呼下级、长辈称呼晚辈之时。在亲友、同学、邻里之间,也可使用这种称呼。

俗语说:“十里不同风,百里不同俗”。在涉外交往中,称呼的问题因为国情、民族、宗教、文化背景的不同,而显得千差万别,十分复杂,因此值得认真研究。

在对外交往中,对待称呼问题,有两点必须切记:其一,要掌握一般性规律,即国际上通行的做法。其二,要留心国别差异,加以区分对待。

称呼也有顺序,一般遵循先上级后下级、先长辈后晚辈、先女士后男士、先疏后亲的原则。

3. 称呼的禁忌

(1) 错误的称呼

常见的错误称呼有两种：

① 误读。一般表现为念错被称呼者的姓名。比如“郇”“查”“盖”这些姓氏就极易弄错。要避免犯此错误，要做好先期准备，必要时虚心请教。

② 误会。主要指对被称呼的年纪、辈分、婚否以及与其他人的关系作出了错误判断。比如，将未婚妇女称为“夫人”，就属于误会。

(2) 使用过时的称呼。有些称呼，具有一定的时效性，一旦时过境迁，再采用就会贻笑大方。比方说，法国大革命时期人民彼此之间互称“公民”。在我国古代，对官员称为“老爷”“大人”。若全盘照搬过来，就会显得滑稽可笑，不伦不类。

(3) 使用不通行的称呼。有些称呼具有一定的地域性，比如，北京人爱称人为“师傅”，山东人爱称人为“伙计”，中国人把配偶、孩子经常称为“爱人”“小鬼”。但是，在南方人听来，“师傅”等于“出家人”，“伙计”肯定是“打工仔”。而外国人则将“爱人”理解为进行“婚外恋”的“第三者”，将“小鬼”理解为“鬼怪”“精灵”。可见，如果不分对象使用这些称呼，误会就太大了。

(4) 使用不当的行业称呼。学生喜欢互称为“同学”，军人经常互称“战友”，工人可以称为“师傅”，道士、和尚可以称为“出家人”，这无可厚非。但如果跨行业乱用，并不会带来亲近感，还有可能让对方误会生气。

(5) 使用庸俗低级的称呼。在人际交往中，有些称呼在正式场合切勿使用。例如“兄弟”“朋友”“哥们儿”“姐们儿”“死党”“铁哥们儿”，等等一类的称呼，在正式场合使用就显得庸俗低级，档次不高。逢人便称“老板”，也显得不伦不类。

(6) 使用绰号作为称呼。对于关系一般者，切勿自作主张给对方起绰号，更不能随意以道听途说来的对方的绰号去称呼对方。至于一些对对方具有侮辱性质的绰号，例如，“北佬”“阿乡”“鬼子”“鬼妹”“拐子”“秃子”“罗锅”“四眼”“肥肥”“傻大个”“柴禾妞”，等等，则更应当避免。另外，还要注意，不要随便拿别人的姓名乱开玩笑。要尊重一个人，必须首先学会尊重他的姓名。每个正常人，都极为看重本人的姓名，而不容他人对此进行任何形式的轻贱。

3.2.2 介绍礼仪

介绍是交际之桥，意在说明情况，是人际交往中与他人进行沟通、增进了解、建立联系的一种最基本、最常规的方式。

介绍的总原则是：举止得体，顺序准确，称谓得当，语气谦恭。

介绍主要有三种：自我介绍，介绍他人，以及介绍集体。

1. 自我介绍

(1) 自我介绍时间要简短。一般自我介绍半分钟以内，训练有素，长话短说，废话不说。

(2) 内容要全面。正式场合自我介绍一般有四个要素：单位、部门、职务和姓名。

(3) 先讲全称，再说简称。第一次介绍的时候使用全称，第二次才可以改简称。

(4) 最好是先递名片再介绍。关于名片使用有三个要点：一是要有名片。一个没有名片的人,将被视为没有社会地位。换言之,交往中拿不出名片的人,会被人家怀疑身份与地位的真实性。二是要随身携带名片。一个不随身携带名片的人,是不尊重别人的人。名片放在什么地方也有讲究,一般放在专用名片包里,放在西装上衣口袋里,一伸手就能拿出来。三是递送名片的时机问题。要在见面谈话之初就将名片递出去,这样可以互相了解对方的头衔职务,也避免谈话中把对方名字说错。你说我要走了,都把事跟你谈完了,你才给我留名片,是不是才信任我,以前都不信任我?会带来不必要的误会。

2. 介绍别人

(1) 谁当介绍人?

交往中介绍人一般是三种人:第一种是专业对口人员。比如我请一个教授来办讲座,我把他请来的,那我就有义务在他与其他人之间做介绍。第二种是公关礼宾人员。如外事办的同志、办公室主任或者秘书,或者专门委托的接待陪同人员。第三种是来了贵宾,礼仪上要讲对等,职务最高的为介绍人。按社交场合的惯例,介绍人一般是女主人。

(2) 按什么顺序介绍?

先把晚辈介绍给长辈,职位低者介绍给职位高者,个人介绍给团体,客人介绍给主人,男士介绍给女士。

3. 介绍集体

集体介绍,是指为多人所作的介绍,应注意顺序。

当被介绍者双方地位、身份大致相似时,应先介绍人数较少的一方。

若被介绍者双方地位、身份存在差异,虽人数较少或只一人,也应将其放在尊贵的位置,最后加以介绍。

在演讲、报告、比赛、会议、会见时,只需要将主角介绍给大家。

若一方人数较多,可采取笼统介绍的方式。

若被介绍的不止双方,需要对被介绍的各方进行位次排列。一般的排列方法是:以负责人身份为准,以单位规模为准,以抵达时间的先后顺序为准,以座次顺序为准,以距介绍者的远近为准,等等。

3.2.3 握手礼仪

握手最早发生在人类"刀耕火种"的年代。那时,在狩猎和战争时,人们手上经常拿着石块或棍棒等武器。他们遇见陌生人时,如果大家都无恶意,就要放下手中的东西,并伸开手掌,让对方抚摸手掌心,表示手中没有藏武器。这种习惯逐渐演变成今天的"握手"礼节。握手是一种很常用的礼节,一般在相互见面、离别、祝贺、慰问等情况下使用。

1. 握手的姿势

上身要略微前倾,头要微低,两足立正,双方伸出右手,彼此之间保持一步左右的距离(75 厘米左右或 1 米左右),双方握着对方的手掌,而不是握指尖。上下晃动两到三下(握手的时间的 3 秒左右为宜),并且适当用力。双目注视对方,面带笑容。

2. 握手的伸手顺序

男女之间,女士先;长幼之间,长者先;上下级间,上级先;迎接客人,主人先;送走客人,客人先。

3. 握手位置

(1) 女士握位:食指位。

(2) 男士握位:整个手掌。

(3) 一般关系:一握即放。

(4) 对方身份高:屈前相握。

(5) 双握式要慎用。

4. 握手的禁忌

(1) 握手时,左手插在兜里。

(2) 不按顺序,争先恐后。

(3) 男士戴手套(社交场合女士可戴薄手套)。

(4) 戴墨镜(有眼疾病或眼有缺陷除外)。

(5) 用左手或用双手与异性握手。

(6) 交叉握手(西方人视为十字架,不敬)。

(7) 拉来推去、上下抖动、用力过度、客套过度。

(8) 手脏、湿、当场搓揩。

3.2.4 其他见面礼仪

1. 鞠躬礼

鞠躬礼是人们在生活中对别人表示恭敬的一种礼节,多见于日本、朝鲜、韩国等国家,欧美国家则较少使用。

行鞠躬礼时,以腰部为轴弯下身躯,目光随之向下,双手搭在前腹,鞠躬角度为 15 ~ 45 度。说"欢迎光临"时鞠 15 度躬,说"感谢光临"时鞠 30 度躬,对方地位、身份极高时鞠 45 度躬。

鞠躬适用于以下场合:在一般的社交场合,如晚辈对长辈、学生对老师、下级对上级、表演者对观众等,都可行鞠躬礼;在喜庆的场合,如新人结婚时向长辈或来宾鞠躬;领奖人上台领奖时,向授奖者及全体人员鞠躬行礼;演员谢幕时,对观众的掌声以鞠躬致谢;演讲者也用鞠躬来表示对听众的谢意;在庄严的场合,如追悼会或祭奠时,向逝者行鞠躬礼;等等。

2. 拱手礼

拱手礼也叫作揖礼,在我国有两千多年的历史,是我国传统的见面礼节之一。拱手礼比较符合现代卫生要求,所以很多礼学专家都认为,拱手礼是一种很好的交往礼仪,应提倡使用。

拱手礼的方法是:起身站立,双臂前伸,两手掌合抱于胸前,通常左手握空拳,右手抱左手,拱手齐眉,有节奏地晃动两三下,并微笑着向对方问候。这个礼节能表达感谢、尊敬、问候、祝福、欢迎、告别等。拱手致意常与寒暄同时进行,如"欢迎、欢迎""恭喜、恭喜""请多多关照""请多多包涵""后会有期"等。我国各级领导人在春节团拜时,就常常使用拱手礼。

3. 点头礼

点头礼多用于同级或平辈之间。如在路上行走间相遇,可在行进中向对方点头致意。

4. 举手注目礼

举手注目礼是军人常用的礼节。在我国行举手注目礼时举右手,手指伸直并齐,指尖接触帽檐右侧,手掌微向外,上臂与肩平齐,两眼注视对方,待对方答礼后方可将手放下,对长官或长者每次见面都应行举手注目礼。

5. 拥抱礼

拥抱礼是欧美各国熟人、朋友之间表示亲密感情的一种礼节。他们见面或告别时互相拥抱,表示亲密无间。拥抱礼通常和接吻礼同时进行。一般礼节性的拥抱多用于同性别之间。拥抱的方法是右手扶住对方左后肩,左手在对方右后腰,以"左—右—左"的方式交替进行。

6. 吻手礼

吻手礼是流行于欧美国家上层社会的一种礼节,在英国、法国最为重视。和上流社会的贵妇或小姐见面,若女方先伸手做下垂式,则应将其指尖轻轻提起亲吻。行吻手礼时,若女方身份地位较高,要半跪一条腿,再吻其手指。

7. 亲吻礼

亲吻礼是上级对下级、长辈对晚辈以及夫妻、恋人之间表示亲昵的礼节,多见于西方、东欧及阿拉伯国家。通常是在受礼者腮上或额头上轻吻一下,夫妻或恋人可以亲吻嘴唇。

8. 合十礼

合十礼盛行于信奉佛教的东南亚及南亚国家。行礼时,两只手掌在胸前对合,掌尖和鼻尖基本相平,手掌向外倾斜,同时头微向前俯下。在对外交往中,当对方以这种礼节致敬时,也应还以合十礼,但要注意行合十礼的同时不要点头。

3.2.5 名片礼仪

名片是社交场合用来表示个人身份的卡片。名片的规格是:工作单位在名片的正面上方,中间有姓名、职务,下方是邮政编码、地址、电话、电子邮箱等联系方式。名片的反面可以是相同内容的外语,也可以说明业务范围,如今名片已成为人们社交活动的重要工具。

1. 名片的功能

名片的主要功能包括自我介绍、方便联系、替代短信、充当礼单、留言等。

2. 递名片礼仪

递名片时,双手拿出自己的名片,将名片的方向调整到最适合对方观看的位置,不必提职务、头衔,只要把名字重复一下。顺序要先职务高后职务低、由近而远,圆桌上按顺时针方向开始,用敬语"认识您真高兴""请多指教"等。

接名片时,双手接过对方的名片,要简单地看一下内容,轻声念出对方名字,不要直接把名片放起不看,也不要长时间拿在手里不停摆弄,更不要在离开时把名片漏带,应将名片放在专用的名片夹,或放在其他不易折的地方。

3. 名片使用的注意事项

(1) 名片的位置。自己的名片要随时准备好,放在易于掏出的口袋或皮包里,以便使用时能及时掏出。如果放在身上,最好放在上衣的内兜里,注意名片不能有褶皱。

(2) 名片使用的"三不准"。不得随意涂改;不得提供两个以上的头衔,可准备多种名片;不提供私人联络方式。

3.3 电话礼仪

在现代生活中，随着生活节奏的加快以及高科技的发展，电话已成为人们联络感情和互通信息的一种通信工具。电话具有方便快捷的优点，它的使用越来越广泛。人们不用直接见面就可以处理纷繁复杂的事务，可以通过电话求助他人、问候对方进行感情交流。电话是现代生活中必不可少的社交方式，因此，应当正确使用电话，遵守礼仪规范。

电话基本礼仪包括表情（要面带微笑），姿态（要保持端正），声音（要清晰柔和），中途（避免做他事）。

3.3.1 打电话礼仪

打电话时，需注意以下几点：

1. 要选好时间

打电话时，如非重要事情，尽量避开受话人休息、用餐的时间，而且最好别在节假日打扰对方。

2. 要掌握通话时间

打电话前，最好先想好要讲的内容，以便节约通话时间，不要现想现说，“煲电话粥”。通常一次通话不应长于3分钟，即所谓的“3分钟原则”。

3. 要态度友好

通话时不要大喊大叫，震耳欲聋。

4. 要用语规范

通话之初，应先做自我介绍，不要让对方“猜一猜”。请受话人找人或代转时，应说“劳驾”或“麻烦您”，不要认为这是理所应当的。

3.3.2 接电话礼仪

接听电话不可太随便，得讲究必要的礼仪和一定的技巧，以免横生误会。无论是打电话还是接电话，我们都应做到语调热情、大方自然、声量适中、表达清楚、简明扼要、文明礼貌。

1. 重要的第一声

声音清晰、亲切、悦耳，使用礼貌用语，应有代表公司、集体形象的意识。

不允许接电话以“喂，喂”或者一张嘴就不客气地说“你找谁呀”“你是谁呀”“有什么事儿啊”，像查户口似的。

如果接到拨错的电话，要注意保持风度，切勿发脾气，要态度。确认对方打错电话，应先自报家门，然后告知电话打错了。如果对方道了歉，不要忘了说“没关系”，更不要教训人家或抱怨。

2. 微笑接听电话

声音可以把你的表情传递给对方，笑是可以通过声音来感觉到的。

3. 清晰明朗的声音

（1）打电话过程中不可以吸烟、吃零食、打哈欠，如果你弯着腰靠在椅子上，对方也能听出你的声音是懒散的、无精打采的。

(2) 通话中不可以与别人闲聊,不要让对方感到他在你心中无足轻重。

(3) 给予任何人同等的待遇,一视同仁,不卑不亢,这种公平的态度,容易为自己赢得朋友,也有利于公司树立良好待人接物的形象。

4. 迅速准确地接听电话

(1) 在听到电话响时,如果附近没有人,我们应该以最快的速度拿起话筒。这样的态度是每个人应该拥有的,这样的习惯也是每个办公室工作人员都应该养成的。

(2) 电话最好在响三声之内接听,长时间让对方等候是很不礼貌的行为。

(3) 如果电话是在响了五声后才接起,请别忘记先向对方道歉"不好意思,让您久等了"。

5. 认真做好电话记录

上班时间打来的电话都是与工作有关的,所以公司里每一个电话都很重要,即使对方要找的人不在,切忌只说"不在",应做好电话记录。

(1) 电话记录牢记"5W1H"原则,即 when(何时),who(何人来电),where(事件地点),what(何事),why(原因),how(如何做)。电话记录简洁又完备,有赖于"5W1H"原则。

(2) 不要抱怨接到的任何电话,哪怕与你无关,做好记录是对同事的尊重、对工作的负责任。永远不要对打来的电话说"我不知道",这是一种不负责任的表现。

接听电话是个人素质的直接体现,维护企业形象,树立办公新风,让我们从接听电话开始。

3.3.3 移动电话礼仪

移动电话是高科技带给人们的又一种通信方式,具有方便快捷的优点。人们在享受高科技通信带来的乐趣的同时,也在忍受着由它带来的种种干扰,越来越多的人表示,对在公共场合不文明使用手机的人表示反感。在我国,这一现象随着手机用户的高速增长而变得越来越严重。在使用手机时应注意以下规范:

1. 遵守公德

办公区中的的谈话不属于个人;在办公区内接手机时,尽量压低声音;用手机接听私人电话时,尽量回避去不影响其他人的地方;开会、谈话、参观、上课、观影等场合,将手机调为无声或震动;无特殊情况,不在非上班时间致电客人手机。如需要,也不能过早或过晚;不必要时不使用扬声器,尤其是在开放式办公室中与客户交谈时。

手机通话同样要遵循热情大方、音量适中、清楚简明等原则。

2. 保证畅通

使用手机主要是为了保证与外界的联系畅通无阻,要随身带备用电池,以防电池耗尽而导致关机,给自己也给他人带来不便,特别是在紧急情况下和信息时代的今天。

3. 注意安全

手机安全,一是指手机本身的安全。如丢失或被盗、电话号码的秘密性和手机在充电过程中可能自燃或爆炸等。二是指在使用手机时可能对自己或外界造成的不良影响。如在驾驶时打电话会分散注意力,容易导致交通事故的发生,在加油站、乘坐飞机时使用手机在我国都受到了限制,那是考虑到手机在通话时可能产生高强度的辐射,对加油站、飞机的导航系统安全会造成不同程度的干扰。

3.3.4 电子邮件礼仪

1. 慎重选择发信对象

确认传送信息的对象,并将人数降至最低。传送电子信息之前,需确认收信对象是否正确,以免造成不必要的困扰。

2. 注意撰写信件内容

(1) 切记收信对象是一个人,而不是一台机器。

因为电子信息的互动是透过计算机网络产生的,使用者经常会不自觉地忘记与自己真正互动的是远程的人。许多情绪激动的字眼也因此不经意地随手送出,而伤到对方甚至引起冲突。记住写电子邮件,实际上和写一封纸质信是完全一样的,差别只是在于传递方式不同罢了。

(2) 电子信件标题要明确且具描述性。

电子邮件一定要注明标题(subject),因为有许多网络使用者是以标题来决定是否继续详读信件的内容。此外,邮件标题应尽量写得具有描述性,或是与内容相关的主旨大意,让人一望即知,以便对方快速了解与记忆。

(3) 信件内容应简明扼要。

在线沟通讲求时效,经常上网的人多具有不耐等候的特性,所以电子邮件的内容应力求简明扼要。一般信件所用的起头语、客套话、祝贺词等,在线沟通时都可以省略。尽量掌握一个信息、一个主题的原则。

(4) 考虑他人计算机的容量。

上线沟通的网友所拥有的系统与硬件不尽相同,这其中还有人仍在使用传统的终端机和陈旧的电子邮件系统(如系统无法自动断行)。为确保对方能读到自己发出的讯息,撰写邮件时应特别注意传送对象,考虑其是否有系统的限制。以一般的英文信件撰写而言,一行最好不要超过 80 个字母,并以 Enter 键结束每一行文字。

(5) 了解传送出去的讯息将会潜在永久留存。

尽管信件有一定的邮寄对象,但经过网络,也许邮寄出去的信件将会永久被存于某处私人档案或转印成文件到处流通。因此,在送出电子邮件时应谨慎地评阅所撰写的字句,以免他日落人笑柄。

(6) 理清建议或意见。

若要表达对某一事情的看法,可先简要地描述事情缘起,再陈述自己的意见;若是想引发行动,则应针对事情可能的发展提出看法与建议。有时因讯息太过简短或不够清楚,收信对象可能会不清楚发信者陈述的到底是建议或是意见,因而造成不必要的误解或行动。

(7) 避免使用太多的标点符号。

我们经常会看到一些电子信件中夹杂了许多的标点符号,特别是惊叹号的使用,如"!!!!!"。若真要强调事情,应该在用词遣字上特别强调,而不应使用太多不必要的标点符号。

(8) 小心幽默的使用。

在缺乏声调的抑扬顿挫、脸部表情与肢体语言的电子邮件中,应特别注意幽默的被误解与扭曲。若想展现幽默或特定情绪，发信者必须写明或使用情绪符号（如 smiles，代表笑脸、高兴）。无论所开的玩笑是多么明显，最好加注以提醒收信者真正的意思。

（9）切勿讲一些不会在公众场所对他人讲的话。

在发信之前问问自己，你会在公众场所中公开面对面地对他人讲这些话吗？如果答案是否定的，请再重读重写，或重新思考到底要不要发出这么一份讯息。千万不可以因为没看到对方的脸，就毫不客气讲一些没有经大脑思考的话语。切勿在不给予响应或申辩机会的情况下批评或污蔑他人。

（10）在特定邮件中加上密码。

有些特定的邮件内容会触犯他人，为避免不必要的纷争，可考虑在这些邮件上加密。密码学是一个极为专业的学问，在一般的电子邮件中是不会被应用的。想要知道跟密码有关的讯息，许多网络系统均设计有特殊加密和解密的功能，只要详询网络管理者即可获知。

（11）勿于学术网络上从事商业行为。

一般学术网络是禁止商业行为的，请不要违反此共识。当然，张贴营利广告也是不受欢迎的，附有营利性质的广告包括产品促销、业务推广、在特定群体中散播营利消息及提供迅速致富的方法，等等。

3. 养成良好传送习惯

（1）注明送信者及其身份。

除非是熟识的人，否则收信人一般无法从账号解读出发信人到底是谁，因此标明发信人的身份是电子邮件沟通的基本礼节。有许多人将自己的身份设计成一个附着档案，每当发信出去时，此档案也将自动地贴附该信息后面。

（2）遵守一般法律规定。

进行网络沟通时，一般日常生活中的行为准则亦需遵守。因透过计算机系统，要撷取、复制或篡改他人作品是相当容易的，因此在网际空间中对于知识产权的尊重是非常重要的。凡是引用或改编他人文字或图绘作品时，需要对原作者与原作品的出处详加注明，以示尊重。

（3）勿任意或无心地浪费频宽。

传送冗长文字与大型图绘均会占用大量的频宽，造成网络塞车。为避免浪费网际空间使用者的宝贵时间，应谨慎考虑传送信息容量的大小。

（4）勿重复传送同一信息。

勿一再传送相同的信息给相同的对象，这不仅会使网络超载而降低传输速率，同时占用他人的信箱容积。此外，传送电子信件时也需注意，不要分别发送相同的信息给多个组群（group），因为有不少网络使用者同时隶属于几个不同的电子邮件组群，如此一传送，这些使用者势必会重复收到相同的信息。若要传送邮件给多个组群，请一次传送完毕。

（5）定期检查计算机系统的时间与日期的自动标示。

电子邮件传送时会以所用计算机设定的日期与时刻来标示邮件发送的时间，为避免不必要的误会，使用者需定期检查计算机系统时间与日期的设定是否正确。

3.4 接待与拜访礼仪

商务接待与拜访是很多企业员工的一项经常性工作,在接待和拜访中的礼仪表现,不仅关系自己的形象,还关系到企业的形象。所以,接待和拜访礼仪越来越受到商界的重视。

3.4.1 接待礼仪

1. 接待人员的礼仪

(1) 衣着以保守为宜,化妆与发型应整齐、清洁、保守,工作时不整发或补妆。

(2) 珠宝、首饰不宜穿戴太多,应选用不夸张低调的为主。

(3) 不在座位上吃东西,嚼口香糖,抽烟或喝饮料。

(4) 不宜在座位上看报纸,无人时看书要将书籍放在膝上阅读。

(5) 手与指甲必须随时保持整洁,不宜涂深色指甲油。

(6) 桌上的东西应归放在适当位置,以保持桌面清爽。

(7) 当有访客时,微笑打招呼;当以电话告知有客来访时,声音要愉悦。

(8) 当转达指示时,要说得简单明了,使听者一听就明白。

(9) 工作时绝不打私人电话,打电话时也不应背对来客。

(10) 会客室应随时保持整洁,同时放置公司的一些参阅资料。

(11) 如果客人等了很久,应主动打电话查明原因,并向客人说明情况。

(12) 无论来访者职位如何,都应以同样态度接待。

(13) 及时掌握公司所有人员的正确姓名及权力范围。

(14) 必要物品准备齐全,如电话、置物架、雨伞架、签名本等。

(15) 接待人员还应以严肃的态度对待空袭或火灾演练。

2. 接待敬语

(1) 表示思念之情。如“好久不见了,你怎么老也不来啊”“多日不见,可把我想坏了”“你不来,我常常做梦梦见你”。

(2) 表示对对方关心。如“怎么样,最近身体好吗”“怎么样,最近忙吗”“最近工作进展如何,是否顺利”“令尊大人好吗”“你妻子怎么样? 孩子长高了吧”。

(3) 表示对对方赞赏。如“你比以前更年轻了”“你怎么越来越漂亮了”“你的精神状态非常好”。

(4) 表示了解对方。如“久仰大名,早就听说过您了”“我读过您的文章很受启发”。

3. 接待程序

(1) 预做准备。如个人仪容整洁,约定的地点整洁干净,招待客人的必备物品(茶、茶杯、开水、烟缸、毛巾等)要准备好,并保持干净卫生,条件好的备水果。办公室或接待室也做好相应准备,包括音响、设备、花木、纸笔、签到本、指示牌等。

(2) 正式接待。

① 迎接客人。对路程较远的客人应到机场、车站、码头等地迎接。

② 热情接待。对来访客人应一视同仁,如现场有家人或同事,要一一介绍,以示友好,

对突然来访的客人也要尽快整理一下办公室或房间。

③ 同时要注意礼节。应请客人坐上座,主人坐在一旁陪同,并委派家人或下属送茶。茶水要浓度适中、量度适宜。端茶时应用双手,一手托杯柄,一手托底,不可用手指捏住杯口。交谈中应不时为客人续茶。在接待客人过程中,如有水果或小吃,主人应陪客人同吃,不能只顾自己"闷吃"而怠慢客人,也不能只让客人吃自己不吃使客人尴尬。

④ 调节环境。与客人交谈中,应注意调节环境的温度、湿度和净度。冬天客人的帽子、大衣脱下后应由主人接过,并挂在衣帽架上。

⑤ 关心客人。远道而来的客人,应主动留其住宿或热情安排住宿,如客人有其他事需主人帮忙,主人应尽力而为。

⑥ 陪同游玩、安排饮宴。

(3) 礼貌送别。在活动结束客人准备离开时,需善始善终,要提醒客人带好随身物品。将其送至门口或机场,与客人握手道别。总之,在整个接待过程中,要求向客人提供热情、周到、礼貌、友好的服务。

3.4.2 拜访礼仪

1. 预约

拜访预约的方式有 email、电话、口头、信函等。切忌搞"突然袭击",做"不速之客"! 不得已时提前 5 分钟打个电话。若是私人拜访,拜访时间应该安排在晚上 7 点 30 分至 8 点或节假日前夕;若是写字楼拜访,时间最好不要在星期一或工作日的上下班时间。

2. 拜访前的准备工作

(1) 阅读拜访对象的个人和公司资料,准备拜访时可能用到的资料。

(2) 注意自己的穿着与仪容。

(3) 检查各项携带物品是否齐备(名片、笔和记录本、电话本、磁卡或现金、计算器、公司和产品介绍、合同)。

(4) 明确谈话主题、思路和话语。

(5) 事先想好目的。需商量什么事,拟请对方做哪些工作,怎样交谈更妥当,尤其是当对方是长辈或上级时,更要事先准备妥当,包括是否需要备礼品,以免临时抱佛脚,无法实现拜访目的。

3. 拜访时的礼仪

(1) 如拜访对象的办公室关着门,应先敲门,听到"请进"后再进入。

(2) 问候、握手、交换名片。

(3) 彬彬有礼,无论认识与熟悉,都应一一打招呼;如拜访对象是领导或长辈,应待对方坐下后方可坐下。

(4) 对送上的茶水,应从座位上欠身双手接过,并表示感谢;主人献上果食,应等到其他客人或年长者取用后再取食;吸烟者必须克制,或先征得主人及在场女士同意。

(5) 要尽快进入谈话正题,不讲无关紧要的事情。

(6) 控制好时间,最好在约定时间内结束谈话,要注意观察接待者的举止表情,适可而止。如对方起身或表现出有其他事情的行为时,应立即起身,礼貌地告辞。

3.5 宴请礼仪

“衣食住行访谈送”是国际交往中不可避免的几个问题，吃相对来说比较重要。现代人要广交朋友，必须有具体的形式，如宴会、舞会、酒会等。宴请中，吃是形式，交际才是内容。

3.5.1 宴会的种类

宴会种类复杂，名目繁多。从规格上分，有国宴、正式宴会、便宴、家宴；从餐别上分，有中餐宴会、西餐宴会；从时间上分，有早宴、午宴和晚宴；按性质分，有鸡尾酒会、冷餐酒会、茶会和工作餐等。

1. 国宴

国宴是国家元首或政府首脑为国家庆典或为欢迎外国元首、政府首脑来访而举行的正式宴会。国宴规格最高，宴会厅内悬挂国旗、设乐队、奏国歌、席间致词，菜单和席卡上印有国徽。国宴盛大而隆重，礼仪严格。

2. 正式宴会

正式宴会通常是政府或人民团体有关部门，为欢迎应邀来访的宾客或来访宾客为答谢主人而举行的宴会。正式宴会除了不挂国旗，不奏国歌外，其他程序大体与国宴相同，宾主依据身份就位。

3. 便宴

便宴即便餐宴会，用于非正式的宴请。常见的有午餐、晚餐，有时也可以在早餐进行。便宴形式简单，不排座位，不作正式讲话，随便亲切。菜肴的道数也可多可少，质量可高可低，不拘泥于严格的礼仪和程序，随便而亲切，多用于招待熟悉的亲朋好友。

4. 家宴

家宴是在家中以私人名义举行的宴请形式。这种形式亲切友好，往往由主妇亲自下厨，家人共同招待。不讲究宴请的礼仪，菜肴多少不限，宾主席间随意交谈，轻松、活泼而自由。

5. 茶会

茶会又称为茶话会，是一种比较简单的招待方式。多为人民团体举行纪念和庆祝活动所采用。举行的时间多在下午 4 时左右。茶会通常设在客厅，而不用餐厅。厅内设茶几、茶椅，不排座次。席间一般只摆茶点、水果和一些风味小吃。宾主共聚一堂，饮茶尝点心，形式比较随便自由。茶会对茶叶和茶具的选用应有所讲究，一般用陶瓷器皿，而不用玻璃杯。有时席间还安排一些短小的文艺节目助兴，使气氛更加喜庆、热烈。在商务谈判中，许多时候和场合都使用茶会的形式招待对方。

6. 鸡尾酒会

鸡尾酒会又称酒会，是西方传统的集会交往的一种宴请形式，它盛行于欧美等国家和地区。鸡尾酒会举行的时间较灵活，中午、下午或晚上均可。鸡尾酒会规模不限，有时与舞会同时举行，灵活、轻松、自由，便于广泛接触交谈。招待品以酒水为主，略备一些小吃，一般不设主宾席和座位。绝大多数客人都站着进食，各界人士可互相交谈、敬酒。

7. 冷餐会

冷餐会即自助餐,是西方国家较为流行的一种宴会形式。其特点是用冷菜(也可有热菜)、酒水、点心、水果来招待客人。冷餐会可在室内、庭院或花园等地举行。可设小桌、椅子自由入座,也可不设椅子站立进餐。举办时间在中午 12 时至下午 5 时或 7 时。菜点和餐具分别摆在菜台上,由宾客随意取用。酒会进行中,宾主均可自由走动、敬酒、交谈。

8. 工作餐

这是现代交往中经常采用的一种非正式宴请形式,利用进餐时间,边吃边谈问题。这类活动一般只请与工作有关的人员。工作餐按时间可分为早餐、午餐和晚餐。商务谈判中,因日程安排不开时采用这种形式,而且这种形式往往能缓解某些对抗,有利于问题的解决。

3.5.2 中餐礼仪

(1) 使用公筷。给其他人夹菜的时候,要特别注意用公筷。

(2) 敬酒。有可能对方不胜酒力,作为参与者,要客随主便,但是作为主办方的话,要特别注意其他人的习惯。在让酒的时候,应该尽量为他人着想,尊重他人的习惯。

(3) 喝汤。喝汤的时候,声音要尽量小,不要影响他人。

(4) 座次。一般主宾位餐巾纸的桌花和其他人的是不太一样的。如果餐巾纸是折好放在面前,没有桌花的话,主要是以门为基准点,比较靠里面的位置为主位。

3.5.3 西餐礼仪

(1) 主菜都需要用刀切割,一次切一块食用。左叉固定食物,右刀切割。餐具由外向内取用。

(2) 每个餐具使用一次。

(3) 面条用叉子卷食。

(4) 面包需用手撕下小块放入口内,不可用嘴啃食。

(5) 喝汤时不可发出声音。

(6) 用叉子取用水果。

(7) 不要在没有进餐完毕的时候,就把刀和叉向右叠放在一起,握把都向右,这样的话服务员会以为就餐完毕,会把饭菜撤下去。

3.5.4 酒水礼仪

1. 酒水的种类

(1) 白酒。在正式场合喝白酒,讲究“酒满敬人”和“一饮而尽”。

(2) 啤酒。喝啤酒时,讲究大口饮用。在国外,啤酒是上不了筵席的。然而在国内,它却在社交聚餐中频频露面。此外,它还可以充当消暑解渴的最佳饮品。在夏天我们经常可以看到人们一边吃烧烤,一边喝啤酒消夏。

(3) 葡萄酒。喝白葡萄酒,要捏着杯脚;喝红葡萄酒,则握住杯身。喝葡萄酒时有的人喜欢兑可乐或雪碧以此来改变口感,这种做法是不正确的。

(4) 香槟酒。饮用香槟,需用郁金香形的高脚玻璃杯,并应以手捏住杯脚。

2. 酒水的饮用

(1) 斟酒。酒水应在饮前斟入酒杯。在侍者斟酒时,勿忘道谢,但不必拿起酒杯。主人为来宾所斟的酒,应是本次宴会上最好的酒,并应当场启封。

(2) 敬酒。亦称祝酒。应由男主人提议,敬酒往往是酒宴上必不可少的一项程序。在他人敬酒或致辞时,其他在场者应一律停止用餐或饮酒。

(3) 干杯。干杯需要有人率先提议。比如,宴会将近结束时,主人会提议集体干杯后用餐。

3.5.5 茶艺

1. 斟茶的方法

注意斟茶不可过满,而以七分满为佳。将茶水添得太满,容易洒在身上,引起尴尬。

2. 上茶的规矩

(1) 奉茶之人。在工作单位一般应由秘书、接待人员、专职人员为来客上茶。但重要的客人,则应由在场的职位最高者亲自为之上茶。

(2) 奉茶顺序。其一,先客人后主人;其二,先主宾后次宾;其三,先女士后男士;其四,先长辈后晚辈。

3. 敬茶的方法

双手端着茶盘进入客厅,首先将茶盘放在临近客人的茶几上或备用桌上,然后右手拿着茶杯的杯托,左手附在杯托附近,从客人的左后侧双手将茶杯递上去。

4. 续水的时机

一般来讲,客人喝过几口茶后,即应为之续上。

5. 品茶的方法

一般来讲,品茶时要认真,并表现出谦恭的态度。

3.5.6 咖啡

1. 饮用的数量

咖啡对我们来说已经不陌生了,在去一些休闲的场所时我们通常会看到各种各样的咖啡。人们都知道咖啡可以使人兴奋影响睡眠,所以不能喝得太多,一般一杯就可以了,最多三杯。饮咖啡时,要慢慢来品不能一饮而尽。唯有小口慢慢品尝,才能品出滋味,让自己的举止优雅脱俗。

2. 配料的添加

(1) 自主添加。喝咖啡一般都是要加牛奶和糖,我们提倡亲力亲为,根据自己的口味来添加。

(2) 文明添加。在添加配料时,要自然大方,温文尔雅。比如,若大家同时需要添加配料,彼此要相互谦让,不要你争我抢。若某种配料用完,需要补充时,不要大呼大叫,责备侍者。加牛奶时,动作要稳重,不要倒得满桌都是。打算加糖时,应用专用的糖夹或糖匙去取,而不要用自己所用的咖啡匙去取,更不要直接下手去取。

3. 饮用的方法

(1) 杯的持握。饮用咖啡时,不可以双手握杯,不可以用手托着杯底,不可以俯身就近杯子去喝,不可以用手端着碟子而去吸食放置于其上的咖啡。

持握咖啡杯的得体方法是应当伸出右手,用拇指与食指握住杯耳之后,再轻缓地端起杯子。若是用一只手大把握住杯身、杯口,或者将手指穿过杯耳之后再握住杯身,都是不正确的方法。

在正式场合,咖啡都是盛入杯中,然后放在碟子上一起端上桌的。碟子的作用,主要是用来放置咖啡匙,并接收溢出杯子的咖啡。若碟中已有溢出的咖啡,切勿泼在地上或倒入口中,可以用纸巾将其吸干,或将其倒入杯中。

饮咖啡时,是否需要同时端起碟子,不好一概而论。若坐在桌子附近饮咖啡,通常只需端杯子,而不必端碟子。若距桌子较远,或站立、走动时饮咖啡,则应用左手将杯、碟一起端起,至齐胸高度,再以右手持杯而饮。这种方法既迷人、又安全。说它迷人,是因为姿势好看。说它安全,则是可以防止溢出杯子的咖啡弄脏衣服。

(2) 匙的使用。作为咖啡家庭中的重要一员,在正式场合饮咖啡时,加入牛奶或奶油、方糖之后,可以用咖啡匙略加搅拌,促使其迅速溶化。若嫌咖啡太烫,可待其自然冷却,或以匙稍作搅动,促使咖啡变凉。不用它的时候,可将其平放在咖啡碟里。

(3) 取食甜点。在饮用咖啡时,为了不伤肠胃,往往会同时备有一些糕点、果仁、水果之类的小食品,供饮用者自行取用。取食甜点时,首先要放下咖啡杯。切勿一边大吃,一边猛喝。这种做法,会显得吃相不雅。另外,切勿只吃不喝,本末倒置。

(4) 交谈须知。在饮用咖啡时,应适时地与交往对象进行交谈。在交谈时,务必要细语柔声,千万不要大声喧哗,乱开玩笑,更不要与人动手动脚。那样做,会破坏饮咖啡的现场氛围。

不要在他人饮咖啡时,向其提出问题。自己饮过咖啡要讲话以前,最好先用纸巾擦一擦嘴,免得咖啡顺嘴流淌,或弄脏嘴角,引起尴尬。

3.6 馈赠礼仪

3.6.1 礼品的选择

1. 赠送礼品的作用

在交往中,赠送礼品实际上是有两个方面的作用:一是纪念作用,纪念两方人员的交往和友谊;二是宣传作用,宣传本单位文化及企业形象,推广民族特色。纪念性和宣传性是交往中礼品赠送的基本功能。

我们在选择礼品的时候,有两点是一定要考虑的:

(1) 要回避对方的禁忌。如不送钟、伞、镜子、手帕、扇子等。所谓“十里不同风,百里不同俗”,不仅国际交往、民族交往有的时候也会出现这个问题。

(2) 交往中赠送礼品其实更多强调的是形式,而不是内容。

案例

江泽民主席出访俄罗斯时，曾向叶利钦总统赠送了一盘录像带。画面全都是苏德双方军事记者拍摄的极其珍贵的资料，讲述了苏联人民奋起抗击德国入侵的辉煌业绩，展示了主要战役，介绍了双方的政治领导人和将领。

当片子在俄罗斯驻华使馆放映时，引起热烈反响，许多人热泪盈眶，无形中加深了中国人民与俄罗斯人民之间的深厚情谊。

2. 礼品的选择

(1) 根据馈赠对象选择礼品。

① 考虑彼此的关系现状，如亲缘关系、性别关系、友谊关系、文化习惯关系、偶发性关系等。

② 了解受赠对象的爱好和需要，如给书法爱好者送文房四宝，给音乐爱好者送乐器，等等。

③ 尊重对方的个人的禁忌。禁忌包括个人禁忌、民俗禁忌、宗教禁忌、伦理禁忌。

(2) 根据馈赠价值选择礼品。

对外接待中的“八不送”：

① 不送现金、信用卡和有价证券。

② 不送价格过高的奢侈品。

③ 不送不跟时尚、不利健康之物。

④ 不送易使异性产生误解之物。

⑤ 不送触犯受赠对象个人禁忌之物。

⑥ 不送涉及国家机密之物。

⑦ 不送其他有违国家法律、法规之物。

⑧ 不送不道德的物品。

(3) 根据馈赠目的选择礼品。

① 公司庆典一般送鲜花等。

② 慰问病人可以送鲜花、营养品、书刊等。

③ 朋友生日送卡片、蛋糕等。

④ 节日庆祝送健康食品、当地特产等。

⑤ 旅游归来送人文景观纪念品、当地特产等。

⑥ 走亲访友送精致水果、糖酒食品等。

3.6.2 馈赠方式

礼品的馈赠方式主要有亲自赠送、托人赠送、邮寄运送。如果采取的是托人赠送或邮寄运送，要附以名片送上祝福，或电话通知对方口头祝福。

无论是亲自赠送，还是托人赠送或邮寄运送，要注意馈赠礼品的包装：

（1）注意包装的材料、容器、图案造型、商标、文字、色彩的选择和使用应符合政策法规和习俗惯例，不要违反受赠方的宗教、民族禁忌。

（2）注意数字禁忌。如“4”、“9”是日本人的忌讳，“13”是欧美人的忌讳。送礼品时要注意不能送这些忌讳的数量。

（3）注意色彩。日本忌绿色，喜红色；美国人喜欢鲜明的色彩，忌紫色；伊斯兰教徒讨厌死亡象征的黄色，喜欢绿色等。

3.6.3 受礼时的礼节

1. 受赠礼品时的礼节

（1）心态开放，双手捧接。收礼品时要用双手捧接，如果正在做事情，应该立即终止手头的活，起身相迎。

（2）仪态大方。落落大方、当面拆启包装。注意，接受外国客人赠送必须当面打开。打开后加以欣赏、致谢，如接受贵重礼品，还要打电话、信件、邮件再次致谢。

（3）受礼有方。中国人崇尚“礼尚往来”“来而不往非礼也”，实质上就是说接礼品后要记得回赠，外国人同样重视。所以，记住对方所送礼物的价值，以便日后回赠给对方。

（4）表示谢意。接到礼品后，要面带微笑并表示感谢。

2. 拒绝礼品的礼仪

（1）并不熟悉的人送的极其昂贵的礼品。

（2）隐含着发生违法乱纪行为的礼品。

（3）接受后或许会受到对方控制的礼品。

注意：拒收礼品时，应保持礼貌、从容自然、友好的态度，先向对方表达感谢之情，再向对方详细说明拒收的原因，切记不应阻挡，以免对方难堪。

3.6.4 送花的礼节

1. 了解“花卉语”

当我们用花为媒来传递友谊时，要注意运用正确的“花卉语”以免尴尬。以下是几种常见的花卉的寓意：

荷花——纯洁

红玫瑰——爱情

百合——圣洁、幸福

康乃馨——健康长寿

毋忘我——永志不忘我

菊花——长寿高洁

红掌——大展宏图

金鱼草——繁荣昌盛

粉红风信子——倾慕、浪漫

万年青——友谊

兰花——优雅

剑兰——步步高升

松柏——坚强

橄榄枝——和平

2. 送花的时机与场合

鲜花因品种、类型、颜色和数量的不同,被人们赋予了不同的寓意,以此来表达不同的情感。送花应注意把握最佳时机,选择合适的场合。一般以下几种场合比较合适:恭贺结婚,祝贺生产,乔迁庆典,庆祝生辰,慰问探视,节日问候等。

3. 送花的形式

日常社交生活中赠送鲜花,可以根据对象、场合等不同情况,分别送花束、花篮、盆花、插花、头花、胸花、花环、花圈等。送花以鲜花为佳,干花、纸花则不宜,更不可送枯萎的花。

4. 送花的禁忌

送花要有所禁忌,比如忌不解花语,忌不顾场合,忌不懂习俗等。

【本章习题】

1. 介绍时应该注意哪些礼节?
2. 简述不同对象的称呼。
3. 如何正确递送名片?
4. 如何选择合适的礼品?

【扩展学习】

刘小姐和张姓男士在一家西餐厅就餐,小张点了海鲜大餐,刘小姐则点了烤羊排。主菜上桌,两人的话匣子也打开了,小张一边听刘小姐聊童年往事,一边吃着海鲜,心情愉快极了,正在陶醉的当口,他发现有根鱼骨头塞在牙缝中,让他不舒服。小张心想,用手去掏太不雅了,所以就用舌头舔,舔也舔不出来,还发出啧啧喳喳的声音,好不容易将它舔吐出来,就随手放在餐巾上。之后他在吃虾时又在餐巾上吐了几口虾壳,刘小姐对这些也没有太计较。可这时小张想打喷嚏,拉起餐巾遮嘴,用力打了一声喷嚏,餐巾上的鱼刺、虾壳随着风势飞出去,其中的一些正好飞落在刘小姐的烤羊排上。这下刘小姐有些不高兴了。接下来,刘小姐话也少了许多,饭也没怎么吃。

思考题

请指出本例中小张的失礼之处。

第4章 行业礼仪

【学习要点】

1. 了解公司礼仪的内涵,重点掌握客户接洽业务礼仪
2. 熟悉商店礼仪,重点掌握现场服务礼仪
3. 了解宾馆服务礼仪及宾馆服务礼仪的原则
4. 理解并掌握求职应聘礼仪,掌握应聘及面试的技巧

【导入案例】

在一个秋高气爽的日子里,迎宾员小贺,着一身剪裁得体的新制衣,第一次独立走上了迎宾员的岗位。一辆白色高级轿车向饭店驶来,停靠在饭店豪华大转门的雨棚下。小贺主动上前,目视客人,礼貌亲切地问候,动作麻利而规范。小贺看到后排坐着两位男士,前排副驾驶座上坐着一位身材较高的外国女宾。小贺一步上前,以优雅姿态和职业性动作,先为后排客人打开车门,做好护顶关好车门后,小贺迅速走向前门,准备以同样的礼仪迎接那位女宾下车,但那位女宾满脸不悦,使小贺茫然不知所措。通常后排座为上座,一般凡有身份者皆在此就座。优先为重要客人提供服务是饭店服务程序的常规,这位女宾为什么不悦?小贺错在哪里?

4.1 公司和企业礼仪

4.1.1 公司礼仪

歌德说:“一个人的礼貌就是一面照出他肖像的镜子。”礼仪是什么?礼仪是人们约定俗成的用以表示尊敬的规范。一个人对自己、对他人、对集体、对工作、对自然的尊重之意、热爱之情,用得体美好的言谈举止、仪表仪式表达出来就是礼仪。公司是一个特殊的社会群体,公司员工几乎无时无刻不与内部客户和外部客户打交道。礼仪规范,乃公司立业之基;员工立德修行,乃个人人生之本;日积月累,就会造成个人与公司的大发展。所以,公司要求员工“行有礼”“动有仪”,注重道德修养。本节主要从仪容仪表和行为规范两个方面来讲述公司礼仪规范。

1. 仪容仪表

规范仪容仪表的目的主要是为树立和保持公司良好的社会形象,进一步完善规范化管

理。我们推崇以人为本的理念,尊重员工个性化选择,基于此对公司员工礼仪的总体要求是端庄、得体、大方、整洁。

(1) 服饰。

男职员着衬衣时,不得挽起袖子或不系袖扣;无论是什么颜色,衬衫的领子与袖口不得污秽;外出前或要在众人面前出现时,应佩戴领带,并注意与西装、衬衫颜色相配;领带不得肮脏、破损或歪斜松弛;着西装时,要佩戴公司徽章;不准穿皮鞋以外的其他鞋类(包括皮凉鞋);鞋子应保持清洁,如有破损应及时修补,不得穿带钉子的鞋。

女性职员要保持服装淡雅得体,不得过分华丽,不得穿运动服、超短裙、低胸衫或其他有碍观瞻的奇装异服,并一律穿肉色丝袜,工作时不宜穿过分臃肿的服装;上班时间有要求佩戴公司徽章的,一般应佩戴在左胸前适当位置上。

部门经理以上的员工,办公室一定要备有正装,以便有外出活动或重要业务洽谈时穿用。

(2) 仪容。

员工上班应注意将头发梳理整齐。头发要经常清洗,保持清洁,男职员应发不过耳,并且一般不准留胡子;女职员上班提倡化淡妆,给人清洁健康的印象,不能浓妆艳抹,不宜用香味浓烈的香水。金银或其他饰物的佩戴应得当。在工作期间内不应戴有色眼镜。指甲应经常修理并保持清洁。指甲不能太长,应经常注意修剪。女性职员涂指甲油要尽量用淡色。保持口腔清洁,上班前不喝酒或吃有异味的食品。

2. 行为规范

行为规范又称为工作场所举止,通常情况下,公司内应有的礼仪包括以下三点:员工工作交流和沟通使用普通话,不议论别人的隐私,在公司内职员应保持优雅的姿势和动作。

对于公司员工行为举止的礼仪具体要求如下:

(1) 站姿。两脚脚跟着地,脚尖离开约45度,腰背挺直,胸膛自然,颈脖伸直,头微向下,使人看清你的面孔。两臂自然,不耸肩,身体重心在两脚中间。会见客户或出席仪式站立场合,或在长辈、上级面前,不得把手交叉抱在胸前。

(2) 坐姿。坐下后,应尽量坐端正,双腿平行放好,不得傲慢地把腿向前伸或向后伸,或俯视前方。要移动椅子的位置时,应先把椅子放在应放的地方,然后再坐。

此外,还有一些需要特别注意的公司礼仪,例如:

① 早晨进办公室时互相问早安,下班时互相道别。

② 进出电梯时为需要帮助的人按住电梯门。

③ 开会或与同事聚会,不对任何人的不同意见作出轻蔑的反应。

④ 握手时用普通站姿,并目视对方眼睛。握手时脊背要挺直,不弯腰低头,要大方热情,不卑不亢。伸手时同性间应先向地位低或年纪轻的,异性间应先向男方伸手。

⑤ 进入房间时,要先轻轻敲门,听到应答再进。进入后,回手关门,不能大力、粗暴。进入房间后,如对方正在讲话,要稍等候,不要中途插话,如有急事要打断说话,也要看机会,而且要说:"对不起,打断一下你们的谈话。"

⑥ 递交物件时,如递文件等,要把正面、文字向着对方的方向递上去;如是钢笔,要把笔尖向自己,使对方容易接着;至于刀子或剪刀等利器,应把刀尖向着自己。

⑦ 走通道、走廊时要放轻脚步。在通道、走廊里遇到上司或客户要礼让,不能抢行。无论在自己的公司,还是在访问的公司,在通道和走廊里不能一边走一边大声说话,更不得唱歌或吹口哨等。

3. 客户业务礼仪

(1) 接待工作及其要求:

① 在规定的接待时间内,不缺席。

② 有客户来访,马上起身接待,并让座。

③ 来客多时按顺序进行,不能先接待熟悉客户。

④ 对事前已通知来的客户,要表示欢迎。

⑤ 应记住常来的客户。

⑥ 接待客户时应主动、热情、大方、微笑服务。

⑦ 在公司进门处欢迎访客,当他们离开时,要送他们到门口、电梯口或车上。

(2) 介绍和被介绍的方式和方法:

① 直接见面介绍的场合下,应先把地位低者介绍给地位高者。若难以判断,可把年轻的介绍给年长的。在自己公司和其他公司的关系上,可把本公司的人介绍给别的公司的人。

② 把一个人介绍给很多人时,应先介绍其中地位最高的或酌情而定。

③ 男女间的介绍,应先把男性介绍给女性。男女地位、年龄有很大差别时,若女性年轻,可先把女性介绍给男性。

(3) 名片的接受和保管:

① 名片应先递给长辈或上级。

② 递出自己的名片时,应把文字向着对方,双手拿出,一边递交一边清楚说出自己的姓名。

③ 接对方的名片时,应双手去接,拿到手后,要马上看,正确记住对方姓名后,将名片收起。如遇对方姓名有难认的文字,马上询问。

④ 对收到的名片妥善保管,以便检索。

4.1.2 企业礼仪

1. 企业礼仪概述

“不学礼,无以立”(孔子)。企业礼仪(Business Etiquette)是指企业员工关于企业礼仪的观念及其行为方式的总和,也是日常例行事务的一种固定模式,如处理公共关系的方式、信息沟通关系、仪式和典礼等就是企业礼仪的具体表现。它表征着企业的价值观和道德要求,塑造着企业形象,使员工在礼仪文化的氛围中受到熏陶,自觉地调整个人行为,增强为企业目标献身的群体意识。

企业礼仪是企业的精神风貌。它包括企业的待客礼仪、经营作风、员工风度、环境布置风格及内部信息沟通方式等内容。企业礼仪往往形成传统与习俗,体现企业的经营理念。它赋予企业浓厚的人情味,对培育企业精神和塑造企业形象起着潜移默化的作用。

2. 企业礼仪的类型

一般说来,企业礼仪植根于民族文化之中,同时又被打下了深深的地域文化、行业文化,尤其是本企业文化的烙印。由此，企业礼仪总是摇曳多姿，呈现出丰富多彩的样式。尽管如此，企业礼仪的类型仍然可以归纳为四大类：

（1）交际礼仪。企业是一个从事经济活动的主体，作为社会组织，其内部人员之间和外部群体或个体之间都有着大量的人际交往。因此，交际礼仪就成为传播企业文化、体现企业素质的重要形式。人际交往的礼仪很多，也很繁琐，主要包括介绍和被介绍、称呼与被称呼、交谈用语、座位安排、说话时的姿态、肢体语言、禁忌用语、服饰、互换名片、站姿坐姿、握手与挥手、节日问候等。就会面来说，就有微笑礼、握手礼、拱手礼、鞠躬礼、颔首礼、招手礼、合掌礼、拥抱礼、注目礼等分别。但凡优异的企业在这些基本交际礼仪上都表现得非常出色，体现了公司的文明程度和文化素养，也体现了企业文化的基本形态。

（2）工作礼仪。发生在企业日常经营管理活动，以及商务活动中的常规性的仪式是工作礼仪，如展会、岗前小会、店会、表彰会、职代会、培训会、新闻发布会、合作签约仪式及合资项目签字仪式等。松下幸之助就在日本松下电器建立了一种朝会和夕会的企业仪式，即利用每天上下班5分钟的时间，各部门、各单位的员工聚在一起进行宣誓、总结。朝会时，要唱社歌："为建设新日本同心协力！不断地努力生产！我们为世人提供的商品，犹如涌泉一般。振兴产业！振兴产业！"还要全体朗诵公司精神："产业报国，光明正大，亲爱精诚，奋斗向上，遵守礼节，顺应同化，感恩图报。"

（3）生活礼仪。在工作之余，企业开展的与员工生活直接相关的各种活动就是生活礼仪。包括企业的文体活动、联欢会、讲演会、茶话会等，通过这些活动可以加深员工之间的关系，有利于共同价值观的形成和传播。如在美国玫琳凯化妆品公司，每逢圣诞节、公司纪念日，总经理都给全体员工寄发贺卡；员工过生日时，总经理寄去贺信，并亲笔写下贺词，然后郑重签名。员工进厂1周年、3周年、6周年、9周年时，总经理会奉送比较贵重的首饰；当员工工作15周年时，将得到一件镶有钻石的昂贵首饰。

（4）节庆礼仪。节庆礼仪指那些对企业具有重要意义的纪念活动仪式，主要包括公司的节日庆典和公共节日庆典。比如：公司成立的周年庆典，公司成功开发出重要技术或产品的庆典，公司分公司或子公司成立的庆典，公司重要活动目标达成庆典，新车间、新生产线投产成功庆典等等就属于前者。后者主要包括三八妇女节、五一劳动节、国庆节庆典，行业性的节日庆典等。这些庆典活动，是连接企业与员工、集团与分属企业、企业与社会的重要纽带。

3. 企业礼仪的功用

我国古代儒家和法家关于治理社会的总主张，一个是"德"，一个是"法"。与外国比，我们中国还多了一个"礼"。"德"着重于自律，"法"强调他律，而"礼"注重的是规范。礼的表现形式就是礼仪。在现代企业中，企业礼仪的功用不容小觑。

（1）价值认同。企业按照一定的礼仪，把企业中的某些生活戏剧化、固定化、程式化，从而使参与礼仪活动的员工，成为了其中的一个角色，在感受企业文化仪式氛围的同时，充当了意识中的一个角色。企业礼仪使企业价值观的传播具有了生动活泼的形式，使那些抽象的、口号式的企业文化语言变成了生动、具体的行为，成为了一种形象化的表达，变得可视可解。企业礼仪有利于员工对企业文化的认识、理解和支持，使员工在日常工作中也会积极去体现。这就进一步使得企业的价值观逐渐同化个人的价值观，对广大员工的心理和行为产生潜移默化的作用。

（2）教化员工。文化仪式活动是企业文化的一个重要因素，许多文化观念，正是通过各种文化仪式活动才得以体现。仪式一直是一种重要的教育手段，如我国古代官学中，为了劝化不上进的受教育者，要举行乡饮酒礼。在这种仪式上，老年人按不同年龄层次受到不同礼遇，通过它来向后进者揭示社会伦理秩序与文化价值取向，使人依从，有所改进，成为社会需要的人。正如杜鲁门所言："一个人不生活在创造品格的基本道德体系中就不可能有品格。"

（3）培育情感。在一种或庄严或欢乐或热烈或随和的企业礼仪氛围中，员工可以获得一种心理体验，使其在思想情感上得到陶冶，并为仪式的庄重而信服，逐渐地感受到企业大家庭的存在和自己工作生活在这一大家庭中的快乐与自豪，从而产生一种强烈的认同感、使命感、自豪感和归属感。同时通过这种文化的角色体验，员工能够发现自己角色的重要性，感受到自己是企业大家庭中的一员，企业的发展有自己的贡献和力量，从而提高员工的工作热情和对企业的深厚情感。

（4）规范行为。企业礼仪作为一种行为规范，对企业员工的行为具有很强的约束作用。礼仪一经制定和推行，久而久之，便可形成企业的习俗和规范。任何一个生活在某种礼仪习俗和规范环境中的人，都会自觉或不自觉地受到该礼仪的约束，自觉接受礼仪约束的人是"成熟的人"的标志，不接受礼仪约束的人，人们就会以道德和舆论的手段来对他加以约束。中国自古就有"齐之以礼"的说法，即用礼仪来统一人的行为，也就是说使人的行为规范化。从表面上看，礼仪不是一种硬约束，实际上，它对人们行为方式的影响是很深远的。礼仪、礼节在企业管理活动中的秩序建构作用是显而易见的。

（5）塑造形象。从某种意义上讲，现代市场竞争是一种形象竞争，现代经济越来越像是形象经济。影响企业建立良好的社会形象的因素很多，但其中高素质的员工队伍无疑是至关重要的。事实上，企业礼仪能够培养人的品格，使人逐渐变得有修养，不断提升员工的素质品格。正因为企业礼仪所具有的能提高员工综合素质的作用，从而使它的策划、设计和习俗化成为了企业文化建设的一项基础工程。无疑，企业礼仪是员工素质、素养的外在体现，更是企业形象的具体化展现。企业礼仪已经越来越成为了企业的形象名片。

4. 企业礼仪的养成

企业的各种礼仪活动是企业文化的具体表现形式，因此，企业礼仪的组织者应认真组织、精心策划这些仪式的场景和贯穿其中的主题，营造良好的仪式氛围，使员工从中受到充分的感染和教育。事实上，企业礼仪的推行与形成是一个长期过程，绝不是一朝一夕之功。塑造企业礼仪，必须重在实践，贵在养成。

（1）要"站在高处"。也就是说，必须站在有利于落实企业使命和宗旨、有利于宣传共同价值观念和企业精神、有利于实施企业发展战略和管理理念的高度，来审视、设计、培育企业礼仪。特雷斯·E.迪尔、阿伦·A.肯尼迪在《公司文化——公司生活的礼节和仪式》中，不仅将企业典礼、仪式列为企业文化构成五项要素的第四项要素，而且认为企业应通过礼节、仪式向员工灌输企业的工作程序、办事标准，并向社会展示企业良好的形象。海尔的"6S 班前会"（6S 是指整理、整顿、清扫、清洁、素养、安全 6 项工作）就是这样的一个成功设计。每天，海尔工厂要召集一次 6S 班前会，让工作表现优异的员工站在两大脚印上，面向同事们介绍经验（过去是每天工作表现不佳的员工站在 6S 大脚印上反省自己的不足）。"6S 班前会"

体现的正是海尔实行多年的“日事日毕，日清日高”管理办法的主要内容。

（2）要“做在细处”。细节决定成败，天下大事必作于细。培育良好的企业礼仪和习俗的基础，是从引导员工形成良好的小习惯和日常小事开始，如班前班后主动打扫卫生，不乱扔垃圾，认真检查设备运行情况，着装统一，等等。并以此为突破口，一步一个脚印，持之以恒，天长日久，必有成效。美国希尔顿饭店自始至终重视培养员工的礼仪和习俗，因文明礼仪教育形成的员工微笑服务享誉全世界。唐纳·希尔顿就是一个“做于细”的高手，每到一家希尔顿饭店，他问得最多的就是：“你今天对客人微笑了没有？”良好的礼仪帮助希尔顿饭店度过了20世纪30年代美国大萧条等多次经济不景气，保持着旺盛的生命力。

（3）要“落在实处”。一般来说，企业中的许多仪式一经创立，就要保持稳定性和连续性，这样会使员工产生一种企业的文化习惯，养成心理依赖性和增强对企业的归属感。根据专家研究，要使一个行为变成习惯，就必须把这种行为强化17遍。在企业生活中，IBM制定了一系列工作礼节，例如要求员工每天第一次见面都要相互行礼，并说声“早”或“好”；要求员工上下电梯时，要请客人先行并对先乘的客人微笑示意，以展示企业文明形象；要求员工在打电话时先报自己的名字，事先整理好通话要点，努力在3分钟内打完，并且在电话铃响两次以前接电话，倘若响过两次后才接电话，要说：“让您久等了”。为使这些工作礼节得到落实，IBM制订了工作礼节的自我检查手册，人手一册，随时对照检查。同时，为检查员工是否遵守必要的礼节，托马斯·沃森在各个基层中，任命1～2名“礼节委员”来监督礼节的推行，从而在公司内形成文明礼貌、友爱互助的良好风气。

4.2 店面礼仪

4.2.1 准备工作

一名店员每天要面对许许多多的顾客，要完成数以百计、千计的营业流程，从某种意义上来说，店员也是舞台上的一名演员，“台上一分钟，台下十年功”。前台戏演得好取决于台下的精心准备和平时苦练的基本功。营销专家曾总结说：“销售是90%的准备加10%的推荐。”因此，店员在营业前的准备是必不可少、不可忽视的一项重要基本工作。我们把营业前准备工作分为两大部分：个人准备工作与销售准备工作。

1. 个人准备工作

（1）保持整洁的仪容仪表与清新健康的形象。

这主要指的是店员外在的容貌、服饰、姿态和举止风度。一名店员的仪表是留给顾客的第一印象，而这第一印象又决定了顾客的购买行为。一名优秀的店员要保持整洁美观的容貌、新颖大方的穿着，表现出稳重高雅的言谈举止，只有这样准备的店员才会给顾客一个良好的印象，使其产生好感和购买欲望。整洁美观的仪容仪表，是对店员外在形象的基本要求规范。

（2）调整心态、情绪，保持旺盛的精力。

每位顾客都会有这样的感受：如果走进一个商店里，接待的店员言谈清晰、举止大方得体、态度热情持重、动作干净利落，她（他）们的心里就会感到轻松、愉快；反之，如果遇到的店员举止轻浮、言谈粗俗、动作粗蛮、心不在焉，顾客的心理就会厌烦。所以，一名店员在岗位期间一定要有饱满的热情、充沛的精力，切不可无精打采、萎靡不振；切记，绝不能把生活中的坏情绪带到工作当中，这就需要一名合格的店员在上岗前必须整理自己的情绪，始终保持一个乐观向上、积极愉快的心理状态。有了充分准备的店员站在卖场里等待顾客的检阅，她(他)们用真诚友好的微笑、朝气蓬勃的精神状态向每一位顾客传递着"您好，我已经准备随时为您服务……"

2. 销售准备工作

每个商店都有自己的特殊性，这种特殊性主要取决于它们所销售的产品和提供的服务的特殊性。顾客来到店里都是有目的地指向消费，服务只是销售整体过程中的一部分，顾客的消费指向是商店最终陈列的商品，所以，需要店员做好销售方面的准备工作。准备得是否充分直接关系到一天的营业流程，是"基础工作"。基础工作准备充分了，就能保证商店营业时忙而不乱、提高效率，减少顾客的等待时间，避免差错和事故。

(1) 备足货品。店员要检视所负责区域的柜台、货架商品是否齐全，及时将缺货补齐，核对新上架商品的价签，是否对于需要拆包、开箱的商品提前进行了相应处理，及时检查剔除残损和近有效期的商品，让负责货区的商品处于良好的待售状态。

(2) 熟悉价格。店员要对负责区域内的商品价格(特别是新上市商品)了解，并能够准确说出商品的价格，顾客才会对其有信任感；反之，店员对前来询价的顾客吞吞吐吐，甚至还要查阅相关数据，就有可能让顾客打消购买念头，所以，熟悉商品价格在销售过程中是绝对不可缺少的一个重要环节。

(3) 售货用具。店员对所负责货区使用的相关用具一定要准备充分，避免在营业时给工作造成不必要的麻烦，此项虽然看似简单，却体现出一位合格店员最基本的工作态度。

(4) 环境卫生。商店营业之前，店员要搞好店内外清洁卫生，调整好货区光源，对货架上的商品进行全面检查。明亮清洁的工作环境会给每一位光顾的消费者留下美好的印象。

① 外部环境。包括门前入口(雪季要及时清扫)、门窗的清洁(各种活动结束后遗留下的张贴画痕迹的清理)等。

② 内部环境。包括垃圾桶是否留有隔夜垃圾(班组交接时清理干净)，地面、柜台、货架等营业设施的清洁维护等。

③ 补充摆放柜台、货架内的商品，做到无倒置、一货一标分类摆放。

④ 商店洗手间对外开放时，一定要保持洗手间的清洁，营业前及时检查香皂(洗手液)、卫生纸是否齐全，有无难闻异味(定时使用空气清香剂)等。

4.2.2 现场服务

服务现场是商家与消费者接触的最直接、最有效的平台，优秀的商家往往很重视与消费者之间的沟通，善于使用倾听的艺术化解现场服务中遇到的尴尬情形，重拾消费者的信任，获得消费忠诚。

1. 现场服务的概念

现场服务就是指通过各种活动满足客户的心理需求,给客户一种足可信赖的心理感受,通过服务现场的各种活动让客户获得期望的价值。

2. 现场服务的重要性

首先,让我们了解1个不满意的客户会干些什么:

- 1个投诉不满的顾客背后有25个不满的顾客,24人不满但并未投诉;
- 1个不满的顾客会把他糟糕的经历告诉10~20人,6个有严重问题但未发出抱怨声;
- 投诉者比不投诉者更有意愿继续与公司保持关系;
- 投诉者的问题得到解决,会有60%的投诉者愿与公司保持关系;如果迅速得到解决,会有90%~95%的顾客与公司保持关系。

其次,我们再看看1个满意的客户又会干些什么:

- 1个满意的顾客会告诉1~5人;
- 100个满意的客户会带来25个新顾客;
- 维持1个老顾客的成本只有吸引一个新顾客的1/5;
- 更多地购买并且长时间地对该公司的商品保持忠诚;
- 购买公司推荐的其他产品并且提高购买产品的等级;
- 对他人说公司和产品的好话,较少注意竞争品牌的广告,并且对价格也不敏感;
- 给公司提供有关产品和服务的好主意。

3. 现场服务的技巧

现场服务技巧最重要的就是待客语言。待客语言不只是说话,更多的是一种伴随着有声语言出现的特殊语言,如语调、语速、重音、停顿、笑声等。顾客在乎的是你怎样在说。我们应该掌握服务待客的一套专门用语,同时努力克服平时习惯的随意用语。

(1) 实际工作中,待客语言的运用原则。

一是做到讲"五声":

迎客声——"您好,欢迎光临"

称呼声——"先生""女士"

致谢声——"谢谢"

致歉声——"抱歉""对不起"

送客声——"谢谢您的惠顾,期待您下次光临"

二是禁止使用"四语":

蔑视语——"这件衣服很贵的"

烦躁语——"说了没有就是没有"

否定语——"不是,你肯定弄错了"

斗气语——"你不喜欢就不要买"

(2) 实际工作中经常需要使用的待客用语。

① 招呼用语。打招呼要求要做到落落大方、笑脸相迎、亲切称谓。

比如,"您好,您想看点什么""请稍等一下,我就来""请多多关照"等打招呼的用语。不同的对象招呼的方式和使用标准也不尽相同,从表4-1中我们可以清楚地发现它们之间的细微区别。

表 4-1 招呼用语的标准及原则

项　目	动作标准	语言标准	原则
基本打招呼要求	眼神接触 > 微笑点头 > 双手自然地摆放在身前或身后 > 距离适中 > 声线温和	您好,请随便参观	令顾客知道我们留意到他的存在并欢迎他光临
与熟客打招呼	眼神接触 > 微笑点头 > 双手自然地摆放在身前或身后 > 距离可较接近 > 声线热诚	您好,李先生 今天喜欢看点什么,让我给您介绍	以熟客的姓名称呼或以兴趣为题打开话题,令他有被重视和受欢迎的感觉
打招呼——顾客需要帮忙时	当留意到顾客东张西望时应主动上前 > 眼神接触 > 微笑点头 > 双手自然地摆放在身前或身后 > 距离适中 > 声线温和	您好,先生(小姐)。有什么可以帮忙吗?	令顾客知道我们留意到他的需要并愿意提供帮助
打招呼——顾客对货品有兴趣时	当留意到顾客对某些货品有兴趣时,应主动上前介绍 > 眼神接触 > 微笑点头 > 距离可较接近 > 声线热诚,切勿过于急促,令顾客不安	您好,先生(小姐)。这是今年最新的款式	引起顾客谈话的兴趣,并让顾客感到被关怀

② 介绍用语。介绍要求要热情、诚恳、实事求是,突出服务特点,抓住顾客心理。比如,"您看这种合适吗""如果需要的话,我可以帮您参谋一下。"

③ 收、找款用语。收找款时要求唱收唱付,注意礼貌。比如,"您好,这是找您的零钱,一共是……麻烦您清点一下。"

④ 答询用语。答询时要求要热情有礼、认真负责,耐心帮助顾客解决疑难。比如,"这样可以吗?如果不合适,我再给您拿别的。"

(3) 回答顾客的技巧

技巧一——认真听取顾客对服务的意见;

技巧二——回答问题之前应有短暂的停顿;

技巧三——对顾客表现出同情心;

技巧四——复述顾客提出的问题;

技巧五——回答顾客提出的问题。

4.2.3 热情适度

凡事过犹不及,"热情有度"是人际交往礼仪的基本原则之一。它的含义是要求在与人打交道时,不仅待人要热情、友好,更为重要的是要把握好待人热情友好的具体分寸。否则就会事与愿违,过犹不及。

遵守好"热情有度"这一基本原则,关键是要掌握好四个方面的具体的"度":

(1) 要做到"关心有度"。

(2) 要做到"批评有度"。

(3) 要做到"距离有度"。

（4）要做到“举止有度”。这要求人们注意两个方面：一是不要随便采用某些意在显示热情的动作；二是不要采用不文明、不礼貌的动作。

4.3 宾馆礼仪

4.3.1 热情服务

1. 宾馆服务质量的重要性

优质服务不仅增加回头客，更使潜在顾客光顾，从而大大提高宾馆的经济效益，使其在激烈的市场竞争中求得生存，发展壮大。

2. 宾馆礼仪的总体规范

注重礼仪、礼貌，是宾馆服务工作人员重要的职业基本功之一，体现了宾馆对宾客的基本态度，也反映了宾馆从业人员的文化修养和素质。礼仪、礼貌就是宾馆从业人员通过一定的语言、行为和方式向客人表示的欢迎、尊重、热情和感谢。

礼仪、礼貌表现在外表上，就是要衣冠整洁，讲究仪表仪容，注意服式发型，在外表形象上要给人以庄重、大方、美观、和谐的感受，显得清爽利落，精神焕发。切忌奇装异服或浓妆艳抹，与客人争艳斗俏。

在语言上要讲究语言艺术，谈吐文雅，谦虚委婉，注意语气语调，应对自然得体。

在行动上要举止文明，彬彬有礼，服务的动作幅度不要太大，动作要轻，坐、立、行都要有正确的姿势，注意克服易引起客人反感的无意识小动作。

在态度上要不卑不亢，和蔼可亲，真诚自然，力戒矫揉造作。从内心发出的真诚微笑是赢得客人好感的关键，在接待服务过程中，要始终笑脸相迎，要具备保持微笑的职业本能和习惯。

3. 热情服务的基本要求

服务态度是指服务人员在对服务工作认识和理解的基础上对顾客的情感和行为倾向。每家宾馆都是为客人提供食宿等服务，从外表上来看，似乎并没有什么区别。然而，不同的服务态度，却会使客人产生截然不同的感受和评价。热诚地待人接物是宾馆从业人员最重要的基本素质，不应有任何前提条件。诚然，我们提倡服务员与顾客间应彼此尊重，然而，客人难免会有坏情绪、偏执，甚至有专爱挑剔的怪癖，难以“侍候”。尽管如此，切不可忘记他们是客人。即使明知客人是错的，也不宜当面指出，而是以一种委婉的方式处理。获得客源要花很大精力，而失去客源却很容易。服务人员的热情服务、以诚感客，往往比昂贵的广告更能吸引客人。

良好的服务态度，会使客人产生亲切感。具体来说，热情服务必须做到：

（1）认真负责。就是要急客人之所需，想客人之所求，认认真真为宾客办好每件事。无论事情大小，均要给宾客一个圆满的结果或答复。即使客人提出的服务要求不属于自己岗位职责，也要主动帮助其与有关部门联系，切实解决顾客的疑难问题。

（2）积极主动。就是要掌握服务工作的规律，自觉把服务工作做在客人提出要求之前，要有“自找麻烦”、力求客人完全满意的指导意识，做到时时处处为顾客提供方便。

（3）热情耐心。就是要待客如亲人，面带笑容，态度和蔼，语言亲切，热情诚恳。面对川流不息的客流，不管服务工作多繁忙，压力多大，都不能急躁和厌烦，镇静自如地对待客人。宾客有意见要虚心听取，宾客有情绪要尽量解释，绝不与顾客争吵，发生矛盾要严于律己，恭敬礼让。

（4）细致周到。就是要善于观察和分析客人的心理特点，从客人的神情、举止发现客人的需要，正确把握服务的时机，服务于客人开口之前，效果超乎顾客的期望之上，力求服务工作完善妥当，体贴入微，面面俱到。

（5）文明礼貌。就是要有较高的文化修养，语言健康，谈吐文雅，衣冠整洁，举止端庄，待人接物不卑不亢，尊重不同国家、不同民族的风俗习惯、宗教信仰和忌讳，时时处处注意表现出良好的精神风貌。

4.3.2 温馨服务

温馨服务是一种无微不至的服务理念，想客户之所想，急客户之所急，甚至是想客户之未想，急客户之未急，通过温馨服务可以大大提升客户对宾馆服务的满意度水平。本节主要探讨如何将温馨服务的工作理念落实到具体的工作过程中，指导宾馆服务人员正确使用宾馆礼仪。

1. 温馨服务的态度

（1）主动热情，宾客至上。

（2）牢固树立宾客至上、服务第一思想，以主人翁态度和责任感对待本职工作。

（3）坚守岗位，自觉遵守纪律，具有整体观念和团结协作精神。

（4）五勤。即眼勤、口勤、手勤、脚勤、脑勤，想客人之所想，急客人之所急，服务于客人开口之前。

（5）对客人服务热情饱满，有旺盛精力。对客人礼貌，态度和蔼，说话亲切，待客诚恳，一视同仁。

（6）服务礼貌，举止文雅。

① 注重仪容，外表形象给客人庄重大方、美观舒适的感觉。

② 掌握各国客人的风俗习惯、礼仪知识，礼貌修养良好。

③ 语言运用准确得体。对客服务说话和气，语言亲切，称呼得体，使用敬语。

④ 服务操作和日常坐、立、行、说举止大方，动作规范，文明优雅。

（7）助人为乐，照顾周详。

① 对老幼病残弱的客人主动照顾，嘘寒问暖，服务细致。

② 对有困难的客人提供帮助，准确及时。

2. 温馨服务的礼节

（1）掌握礼貌内容。

① 熟练掌握问候礼节。主动问候客人，能够根据时间、场所、情景、接待对象不同，准确运用问候礼节。

② 熟练掌握称呼礼节。能够根据客人的身份、年龄、性别、职业，运用不同称呼，亲切和蔼。

③ 熟练掌握应答礼节。能够根据场景、说话内容等具体情况，准确回答客人，反应灵活，应对得体。

④ 熟练掌握迎送礼节。能够根据迎接、送别的具体需要，做到讲究礼仪顺序、礼仪形式，语言亲切准确，关照、示意得体。

⑤ 熟练掌握操作礼节。服务操作规范，不打扰客人，礼貌大方。

（2）日常礼貌服务。

① 对待客人谦恭有礼，朴实大方，表情自然，面带微笑，态度诚恳。

② 尊重客人的风俗习惯和宗教信仰，对客人的服装、形貌、不同习惯和动作，不评头论足，按照客人的要求和习惯提供服务。

③ 同客人见面或握手等，正确运用礼貌形式、规范动作。

④ 严格遵守约定时间，不误事、不失约、快速准确。

⑤ 在岗期间或在公共场所，不高声呼叫，动作轻稳，声音柔和，不影响客人。

⑥ 爱护客人行李物品，轻拿轻放，不随意翻动客人物品。

⑦ 同客人交谈，注意倾听，精神集中，表情自然，不随意打断客人谈话或插嘴，时时表示尊重。

⑧ 不做客人忌讳的不礼貌动作，不说对客人不礼貌的话。

3．温馨服务的用语

（1）遇到宾客要面带微笑，站立服务（坐着时应起立，不可坐着与客人谈话）。服务员应先开口，主动问好打招呼，称呼要得当，以尊称开口表示尊重，以简单、亲切的问候及关照的短语表示热情。对于熟客要注意称呼客人姓氏（要求所有员工无论是内部员工、总公司领导或职员还是宾客必须礼貌问候，见到总公司领导、宾馆总经理、副总经理在有其他客人在场的情况下不得称呼其职务）。招呼客人时可以谈一些适宜得体的话，但不可问一些客人不喜欢回答的问题。

（2）与客人对话时宜保持 1 米左右的距离，要注意使用礼貌用语，注意"请"字当头，"谢"字不离口，表现出对客人的尊重。

（3）对客人的话要全神贯注地倾听，眼睛要望着客人面部（但不要死盯着客人），要等客人把话说完，不要打断客人的谈话。客人和你谈话时，不要有任何不耐烦的表示，要停下手中的工作，眼望对方，面带笑容，要有反应，不要漫不经心，不理不睬，对没听清楚的地方要礼貌地请客人重复一遍。

（4）对客人的问询应给予圆满答复。若遇到自己也不清楚的事应查找有关资料或请示领导尽量答复客人，绝对不能以"不知道""不清楚"作回答。回答问题要负责任，不能不懂装懂，模棱两可，更不能胡乱作答。

（5）说话时，特别是客人要求我们服务时，从我们言语中要体现出乐意为客人服务，不要表现出厌烦冷漠、无关痛痒的神态，应说："好的，我马上就来（办）"，千万不能说："你怎么这么啰唆，你没看见我忙着吗？"

（6）在与客人对话时，如遇另一客人有事，应点头示意打招呼，或请客人稍等，不能视而不见，同时尽快结束谈话，招呼客人。如时间较长，应说"对不起，让您久等了"，不能一声不响就开始工作。

(7) 与客人对话,态度要和蔼,语言要亲切、清晰、柔和、音量要适中,不要过高过低,以对方听清楚为宜,答话要迅速、明确。

(8) 当客人提出的某项服务要求一时满足不了时,应主动向客人讲清原因,并向客人表示歉意,同时要给客人一个解决问题的建议或主动协助联系解决。要让客人感到,虽然问题一时没解决,但却得到了应有的重视与帮助。

(9) 在涉及原则性的敏感问题上,态度要明确,但说话方式要婉转、灵活,既不违反宾馆规定,也要照顾到顾客的自尊心。切忌使用质问式、怀疑式、命令式、"顶牛"式的说话方式,杜绝蔑视语、嘲笑语、烦躁语、否定语、斗气语,要使用询问式、请求式、商量式、解释式的说话方式。

(10) 打扰客人的地方(或请求客人协助的地方),首先要表示歉意,说:"对不起,打扰您了。"对客人的帮助或协助(如交钱后、登记后、配合了工作后)要表示感谢。接过了客人的任何东西都要表示感谢。客人对我们感谢时,一定要回答"请别客气"。

4.4 求职应聘

4.4.1 应聘的准备

在职场上有这么一句俗话,"机会总是垂青于有准备的人"。初涉职场的人们通常会有很多疑惑,带着这些疑惑甚至恐慌进入面试场所,显然不利于面试成功。应聘前充分的准备将会有效缓解你的紧张情绪,给你带来充足的信心,"工欲善其事,必先利其器",完美的应聘准备往往是成功的开始。本节内容将主要讲述求职者应聘前的准备工作。

1. 接到面试通知后的准备

(1) 迅速查找该企业的原始招聘广告。因为每个求职者都可能投寄出数十甚至上百封求职信,因此在寄出求职信的同时应该把每个企业的求才广告剪辑记录下来,以便在收到企业面试通知时进行查阅,避免张冠李戴。查阅的同时要重温该企业的背景情况(一般在招聘广告有所说明),同时再重温当时应聘的是何种职位,该职位在招聘广告中的要求是什么,等等。如果你备有几种不同的求职信,应当了解寄出的是哪一种求职信,最好再看一遍,做到心中有数。

(2) 查找交通路线,以免面试迟到。接到面试通知后,应仔细阅读通知上是否标有交通路线,要搞清楚究竟在何处上下车、转换车。要留出充裕的时间去搭乘或转换车辆,包括一些意外情况都应考虑在内。如果对交通不熟悉的话,最好把路线图带在身上,以便问询查找。

(3) 整理文件包,带上必备用品。面试前,应把自己准备带去参加面试的文件包整理好,诸如文凭、身份证、报名照、钢笔、其他证明文件(包括所有的复印件)等,以备考官核查。同时带上一定数量的现金以备不时之需。有晕车等病症的应带上药品。

(4) 准备面试时的着装和个人修饰。参加面试,在衣着方面虽不要特别华丽、过分花哨,但也要注意整洁大方,不能显得邋遢。男士衬衫要换洗干净,皮鞋要擦亮;女士不能穿过分前卫、新潮的服装。总之,着装要同所申请的职位相符,协调统一。头发要梳齐,男士要把胡须刮干净。女士若感觉脸色不佳则可化淡妆,但不可过分修饰。另外,还应保证面试前充足的睡眠。

2. 面试前的调查

找工作时,应先设法了解自己是否能胜任那个职位。去面试前要先查明该职位的工作范围,研究该公司,摸清其企业文化和目标,以及有什么竞争对手。

知己知彼,百战不殆呢？面试之前,你一定要广泛收集各方面的资料与信息。有了充分的资料准备,即便"临场发挥"也会是相当精彩和出色的。

(1) 收集招聘单位的资料。尽可能了解清楚招聘单位的性质和背景,确定它是哪一种行业,生产何种产品;是独资企业还是合资企业;它的企业文化(包括口号和形象)是什么。同时,还要尽可能了解清楚招聘单位的业务情况,比如:过去的业绩好不好？业务往来的对象有哪些？现在该单位在做什么业务？产品的注册商标是什么？发展前景如何？另外,对招聘单位的内部组织、员工福利、一般起薪、工作地点等也应该尽可能地了解清楚。

以上资料信息从何处可以获得？你可以向父母、朋友、同学或亲戚打听,也可以向在该招聘单位工作的熟人咨询,还可以通过电话、新闻报道、广告、杂志、企业名录及其他书籍找到。

一个对招聘单位一无所知的求职者,面试时必遭失败无疑。例如,广州有个市场营销专业的本科男毕业生,满怀信心去应试美国在广州投资兴办的"雅芳"(Avon)公司的销售人员,他原以为"雅芳"仅仅是这家公司美丽的名称而已,根本不知道"雅芳"是女性化妆品的注册商标。因此,在面试中当美方主试人问及他为何应聘该公司时,他不假思索地回答说:"我喜欢'雅芳'"。结果弄得严肃的主试人忍俊不禁。该君就因这么一句回答而失败。试想,一个对其产品一无所知的人,怎么可能会被录取为销售呢？

(2) 收集主试人的有关情况。首先,要打听到主试人的姓名,并且要会正确地说出他们的姓氏。如果主试人是外籍人员,他们的名字有时候很拗口,最好在词典中查出其准确的发音。然后,要尽可能了解主试人的性格、为人方式、兴趣、爱好和背景,近期生活中有无什么重大变故,在变故中他是什么心境？你和主试人有何共同之处？你们是否有共同认识的人？只有对主试人的情况了如指掌,你才能在面试时进退自如,自始至终立于不败之地。

(3) 把自己的资料准备妥当。有些工作在学历、能力、年龄各方面都有限制,事先要核查一下自己的资格是否符合条件,千万不要存着碰碰运气的念头。如果你觉得自己符合应聘条件,还得确定自己可以胜任哪个职位。然后要准备好自己的毕业证书、学位证书、专业资格任职证书、获奖证书、身份证、推荐信等材料。去面试时,应把这些资料有条不紊地放在一个公文包里随身带去,以便主试人随时查看。一个井然有序的公文包会使你看上去办事得体,值得信赖。公文包里除了放置上述个人资料外,还可以装一些有关工作或有助于谈话的资料,说不定这些资料在面试中会产生意想不到的效果。假如主试人提些你意想不到的问题,你可以拿出自己的笔记本回答:"我前些时候也看到一篇和这个问题有关的文章,很感兴趣,因而作了笔记,您是否有兴趣翻一下。"这样,主试人便会对你另眼相看。

另外,你还可以准备一本大一点的书或杂志放在公文包里。通常面试前总有一段时间要等候,如果应试人数较多,而你又是被安排在较后,那么你等待的时间就更长。等候使人心情烦躁,无端生些猜测,打乱早已准备好的步骤。遇到此种情况,你便可以把书或杂志拿出来看。看书可以让人安静镇定。如果主试人迟到了,你手上有书或杂志,正好可以全神贯注地看,显出丝毫没注意的样子。如果主试人有意晾晒你,让你久等,以便显示显示威风,你正好可以借着看书,表示你视若无睹,这样就避免了和主试人的正面冲突。和主试人发生哪怕是细微的、不愉快的冲突,应试人是绝不可能被录用的。

此外,还应准备一下考官可能提出的比较常规的问题,如:你为什么要应聘本公司?这是考察应聘者的应聘目的。你对你应聘的职位感兴趣吗?这是考察应聘者对应聘职位的热爱程度。如果你被本公司录用,你有什么发展计划?这是考察应聘者对自己所应聘的职位是否已做好如何开展工作的打算,相当于"就职演说"。类似的这些问题,都是比较容易的,只要稍作准备即可应答如流。即便碰到的考官会提出些非常规问题,但难度也不会大,可以随机应变,巧妙回答。

总的来说,大中专毕业生做应聘准备,应注意处理好"难"与"易"的关系,切勿重"难"轻"易",顾此失彼。

4.4.2 面试的技巧

由于面试成功与否关系到求职者的前途,所以大学生面试时往往容易产生紧张情绪,有的大学生还可能由于过度紧张导致面试失败。紧张是应试者在考官面前精神过度集中的一种心理状态,初次参加面试的人都会有紧张的感觉,慌慌张张、粗心大意、词不达意的情况是常见的。那么怎样才能在面试时克服、消除紧张情绪呢?本节主要介绍一些面试的小技巧供读者参考学习。

1. 面试前的心理调适

(1) 要保持"平常心"。面对竞争,人人都会紧张,这是一个普遍规律。面试时你紧张,别人也会紧张,这是客观存在的,要接受这一客观事实。这时你不妨坦率地承认自己紧张,也许会求得理解。同时要进行自我暗示,提醒自己镇静下来,常用的方法是大声讲话,把对面的考官当熟人对待;或掌握讲话的节奏,"慢慢道来";或握紧双拳、闭目片刻,先听后讲;或调侃两三句,等等。这些方法都有助于消除紧张。

(2) 不要把成败看得太重。"胜败乃兵家常事",要这样提醒自己,如果这次不成,还有下一次机会;这个单位不聘用,还有下一个单位等着自己;即使求职不成,也不代表一无所获,你可以在失败中总结经验,以新的姿态迎接下一次面试。在面试时不要老想着面试结果,要把注意力放在谈话和回答问题上,这样就会大大消除紧张感。

(3) 不要把考官看得过于神秘。并非所有的考官都是经验丰富的专业人才,可能在陌生人面前也会紧张,认识到这一点就用不着对考官过于畏惧,精神也会自然放松下来。

(4) 准备充分。实践证明,面试时准备得越充分,紧张程度就越小。考官提出的问题你都会,还紧张什么?知识不仅是力量,也会增加胆量。面试前除了进行道德、知识、技能、心理上的准备外,还要了解和熟悉求职的常识、技巧、基本礼节,必要时同学之间可模拟考场,事先进行多次演练,互相指出不足,相互帮助、相互模仿,到面试时紧张程度就会减少。

(5) 要增强自信心。面试时应聘者往往要接受多方的提问,迎接多方的目光,这是造成紧张的客观原因之一。这时你不妨将目光盯住主考官的脑门,用余光注视周围,既可增强自信心又能消除紧张感。在面试过程中,考官们可能交头接耳,小声议论,这是很正常的,不要把它当成精神负担，而应作为提高面试信心的动力，可以把他们的议论视为对你的关注，这样你就可以增加信心，提高面试的成功率。面试中考官可能提示你回答问题时有不足甚至错误，这也没有必要紧张，因为每个人都难免出点差错，能及时纠正就纠正，自己错了就坦率承认，考官错了还可婉言争辩，关键要看你对问题的理解程度和你敢于和主考官争辩真伪的自信程度。

2. 面试时应注意的礼仪

（1）服饰要得体。应聘者在去求职面试前，必须精心选择自己的服饰。服饰要与自己的身材、身份相符，表现出朴实、大方、明快、稳健的风格。面试着装应该符合时代、季节、场所的要求，并且要与自己应聘的职业相协调，能体现自己的个性和职业特点。比如应聘的职位是机关工作人员、管理人员或教师、律师等，打扮就不能过于华丽，而应以庄重、素雅、大方的着装为主，以显示稳重、严谨、文雅的职业形象；如应聘的职位是导游、公关、服务员等职位，则可以穿得时髦、艳丽一些，以表现热情、活泼的职业特点。一般说来，服饰要给人以整洁、大方得体的感觉，穿着应以保守、庄重一点为好，不要追求时髦。尤其是女性，如果衣着过于华丽，浓妆艳抹，项链、耳环、戒指都戴上，就会给用人单位一种轻浮的印象，影响面试的成绩。女士的装束以朴实、庄重为好，男士则以整洁、干练为好。要注意提前理好自己的发型，如在夏季，男士可穿着整洁的衬衫或 T 恤衫，其他季节则以合体的中山装或西装为好。另外，装束打扮应与自己的兴趣、爱好、个性、习惯相符合，一个平时着装随便的人，突然间让他衣冠楚楚，他会感到拘谨、不自在，影响面试。此外，如果衣服的面料、品牌都挺好，却不洗不熨，不按正确的方法穿着，也容易给人一种精神不振的感觉。

（2）遵守时间。守时是现代交际时效观的一种重要原则，是作为一个社会人要遵守的最起码的礼仪。面试中，最忌不守时，因为等待会使人产生焦急烦躁的情绪，从而使面谈的气氛不够融洽。有专家统计，求职面试迟到者获得录用的概率只相当于不迟到者的一半。可见，守时这一礼仪在面试中的重要性。因此，面试时，千万不能迟到，而且最好能够提前 10 分钟到达面试地点，以有充分的时间调整好自己紧张的情绪，也表示求职的诚意。假如依照约定的时间匆匆前往，对方也许已在等候你，那样就显得你欠礼貌、欠诚意，同时还容易使你情绪紧张而影响面试效果。遵守时间有时还会有这样一种含义，即要遵守事先约定的面试时限。有时招聘者主动提出只能谈多长时间，有时需要你主动问可以谈多长时间，无论何种情况，求职者都一定要把握好时间，以体现你的时间观念和办事效率。

（3）表情要自然，动作要得体。进门时，不要紧张，表情越自然越好，在对方没有请你坐下时切勿急于坐下，请你坐下时，应说声“谢谢”，坐下后要保持良好的坐姿，不要又是挠头皮、抠鼻孔，又是挖耳朵，或跷起“二郎腿”乱抖。对于女同学来讲，动作更应注意，任何轻浮的表情或动作都可能会让招聘人员对你不满。另外，各种身体语言也要恰当得体、自然。

（4）要讲究文明礼貌。进门时应主动打招呼：“您好，我是某某”，如果是对方主动约自己面谈，一定要感谢对方给自己这样一个机会；如果是自己约对方面谈，一定要表示歉意“对不起，打扰您了”，等等。面谈时要真诚地注视对方，表示对他的话感兴趣，绝不可东张西望，心不在焉，不要不停地看手表，否则，显得不尊重对方。另外，对对方的谈话反应要适度，要有呼应。他表现幽默时，你的笑声会增添他的兴致；他说话严肃认真时，你屏住呼吸则强化了气氛，这种反应要自然坦率，不能故意做作或大惊小怪地做出表情。

(5) 保持安静。在等候面试时,不要到处走动,更不能擅自到考场外面张望,求职者之间的交谈也应尽可能地降低音量,避免影响他人应试或思考。最好的办法就是抓紧时间熟悉可能被提问的问题,积极做好应试准备。

(6)“听”的学问。有位大学毕业生到一家编辑部去求职,主编照例同他谈话,开始一切都很顺利,由于对他第一印象很好,主编后来就拉家常式地谈起了自己在假期的一些经历,大学生走了神,没有认真去听。临走时,主编问他有何感想,他回答说:“您的假期过得太好了,真有意思。”主编盯了他好一会儿,最后冷冷地说:“太好了? 我摔断了腿,整个假期都躺在医院里。”可见,善于聆听,是面谈成功的又一个要诀。那么怎样听人说话才能取得对方的好感呢?

首先,要有耐心。对对方提起的任何话题,都应耐心倾听,不能表现出心不在焉或不耐烦的神色,要尽量让对方兴致勃勃地讲完,不要轻易打断或插话。

其次,要细心。也就是要具备足够的敏感性,善于理解对方的“弦外之音”,即从对方的言谈话语之间找出他没能表达出来的潜在意思,同时要注意倾听对方说话的语调和说话的每一个细节。

再次,要专心。专心的目的是要抓住对方谈话的要点和实质,因此应该保持饱满的精神状态,专心致志地注视对方,并有表示听懂或赞同的声音或动作进行回应。如果对方提出的问题本身很明确,但你却没有完全理解,那么你可以以婉转诚恳的语言提出不明确的部分,对方会进一步解释的。这样既能弄清问题的要点和实质,又能给对方专心致志的好印象。

最后,要注意与对方呼应。要认真琢磨对方讲话的重点或反复强调的问题,必要时,你可以进行复述或提问,如:“我同意您刚才所提的……”“您是不是说……”。重复对方强调的问题,会使对方产生“酒逢知己千杯少”的感觉,往往会促进情感的融洽。

(7) 交谈的学问。“听”有学问,“说”同样有学问。

首先,参加面试的求职者不可避免地会产生紧张情绪或羞怯心理,因此在谈话之前应尽可能地清除紧张、克服羞怯,并坦率、谦虚地告诉对方“对不起,我有点紧张”等,对方会理解你,甚至会安慰你,帮助你放松。承认紧张对推荐自己没有什么消极影响,反而会显示你的坦率和诚意,这是良好交谈的第一步。

其次,采用呼应式的交谈,并巧妙地引导话题。面试既不同于当众演讲,又不同于自言自语,重点在于相互间的呼应。成功的对话是一个相互应答的过程,自己每一句话都应是对方上一句话的继续,并给对方提供发言的余地,还要注意巧妙地引导话题。如当所谈内容与求职无关,而对方却大谈特谈时,你可以说:“这件事很有意思,以后一定向您请教。现在我有个问题不明白……”,从而巧妙地转移了话题。再如,提问“您认为某项工作应具备哪些素质?”以引起双方感兴趣的话题,等等。

最后,谈话要动之以情,处处表现情真意切,实实在在。不要海阔天空,华而不实,更不能虚情假意,说假话、空话。另外,人们在紧张的情况下,往往讲话的节奏加快,这不利于进行情感交流,因此,谈话时应掌握节奏,必要时可用机智、幽默、风趣的语言使双方都放慢谈话的节奏。

(8) 尊重对方,善解人意。取得招聘者的好感必须真正尊重对方,善解人意。在求职时经常遇到招聘者的资历或学历、职称、年龄等不如求职者的情况,此时求职者千万不能妄自尊大。一旦流露出不尊重对方的意思,甚至处处显示自己优于对方,表达出待价而沽的情绪,就会引起对方的反感,往往会将好事办砸。

3. 面试九忌

(1) 忌握手无力,靠主试者过近。中国人见面问候的方式是握手,面试时与主试者应恰如其分地轻轻一握,不要有气无力地被动握手,给对方一种精力不足、身体虚弱之感。落座后应与对方保持合适的距离,不能过分靠近对方,逼视对方。更不能以姓名称呼主试者,而应时时表现出对他们的尊敬。

(2) 忌坐立不安,举止失当。面试时绝不能做小动作,如摇头晃脑、频频改变坐姿,更不能嚼口香糖、抽烟。主试者可能示意你抽烟,但最好谢绝他的好意。主试者的"宽宏大量"是暴露应聘者弱点的最佳武器之一,在整个面试过程中,注意不要让自己的小毛病浮出水面。

(3) 忌言语离题。有的求职者讲话不分场合,不看对象,让主试者听得莫名其妙。例如说些俗不可耐的笑话,谈及家庭和经济方面的问题,讲些涉及他人生活的小道消息,或任意对面试场所的家具和装修评头论足。主试者可没有时间猜测你想真正想表达的是什么。

(4) 忌说得太急。言谈中表现出迫不及待的心情,如急着回答自己没听清或没有理解透彻的问题,而不是有礼貌地请对方再说一遍或再说明;不加解释就自称掌握某种技术,但相关的在何处培训、何时参加、何人教授等问题一律避而不答,就会令人生疑。这种情况即所谓"欲速则不达"。

(5) 忌提问幼稚。在向考官提问时要考虑自己提的问题是否有价值,或者主考官是否已经回答或解释过。千万别提一些很幼稚的问题,如"办公室有空调吗?""你知道某某主任在哪里吗?"等。

(6) 忌言语粗俗。粗俗的语言、毫不修饰的语言习惯并不代表你有男子汉的气概或者不拘小节,反倒令人生厌。

(7) 忌反应迟钝。聆听主考官讲话并非单纯用耳朵,还包括所有的器官,不仅用头脑,还得用心灵。如果对方说话时你双眼无神、反应迟钝,这足以让考官对你失去信心,不论你将来如何推销自己,一切都基本上是徒劳,败局已定。

(8) 忌做鬼脸。顽童做鬼脸,人们往往觉得其天真可爱,而且在平时人们的表达中也经常用到。但是,在面试中,夸张的鬼脸会使主试者认为你过于造作、善于伪装、会演戏,另外,表达恶意的鬼脸更容易令对方觉得你没有礼貌、没有教养。

(9) 忌像个嫌疑犯一般。应聘者应意识到面试是一种机会平等的面谈,不像公安机关审讯嫌疑犯。不要过多理会主试者的态度。一开始就与你谈笑风生的主试者几乎是没有的,多数人的表情都很严肃。应聘者应该把自己解放出来,不要充当被审察的角色,这样才利于自己正常的发挥。

【本章习题】

1. 在一些公共场所,应注意哪些礼仪?
2. 现场服务包括哪些技巧?
3. 如果你将要去应聘参加面试,应做好哪些准备?
4. 简要说明面试的禁忌,并结合个人的求职经历,阐述如何克服面试中的问题?

【扩展学习】

聪明的大堂经理

正值秋日旅游旺季，两位外籍专家出现在上海某大宾馆的总台前。当总台服务员小章（一位酒店专业实习生）查阅了订房登记簿之后，简单地向客人说："已经有客人预订了708号房间，你们只能住一天。"客人们听了以后很不高兴："接待我们的公司答应为我们预订时，曾问过我们住几天，我们说打算住三天，怎么会变成一天了呢？"小章听了之后继续机械呆板地用没有丝毫变通的语气说："我们没有错，你们有意见可以向合作公司提啊。"客人此时更火了："我们要解决住宿问题，根本没有兴趣也没有必要去追究预订客房的差错问题。"正当僵局要形成之际，前厅值班经理及时赶到，他首先表明他是代表宾馆总经理来听取客人意见的，他先请客人坐下，再请客人慢慢地把意见说完，然后以抱歉的口吻说："您提的意见是对的，眼下追究合作方的责任不是最主要的，这几天正处于旅游旺季，双人间的客房连日客满，我能不能先为您安排一处套房，请你们明后天继续在我们酒店做客，房价虽然高一些，但设备条件还是不错的，我们可以给您九折优惠。"客人们觉得值班经理的表现还是诚恳的，所提建议也是符合实际的，于是应允了。

没过几天，住在该宾馆的另外一位外籍客人要去南京办事，回上海后打算仍回这里住，在离店时要求保留房间。总服务台的另外一位服务员小李在答复客人时也不够策略，他说："客人要求保留房间，过去没有先例，这几天住房紧张，您就算是付几天的房费，我们也无法满足您的要求！"客人听后很不高兴地转向大堂经理处投诉。大堂经理请客人坐下，了解了事由后对客人说："我理解您的心情，我们真诚地希望您重返我宾馆住宿。我建议您先把房间退掉，过几天您回上海前先打个电话给我，我一定优先照顾您入住我们宾馆，即使没有空房，我也将设法安排您改住他处。"

数日后，这位客人归来，大堂经理替他安排了一间楼层、方位比原来还要好的客房。当客人进入房间，看见特意为他摆放的鲜花时，不由得竖起大拇指。

思考题

从此案例中，酒店大堂经理的哪些做法是值得我们学习的？

第5章 常用商务礼仪

【学习要点】

1. 掌握商务礼仪中的接待和拜访礼仪
2. 熟悉商务仪式礼仪
3. 掌握商务谈判礼仪
4. 了解主要商务往来国家的礼俗与禁忌

【导入案例】

一外商考察团来某企业考察投资事宜,企业领导高度重视,亲自挑选了庆典公司的几位漂亮女模特来做接待工作,并特别指示她们身着紧身上衣、黑色的皮裙,领导说这样才显得对外商的重视。但考察团上午见了面,还没有座谈,外商就找借口匆匆走了,工作人员被搞得一头雾水。后来通过翻译才知道,他们说通过接待人员的着装,认为这是个管理制度极不严谨的企业,完全没有合作的必要。

5.1 会务礼仪

商务会议是实现决策民主化、科学化的必要手段,是实施有效领导、有效管理、有效经营的重要工具,是贯彻决策、下达任务、沟通信息、直接指挥行动的有效方法,是保持接触、建立联络、结交朋友的基本途径。常见的商务会议有洽谈会、发布会、展览会、赞助会、茶话会等。

5.1.1 洽谈会

洽谈是指在商务交往中,相关利益各方为了保持接触、建立联系、进行合作、达成交易、拟定协议、签署合同、要求索赔,或是为了处理争端、消除分歧而坐在一起进行面对面的讨论与协商,因洽谈而举行的有关各方的会晤便称为洽谈会。

一般来说,洽谈会礼仪主要涉及以下几个方面的问题:

1. 注重仪表

最值得出席洽谈会的商界人士重视的是服装。由于洽谈会关系重大,所以商界人士在这种场合应穿着传统、简约、高雅、规范的最正式的礼仪服装。可能的话,男士应穿深色三件套西装和白衬衫,打素色或条纹式领带,配深色袜子和黑色系带皮鞋;女士则要穿深色西装套裙和白衬衫,配肉色长筒或连裤式丝袜和黑色高跟或半高跟皮鞋。

2．预备场所

根据商务洽谈举行的地点不同，可以将洽谈会分为客座洽谈、主座洽谈、客主座轮流洽谈及第三地点洽谈四种。

客座洽谈即在洽谈对手所在地进行的洽谈。主座洽谈即在己方所在地进行的洽谈。客主座轮流洽谈即在洽谈双方所在地轮流进行的洽谈。第三地点洽谈即在不属于洽谈双方任何一方的地点所进行的洽谈。

3．布置座次

在洽谈会上，东道主不仅应当布置好洽谈环境，预备好相关用品，而且应当特别重视礼仪性很强的座次问题。举行双边洽谈时，应使用长桌或椭圆形桌子，宾主应分坐于桌子两侧。若桌子横放，则面对正门的一方为上，应属于客方；背对正门的一方为下，应属于主方。若桌子竖放，则应以进门的方向为准，右侧为上，属于客方；左侧为下，属于主方。在进行洽谈时，各方的主谈人员应在自己一方居中而坐。其余人员则应遵循右高左低的原则，依照职位的高低自近而远地分别在主谈人员的两侧就座。假如需要翻译，则应安排其就座于仅次主谈人员的位置，即主谈人员之右。举行多边洽谈时，为了避免失礼，按照国际惯例，一般均以圆桌为洽谈桌来举行“圆桌会议”。这样一来，尊卑的界限就被淡化了。即便如此，在具体就座时依旧尽量安排有关各方的与会人员同时入场、同时就座。至少，主方人员不应在客方人员就座之前就座。

5.1.2 发布会

发布会礼仪一般指的是举行新闻发布会有关的礼仪规范，包括会议的筹备、媒体的邀请、现场的应酬、善后的事宜四个主要内容。对商界而言，举办新闻发布会是直接联络与新闻媒介之间关系的一种最重要的手段。

1．注意时间、地点的选择

在选定举行新闻发布会的时间时，需谨记以下四个方面的细节问题：一是要避开节日与假日；二是要避开本地的重大社会活动；三是要避开其他单位的新闻发布会；四是要避免与新闻界的宣传报道重点撞车或相左。

通常认为，举行新闻发布会的最佳时间在周一至周四的上午十点至十二点，或是下午的三点至五点左右。在此时间内，绝大多数人都是方便与会的。

新闻发布会的举办地点，除可以考虑本单位所在地、活动或事件所在地之外，还可优先考虑首都或其他影响较大的中心性城市，必要时还可在不同地点举行内容相似的新闻发布会。举行新闻发布会的现场应交通方便、条件舒适、面积适中，本单位的会议厅、宾馆的多功能厅、当地最有影响的建筑物等均可酌情予以选择。

2．注意处理媒体关系

在处理与新闻界人士的相互关系时要注意以下五点：一是要把新闻界人士当做自己真正的朋友对待。对对方既要尊重友好，又要坦诚相待。二是要对所有与会的新闻界人士一视同仁，不要有亲有疏、厚此薄彼。三是要尽可能地向新闻界人士提供对方所需要的信息。要注重信息的准确性、真实性与时效性，不要弄虚作假，故意爆炒新闻。四是要尊重新闻界人士的自我判断。不要指望可以用利益拉拢、收买对方，更不要打算去左右对方。五是要与新闻界人士保持联络。要注意经常与对方互通信息，常来常往，争取建立持久关系。

3. 注意讲话内容与方式

(1) 要简明扼要。在新闻发布会上有意卖弄口才、口若悬河，往往是费力不讨好的事情。

(2) 要提供新闻。新闻发布会自然要有新闻发布。新闻界人士就是特意为新闻而来的，所以在不违法、不泄密的前提下，要善于满足对方在这一方面的要求，要在讲话中善于表达自己独到的见解。

(3) 要生动灵活。面对冷场或者冲突爆发在即，讲话者生动而灵活的语言往往可以化险为夷。因此，幽默风趣的语言、合适巧妙的典故也是必不可少的。

(4) 要温文尔雅。新闻记者大都见多识广，加之又是有备而来，所以他们在新闻发布会上经常会提出一些尖锐的问题。遇到这种情况时，发言人能答则答，不能答则应当巧妙地进行回避，或是直接礼貌地告之以“无可奉告”。无论如何，都不要对对方恶语相加，甚至粗暴地打断对方的提问。吞吞吐吐、张口结舌，也不会给人以好的印象。唯有语言谦恭敬人、高雅脱俗，才会不辱使命。

4. 注意善后事宜

新闻发布会完毕之后，一般而言，需要认真处理的事情有三项：了解新闻界的反应，整理保存会议资料，以及听取与会者的意见、建议并总结经验。

5.1.3 展览会

展览会礼仪通常是指商界单位在组织、参加展览会时所应当遵循的规范与惯例。在一般情况下，展览会主要涉及组织与参加两个方面的大问题。

1. 在组织方面

展览会的组织者需要重点进行的具体工作主要包括参展单位的确定、展览内容的宣传、展示位置的分配、安全保卫工作的布置、辅助服务项目的落实等。

(1) 参展单位的确定

一旦决定举办展览会，主办单位就应按照商务礼仪的要求，事先以适当的方式，对拟参展的单位发出正式的邀请。对于报名参展的单位，主办单位应根据展览会的主题与具体条件进行必要的审核。当参展单位的正式名单确定之后，主办单位应及时以专函进行通知，以便被批准的参展单位尽早准备。

(2) 展览内容的宣传

为了引起社会各界对展览会的重视，并且尽量地扩大其影响，主办单位有必要对其进行大力宣传。展览会宣传方式主要包括以下几点：举办新闻发布会，邀请新闻界人士到场参观采访；发表有关展览会的新闻稿；公开刊发广告；张贴有关展览会的宣传画；在展览会现场散发宣传性材料和纪念品；在举办地悬挂彩旗、彩带或横幅；利用升空的彩色气球和飞艇进行宣传；等等。为了搞好宣传工作，在举办大型展览会时，主办单位应专门成立对外宣传机构，其正式名称可以叫新闻组或宣传办公室等。

(3) 展示位置的分配

在布置展览现场时，基本的要求是：展示陈列的各种展品要围绕既定主题，进行互为衬托的合理组合与搭配。要井然有序，且整体风格一致。

(4) 安全保卫工作的布置

在举办展览会前，必须依法履行常规的报批手续。此外，组织者还需主动将展览会的举办详情向当地公安部门进行通报，求得其理解、支持与配合。按照常规，有关安全保卫的事项必要时最好由相关各方正式签订合约或协议，并且经过公证，以便各司其职、各负其责。

(5) 辅助服务项目的落实

主办单位作为展览会的组织者，有义务为参展单位提供一切必要的辅助性服务项目。这些辅助性服务项目最好有言在先，并且对产生的相关费用进行详尽的说明。

2. 在参加方面

参展单位要遵守相关礼仪规范。参展单位在正式参加展览会时，必须要求自己的全部派出人员齐心协力、同心同德，在整体形象、待人礼貌、解说技巧三个方面给予特别重视。

(1) 努力维护整体形象

参展单位的整体形象包括展示物的形象与工作人员的形象两个部分。对于二者要给予同等重视，不可偏废其一。展示物的形象主要由展品的外观、质量、陈列、展位布置、宣传资料等构成。用以进行展览的展品，外观上要力求完美无缺，质量上要优中选优，陈列上要既整齐美观又讲究主次，布置上要兼顾主题的突出与观众的注意力。而用在展览会上向观众直接散发的有关资料，则要印刷精美、图文并茂、资讯丰富，并且注有参展单位的联络方式。工作人员的形象，则主要是指在展览会上直接代表参展单位露面的人员的服饰问题。在一般情况下，应当要求在展位上工作的人员统一着装。最佳的选择是身穿本单位制服，或者是深色的西装、套裙。在大型的展览会上，参展单位若安排专人迎送宾客时，则最好请其身穿色彩鲜艳的单色旗袍，并胸披写有参展单位或其主打展品名称的红色绶带。为了说明各自的身份，全体工作人员皆应在左胸佩戴标明本人单位、职务、姓名的胸卡，唯有礼仪小姐可以例外。按照惯例，工作人员不应佩戴首饰，但男士应当剃须，女士则最好化淡妆。

(2) 时时注意待人礼貌

展览一旦正式开始，全体参展单位的工作人员即应各就各位，站立迎宾。不允许迟到、早退、无故脱岗、东游西逛，更不允许在观众到来之时坐卧不起，怠慢对方。

(3) 善于运用解说技巧

在宣传性展览会与销售性展览会上，解说技巧的共性在于要因人而异，使解说具有针对性。与此同时，要突出自己展品的特色。在实事求是的前提下，要注意对展品特性扬长避短，强调“人无我有”之处。在必要时，还可邀请观众亲自动手操作，或由工作人员为其进行现场示范。此外，还可安排观众观看与展品相关的影视片，并向其提供说明材料与单位名片。通常，说明材料与单位名片应常备于展台之上，由观众自取。

5.1.4 赞助会

赞助通常是指某一单位或某些个人拿出自己的钱财、物品，来对其他单位或个人进行帮助和支持。在现代社会中，赞助是社会慈善事业的重要组成部分之一。它不仅可以扶危济贫，向社会奉献自己的爱心，体现出举办方(人)对于社会的高度责任感，以自己的实际行动报效于社会、报效于人民，而且也有助于获得社会对自己的好感，提高自己在社会上的知名度、美誉度,为自己塑造良好的公众形象。对于商界而言,积极地、力所能及地参与赞助活动,本身就是一种常规的商务活动形式,而且也是协调本单位与政府、社会各界公共关系的一种重要的手段。

为了扩大影响,商界在公开进行赞助活动时,往往会专门为此而举行一次一定规模的正式会议。这种以赞助为主题的会议,即为赞助会。欲使赞助会取得成功,遵守赞助会礼仪是十分必要的。赞助会礼仪,一般指的是筹备、召开赞助会的整个过程中所应恪守的有关礼仪规范。

1. 掌握赞助的类型

赞助的类型指的是赞助的具体形式。赞助类型的选择大都对赞助的效果直接产生着影响。根据不同的标准,赞助的类型可有各种不同的划分,这里我们就不做相关阐述。

2. 明确赞助的步骤

赞助的步骤指的是赞助活动运作过程之中的各个主要环节。任何一家商界单位意欲进行赞助活动时,均需按部就班地依照相应步骤认真运作。一般有下述四步:

(1) 前期的研究。在正式决定进行赞助之前,赞助单位首先要进行前期的研究,并且对赞助活动的必要性与可能性进行详尽的论证。

在就某次赞助活动进行研究、论证时,赞助单位必须充分明确下列四点:一是它必须符合我国的宪法和法律,绝对不允许赞助违法乱纪活动。二是它必须与本单位的经营策略、公共关系目标相适应,而不是与其背道而驰。三是它必须真正有利于受赞助者,同时也有利于整个社会。四是它必须是本单位力所能及之事,不能半途而废、劳而无功。

(2) 赞助的计划。通过前期的研究、论证,商界单位决定进行赞助活动之后,即应着手制订详尽的赞助计划,以确保其成功。

简而言之,赞助计划实际上是前期研究、论证成果的具体化。根据惯例,它应当是由专职的工作部门在进行前期研究、论证的基础上,根据本单位既定的赞助政策和赞助方向,认真制订而成。一般来讲,商界单位中负责赞助计划的工作部门主要是指其公关部。在某些情况下,办公室、财务部亦应介入此事。

制订赞助计划必须要树立正确的指导思想。其核心应为:赞助活动必须同本单位的经营策略、公共关系目标相一致,赞助活动的终极目标应当是赞助单位、受赞助者和社会三方同时受益。赞助政策的制定、赞助方向的选择,均应以此作为指南。

(3) 项目的审核。在进行正式的赞助活动之前,对于既定的赞助项目进行审核,是非常必要的。赞助项目的审核,在此主要是指赞助单位事先对自己所参与的赞助项目所进行的核定与审查。在正常的情况下,它是由专门负责赞助活动的工作部门负责进行的。在审核赞助项目时,有关人员必须抱有高度的责任心。对赞助活动的各个具体环节逐一进行细致的分析研究,发现问题,防患于未然。

(4) 承诺的兑现。赞助活动一经决定,即应择机付诸实施。

3. 搞好会务安排

在赞助活动正式实施之际,往往需要举行一次正式聚会,将有关事宜公告于社会。这种以赞助为主题的赞助会,在赞助活动中,尤其是大型的赞助中,大都必不可少。

赞助会的举行地点一般可选择受赞助者所在单位的会议厅。亦可由其出面,租用社会上的会议厅。用以举行赞助会的会议厅,除了其面积的大小必须与出席者的人数成比例之外,还需打扫干净,并且略加装饰。

一般来讲,赞助会的会场不宜布置得过度豪华张扬,否则极有可能会使赞助单位产生不满,因为它由此可能使人产生受赞助单位不务正业、华而不实的感觉。

参加赞助会的人士既要有充分的代表性,又不必在数量上过多。除了赞助单位、受赞助者双方的主要负责人及员工代表之外,赞助会应当重点邀请政府代表、社区代表、群众代表及新闻界人士参加。在邀请新闻界人士时,特别要注意邀请那些在全国或当地具有较大影响力的电视、报纸、广播等媒体人员与会。

依照常规,一次赞助会的全部时间不应当超过1小时,因此赞助会的具体会议过程必须既周密又紧凑。

在赞助会正式结束后,赞助单位、受赞助单位双方的主要代表及会议的主要来宾通常应当合影留念。此后,宾主双方可稍事晤谈,然后来宾即应一一告辞。一般情况下,在赞助会结束后,东道主大都不为来宾安排膳食。如确有必要,则至多略备便餐,而绝对不宜设宴待客。

4. 对活动的评估

经验来源于实践,经验有待于总结。在赞助会结束后,尤其是在整个赞助活动告一段落之后,赞助单位有必要对其进行一次认真而系统的评估。

对赞助活动所进行的评估,实际上主要是指在对赞助活动进行综合分析和系统总结之后,对其社会效果所进行的科学评价与分析。对任何商界单位而言,一项赞助活动无论如何都是其重点进行的公共关系活动之一,都需要为此而投入大量的人力、物力和财力。因此,在赞助活动结束后对其进行一次全面的评估,总结经验、吸取教训、听取意见、调整对策,是十分有益的。

赞助活动的评估工作一般应由赞助单位的公关部牵头负责。有时,亦可由专司此事的部门主持此事。在评估工作完成之后,应形成书面报告,提交本单位的决策机构及各位主要负责人,以供参考并掌握具体的情况。

根据一般规律,赞助活动的评估工作必须集思广益、深入调查、反复研究,善于听取正反两方面的不同意见,善于去粗取精、去伪存真、由此及彼、由表及里,这样才能够真正地掌握实际的情况。

5.1.5 茶话会

茶话会,在商界主要是指意在联络老朋友、结交新朋友的具有对外联络和进行招待性质的社交性集会。茶话会礼仪在商务礼仪之中特指有关商界单位召开茶话会时所应遵守的礼仪规范。其具体内容主要涉及会议的主题、来宾的确定、时间地点的选择、座次的安排、茶点的准备、会议的议程等几个方面。

1. 会议主题的确定

茶话会的主题特指茶话会的中心议题。在一般情况下,商界所召开的茶话会,其主题大致可分为如下三类:以联谊为主题,以娱乐为主题,以专题为主题。茶话会的类型选择得当与否,对其效果直接产生影响。

2. 来宾的确定

茶话会的参会者除主办单位的会务人员之外,即为来宾。在一般情况下,茶话会的主要参会者,可分为下列五种情况:本单位的人士,本单位的顾问,社会上的贤达,合作中的伙伴,以及其他各方面的人士。

有些茶话会,往往会邀请各行各业的人士参加。这种茶话会通常叫做综合茶话会。以各方面的人士为主要与会者的茶话会,除了可供主办单位传递必要的信息外,主要是为与会者创造出一个扩大个人交际面的社交机会。茶话会的与会者名单一经确定,应立即以请柬的形式向对方提出正式邀请。按惯例,茶话会的请柬应在半个月之前送达或寄达被邀请者之手,但对方对此可以不必答复。

3. 时间地点的选择

通常认为,辞旧迎新之时、周年庆典之际、重大决策前后、遭遇危难挫折之时等,都是商界单位召开茶话会的良机。

(1) 茶话会举行的时间。根据国际惯例,举行茶话会的最佳时间是下午四点钟左右。有些时候,亦可将其安排在上午十点钟左右。在具体操作时,主要应以与会者(尤其是主要与会者)是否方便及当地人的生活习惯为准。

(2) 茶话会的时间长度。一般情况下,成功的茶话会大都讲究适可而止。将其限定在一个小时至两个小时之内,它的效果往往会更好一些。

(3) 茶话会举办地点、场所的选择。按照惯例,适宜举行茶话会的大致场地主要有主办单位的会议厅,宾馆的多功能厅,主办单位负责人的私家客厅、私家庭院或露天花园,高档的营业性茶楼或茶室。注意,餐厅、歌厅、酒吧等不宜用来举办茶话会。

在选择举行茶话会的具体场地时,还需同时兼顾与会人数、支出费用、周边环境、交通安全、服务质量、档次名声等诸多问题。

4. 座次的安排

根据惯例,事前在安排茶话会与会者的具体座次时,主要采取以下四种办法:

(1) 环绕式。所谓环绕式排位,指的是不设立主席台,而将座椅、沙发、茶几摆放在会场的四周。不明确座次顺序,让与会者在入场之后自由就座。这种安排座次的方式与茶话会的主题最相符,因而最流行。

(2) 散座式。所谓散座式排位,多见于举行于室外的茶话会。座椅、沙发、茶几的摆放可以散乱无序,四处自由组合,甚至可由与会者根据个人要求而自行调节,随意安置。其目的就是要创造出一种宽松、舒适、惬意的社交环境。

(3) 圆桌式。圆桌式排位指的是在会场上摆放圆桌,而请与会者在其周围自由就座的一种安排座次的方式。圆桌式排位通常又分为下列具体方式:一是仅在会场中央安放一张大型的椭圆形会议桌,请全体与会者在其周围就座;二是在会场上安放数张圆桌,请与会者自由组合,各自在其周围就座。当与会者人数较少时可采用前者,而当与会者人数较多时则应采用后者。

(4) 主席式。在茶话会上,主席式排位并不意味着要在会场上摆放出一目了然的主席台,而是指在会场上主持人、主人与主宾应被有意识地安排在一起就座,并且按照常规居于上座之处。例如,安排在中央、前排、会标之下或是面对正门之处。

总体而言，为了使与会者畅所欲言，并且便于大家进行交流，茶话会上的座次安排不宜过于明显地区分身份地位。不排座次，允许自由活动，不摆与会者名签，是比较常规的做法。

5. 茶点的准备

在茶话会上，为与会者所提供的茶点应当被定位为配角。虽说如此，在具体进行准备时，也应注意如下几点：

(1) 对于待客的茶叶与茶具，务必要精心准备。选择茶叶时，在力所能及的情况之下，应尽量挑选上等品，切勿滥竽充数。与此同时，要注意照顾与会者的不同口味。对中国人来说，绿茶老少皆宜；而对欧美人而言，红茶则更受欢迎。

(2) 在选择茶具时，最好选用陶瓷器皿，并讲究茶杯、茶壶成套，千万不要采用玻璃杯、塑料杯、搪瓷杯、不锈钢杯或纸杯，也不要用热水瓶来代替茶壶。所有的茶具一定要清洗干净，并且完整无损，没有污垢。

(3) 除主要供应茶水之外，在茶话会上还可以为与会者略备一些点心、水果或是地方风味小吃。需要注意的是，在茶话会上向与会者所供应的茶食品种要对路，数量要充足，并且要便于取食。为此，最好同时将擦手巾一并上桌。按惯例，在茶话会举行之后，主办单位通常不再为与会者备餐。

6. 会议的议程

在正常的情况下，茶话会的主要会议议程大体有如下四项：主持人宣布茶话会正式开始，主办单位的主要负责人讲话，与会者发言，主持人略作总结。

5.2 商务仪式礼仪

5.2.1 开业

开业仪式，是指在单位创建、开业，项目完工、落成，某一建筑物正式启用，或是某项工程正式开始之际，为了表示庆贺或纪念，按照一定的程序所隆重举行的专门的仪式。有时，开业仪式亦称作开业典礼。

开业的礼仪，一般指的是在开业仪式筹备与举办的具体过程中所应当遵从的礼仪惯例。通常，它包括两项基本内容：开业仪式的筹备，以及开业仪式的运作。

1. 开业仪式的筹备

开业仪式尽管进行的时间极其短暂，但现场要营造出热烈气氛、取得成功，却绝非一桩易事。筹备工作认真、充分与否，往往决定着一次开业仪式能否真正取得成功。主办单位对于筹备工作务必要给予高度重视。具体而论，筹备开业仪式时，对于舆论宣传、来宾约请、场地布置、接待服务、礼品馈赠、程序拟定六个方面的工作，尤其需要事先认真安排。

(1) 舆论宣传。既然举办开业仪式的主旨在于塑造本单位的良好形象，那么就要对其进行必不可少的舆论宣传，以吸引社会各界的注意，争取社会公众对开业单位的认可或接受。为此要做的常规工作有：一是选择有效的大众传播媒介，进行集中性的广告宣传，宣传内容多包括开业仪式举行的日期、地点，顾客优惠，开业单位的经营特色，等等。二是邀请有关的新闻界人士在开业仪式举行之时到场进行采访、报道，以便对本单位进行进一步的正面宣传。

（2）来宾约请。开业仪式影响的大小，实际上往往取决于来宾身份地位的高低及数量多少。在力所能及的条件下，要多邀请一些来宾参加开业仪式。地方领导、上级主管部门与地方职能管理部门的领导、合作单位与同行单位的领导、社会团体负责人、社会贤达、媒体人士，都是邀请时应予优先考虑的重点。为慎重起见，用以邀请来宾的请柬应认真书写，并应装入精美的信封中，由专人提前送达对方手中，以便对方早作安排。

（3）场地布置。开业仪式多在开业现场举行，其场地可以是正门之外的广场，也可以是正门之内的大厅。按惯例，举行开业仪式时宾主一律站立，故一般不布置主席台或座椅。为显示隆重与敬客，可在来宾尤其是贵宾站立之处铺设红色地毯，并在场地四周悬挂横幅、标语、气球、彩带、宫灯等装饰。此外，还应当在醒目之处摆放来宾赠送的花篮、牌匾。来宾的签到簿、本单位的宣传材料、待客的饮料等，亦需提前备好。对于音响、照明设备，以及开业仪式举行之时所需使用的用具、设备，必须事先认真进行检查、调试，以防在使用时出现差错。

（4）接待服务。在举行开业仪式的现场，一定要有专人负责来宾的接待服务工作。除了要教育本单位的全体员工在来宾的面前，人人都要以主人翁的身份热情待客、有求必应之外，更重要的是分工合作、各尽其职。在接待贵宾时，需由本单位主要负责人亲自出面；在接待其他来宾时，则可由本单位的礼仪小姐负责。另外，还需为来宾准备好专用的停车场、休息室，并应为其安排饮食。

（5）礼品馈赠。举行开业仪式时赠予来宾的礼品，一般属于宣传性传播媒介的范畴之内。若选择得当，必定会产生良好的效果。根据常规，向来宾赠送的礼品应具有三大特征：一是宣传性：可选用本单位的产品，也可在礼品及其包装上印有本单位的企业标志、广告用语、产品图案、开业日期等。二是荣誉性：要使之具有一定的纪念意义，并使拥有者对其珍惜、重视，为之感到光荣和自豪。三是独特性：它应当与众不同，具有本单位的鲜明特色，使人一目了然，可以令人过目不忘。

（6）程序拟定。从总体上来看，开业仪式大都由开场、过程、结局三个基本程序构成。开场包括奏乐，邀请来宾就位，宣布仪式正式开始，介绍主要来宾。过程是开业仪式的核心内容，它通常包括本单位负责人讲话，来宾代表致辞，启动某项开业标志，等等。结局则包括开业仪式结束后，宾主一同进行现场参观、联欢、座谈等。它是开业仪式必不可少的尾声。为使开业仪式顺利进行，在筹备之时，必须要认真草拟出程序，并选定称职的仪式主持人。

2. 开业仪式的运作

站在仪式礼仪的角度来看，开业仪式其实只不过是一个统称。在不同的适用场合，它往往会采用其他一些名称。例如，开幕仪式、开工仪式、奠基仪式、破土仪式、竣工仪式、下水仪式、通车仪式、通航仪式，等等。它们的共性，都是要以热烈而隆重的仪式，来为本单位的发展创造一个良好的开端。它们的个性，则表现在仪式的具体运作上存在着不少的差异，需要有所区别，这里不过多讲述。

5.2.2 剪彩

剪彩仪式指的是商界的有关单位，为了庆贺公司的成立、生产线的开工、宾馆的落成、商店的开张、银行的开业、大型建筑物的启用、道路或航线的开通、展销会或展览会的开幕等，而隆重举行的一项礼仪性程序。因其主要活动内容是约请专人使用剪刀剪断被称为“彩”的红色缎带,故此被人们称为“剪彩”。

一般情况下,在各式各样的开业仪式上,剪彩都是一项极其重要的、不可或缺的程序。尽管它往往也可以被单独地分离出来,独立成项,但是在更多的时候,它是附属于开业仪式的,这是剪彩仪式的重要特征之一。

剪彩仪式上有众多的惯例、规则必须遵守,其具体程序也有一定的要求。剪彩礼仪就是对此制定的基本规范。从操作角度来进行探讨,目前所通行的剪彩礼仪主要包括剪彩的准备、剪彩的人员、剪彩的程序、剪彩的做法四个方面的内容。

1. 剪彩准备必须一丝不苟

剪彩准备涉及场地的布置、环境的卫生、灯光与音响的准备、媒体的邀请、人员的培训,等等。在准备这些方面时,必须认真细致,精益求精。除此之外,尤其对剪彩仪式上所需使用的某些特殊用具,诸如红色缎带、新剪刀、白色薄纱手套、托盘及红色地毯,要仔细地进行选择与准备。

红色缎带,亦即剪彩仪式之中的“彩”。作为主角,它自然受万众瞩目。按照传统做法,它应当由一整匹未曾使用过的红色绸缎,在中间结成数朵花团而成。一般来说,红色缎带上所结的花团,不仅要生动、硕大、醒目,而且其具体数目往往取决于现场剪彩者的人数。

新剪刀是专供剪彩者在剪彩仪式上正式剪彩时所使用的。每位现场剪彩者必须人手一把,而且必须崭新、锋利而顺手。

白色薄纱手套也是专为剪彩者所准备的。在正式的剪彩仪式上,剪彩者剪彩时最好每人戴上一副白色薄纱手套,以示郑重。在准备白色薄纱手套时,除了要确保其数量充足之外,还需使之大小适度、崭新平整、洁白无瑕。有时也可不准备白色薄纱手套。

托盘在剪彩仪式上是托在礼仪小姐手中,用来盛放红色缎带、剪刀、白色薄纱手套的。在剪彩仪式上所使用的托盘,最好是崭新的、洁净的。它通常首选银色的不锈钢制品。

红色地毯主要铺设在剪彩者正式剪彩时所站立之处。其长度可视剪彩人数的多寡而定,宽度则不少于一米。在剪彩现场铺设红色地毯,主要是为了提升档次,并营造一种喜庆的气氛。有时,也可不铺设。

2. 剪彩人员必须审慎选定

在剪彩仪式上最为活跃的当然是人而不是物。因此,对剪彩人员必须认真进行选择,并于事先进行必要的培训。除主持人之外,剪彩人员主要是由剪彩者与助剪者两部分人员构成。

剪彩者,即在剪彩仪式上持剪刀剪彩之人。根据惯例,剪彩者可以是一个人,也可以是几个人,但是一般不应多于五人。通常,剪彩者多由上级领导、合作伙伴、社会名流、员工代表或客户代表担任。必要时,可在剪彩仪式举行前,将剪彩者集中在一起,告知有关注意事项,并稍事训练。按照常规,剪彩者应着套装、套裙或制服,将头发梳理整齐,不允许戴帽子和戴墨镜,也不允许穿着便装。

助剪者,指的是剪彩者剪彩的一系列过程中从旁为其提供帮助的人员。一般而言,助剪者多由东道主一方的女职员担任。现在人们对她们的常规称呼是礼仪小姐。

具体而言,在剪彩仪式上服务的礼仪小姐,又可以分为迎宾者、引导者、服务者、拉彩者、捧花者和托盘者。迎宾者的任务是在活动现场负责迎来送往。引导者的任务是负责带领剪彩者登台或退场。服务者的任务是为来宾尤其是剪彩者提供饮料，安排休息之处。拉彩者的任务是在剪彩时展开、拉直红色缎带。捧花者的任务是在剪彩时手托花团。托盘者的任务则是为剪彩者提供剪刀、手套等剪彩用品。

3. 剪彩的程序必须有条不紊

在正常情况下，剪彩仪式应在行将启用的建筑、工程或者展销会、博览会的现场举行。正门外的广场、正门内的大厅都是可予优先考虑的。活动现场可略作装饰。在剪彩之处悬挂写有剪彩仪式具体名称的大型横幅，更是必不可少的。

一般来说，剪彩仪式宜紧凑，忌拖沓，耗时愈短愈好。短则一刻钟，长也至多不超过一个小时。

按照惯例，剪彩既可以是开业仪式中的一项具体程序，也可以独立出来，由其自身的一系列程序所组成。独立的剪彩仪式通常应包含六项基本程序：请来宾就位，宣布仪式正式开始，奏国歌，发言，进行剪彩，进行参观。

4. 剪彩的做法必须标准无误

进行正式剪彩时，剪彩者与助剪者的具体做法必须合乎规范，否则就会使其效果大受影响。当主持人宣告进行剪彩之后，礼仪小姐即应率先登场。在上场时，礼仪小姐应排成一行行进。从两侧同时登台，或是从右侧登台均可。登台之后，拉彩者与捧花者应当站成一行，拉彩者处于两端拉直红色缎带，捧花者各自双手手捧一朵花团。托盘者需站立在拉彩者与捧花者身后一米左右，并且自成一行。

在剪彩者登台时，引导者应在其左前方进行引导，使之各就各位。剪彩者登台时，宜从右侧出场。当剪彩者均已到达既定位置之后，托盘者应前行一步，到达前者的右后侧，以便为其递上剪刀、手套。

剪彩者若不止一人，则其登台时亦应列成一行，并且使主剪者行进在前。在主持人向全体到场者介绍剪彩者时，主剪者应面带微笑向大家欠身或点头致意。

5.2.3 交接

在商务交往之中，商务伙伴之间合作的成功，是值得有关各方庆幸与庆贺的一桩大事。实事求是地说，在激烈的竞争环境之中、泾渭分明的利益关系之下以及变幻叵测的商界风云之内，商务伙伴之间的合作的确来之不易，因此，它备受有关各方的高度重视。交接仪式就是在商务往来中通常用以庆贺商务伙伴彼此之间合作成功的一种常见的活动形式。

交接仪式，在商界一般是指施工单位依照合同将已经建设、安装完成的工程项目或大型设备，例如厂房、商厦、宾馆、办公楼、机场、码头、车站、飞机、轮船、火车、机械、物资等，经验收合格后正式移交给使用单位之时，所专门举行的庆祝典礼。

举行交接仪式的重要意义在于，它既是商务伙伴们对于所进行过的成功合作的庆贺，是对给予过自己关怀、支持、帮助和理解的社会各界的答谢，又是接收单位与施工、安装单位巧妙地利用时机，为双方各自提高知名度和美誉度而进行的一种公共宣传活动。

交接的礼仪一般是指在举行交接仪式时所需遵守的有关规范。通常，它具体包括交接仪式的准备、交接仪式的程序、交接仪式上的表现三个方面的主要内容。以下就分别对其加以介绍。

1. 交接仪式的准备

准备工作主要关注三件事:来宾的邀约、现场的布置及物品的预备。

(1) 来宾的邀请,一般由交接仪式的东道主——施工、安装单位负责。在具体拟定来宾名单时,施工、安装单位亦应主动征求自己的合作伙伴——接收单位的意见。接收单位对于施工、安装单位所草拟的名单不宜过于挑剔,不过可以酌情提出自己的一些合理建议。

原则上讲,交接仪式的出席人员应当包括施工、安装单位的有关人员,接收单位的有关人员,上级主管部门的有关人员,当地政府的有关人员,行业组织、社会团体的有关人员,各界知名人士,新闻界人士,以及协作单位的有关人员,等等。

(2) 现场的布置。在对现场进行选择时,通常应根据交接仪式的重要程度、出席仪式的具体人数、交接仪式的具体程序与内容,以及是否要求对其进行保密等几个方面的因素而定。根据常规,一般可将交接仪式的地点安排在已经建设、安装完成并已验收合格的工程项目或大型设备所在地的现场。有时,亦可将其酌情安排在东道主单位本部的会议厅,或者由施工、安装单位与接收单位双方共同认可的其他场所。

(3) 物品的预备。在交接仪式上,有很多需要使用的物品,应由东道主一方提前进行准备。首先,是作为交接象征的有关物品,主要包括验收文件、一览表、钥匙,等等。验收文件,此处是指经过公证的由交接双方正式签署的接收证明性文件。一览表是指交付给接收单位的全部物资、设备或其他物品的名称、数量明细表。钥匙则是指用来开启被交接的建筑物或机械设备用的钥匙。在一般情况下,因其具有象征性意义,故预备一把即可。除此之外,主办交接仪式的单位,还需为交接仪式的现场准备一些用以烘托喜庆气氛的物品,并为来宾略备一份薄礼。

在举行交接仪式的现场四周,尤其是在正门入口处、干道两侧、交接物四周,可酌情悬挂一定数量的彩带、彩旗、彩球等,并放置一些色泽艳丽、花朵硕大的盆栽,用以美化环境。

在交接仪式上赠送给来宾的礼品,应突出其纪念性、宣传性。被交接的工程项目、大型设备的微缩模型,或以其为主角的画册、明信片、纪念章、领带针、钥匙扣等,都是比较合适的。

2. 交接仪式的程序

交接仪式的程序,具体是指交接仪式进行的各个步骤。不同内容的交接仪式,其具体程序往往各有不同。主办单位在拟定交接仪式的具体程序时,必须注意两个方面的重要问题:其一,必须在大的方面参照惯例执行,尽量不要标新立异,独树一帜。其二,必须实事求是、量力而行,在具体的细节方面不必事事贪大求全。从总体上来讲,几乎所有的交接仪式都少不了下述五项基本程序:

(1) 主持人宣布交接仪式正式开始。此刻,全体与会者应当进行较长时间的鼓掌,以热烈的掌声来表达对于东道主的祝贺。在宣布之前,主持人应邀请各方有关人士在主席台就座,并以适当方式暗示全体人员保持安静。

(2) 奏国歌,并演奏东道主单位的标志性歌曲。全体与会者必须肃立。该项程序有时也可略去。不过若能安排这一程序,往往会使交接仪式显得更为庄严而隆重。

(3) 由施工、安装单位与接收单位正式进行有关工程项目或大型设备的交接。

(4) 各方代表发言。按惯例,在交接仪式上,需由有关各方的代表进行发言。

(5) 宣告交接仪式正式结束。随后安排全体来宾进行参观或观看文娱表演。此时此刻,全体与会者应再次进行较长时间的热烈鼓掌。

按照仪式礼仪的总体要求,交接仪式同其他仪式一样,耗费的时间上也是宜短不宜长的。在正常情况下,每一次交接仪式从头至尾所用的时间,大体上不应当超过一个小时。为了做到这一点,交接仪式在具体程序上就要讲究少而精。正因如此,一些原本应当列入正式程序的内容,例如参观、观看文娱表演等,均被视为正式仪式结束之后所进行的辅助性活动而另行安排。

如果方便的话,正式仪式一旦结束,东道主与接收单位即应邀请各方来宾一道参观有关的工程项目或大型设备。东道主一方应为此专门安排好富有经验的陪同、解说人员,使各方来宾通过现场参观,可以进一步地深化对有关工程项目或大型设备的认识。

在仪式结束后,若不安排参观活动,还可为来宾安排一场综艺类的文娱表演来助兴。表演者可以是东道主单位的员工,也可以邀请专业人士。表演的主要内容则应为轻松、欢快、娱乐性强的节目。

3. 交接仪式上的表现

在参加交接仪式时,不论是东道主一方还是来宾一方,都存在一个表现是否得体的问题。假如有人在仪式上表现失当,往往就会使仪式效果不佳,甚至还会因此而影响到有关各方的相互关系。

对东道主一方而言,需要注意的主要问题有:一是要注意仪表整洁,二是要注意保持风度,三是要注意待人友好。对于来宾一方而言,在应邀出席交接仪式时,主要应当重视四个方面:应当致以祝贺,应当略备贺礼,应当预备贺辞,应当准时到场。

5.2.4 庆典

庆典,是各种庆祝仪式的统称。在商务活动中,商务人员参加庆典的机会是很多的,既有可能奉命为本单位组织一次庆典,也有可能应邀去出席外单位的一次庆典。

对商界人士来讲,组织庆典与参加庆典时,往往会有多方面的不同要求。庆典的礼仪,即有关庆典的礼仪规范,就是由组织庆典的礼仪与参加庆典的礼仪两部分组成。

组织筹备一次庆典,先要对它作出一个总体计划。完成这一任务需要记住两大要点:其一,要体现出庆典的特色;其二,要安排好庆典的具体内容。

站在组织者的角度,庆典的内容安排至少要注意出席人员名单的确定、来宾的接待、现场的布置及庆典的程序四大问题。

1. 确定出席人员名单

庆典的出席者不应当滥竽充数,或是让对方勉为其难。确定出席者名单时,应当始终以庆典的宗旨为指导思想。一般来说,庆典的出席者通常应包括上级领导、社会名流、大众传媒、合作伙伴、社区关系和单位员工。以上人员的具体名单一旦确定,就应尽早发出邀请或通知。鉴于庆典的出席人员较多,牵涉面较广,所以不是万不得已,均不许将庆典取消、改期或延期。

2. 来宾的接待

与一般商务交往中来宾的接待相比,对出席庆祝仪式的来宾的接待,更应突出礼仪性的特点。不但应当热心细致地照顾好全体来宾，而且还应当通过主办方的接待工作，使来宾感受到主人真挚的敬意，心情舒畅。

在庆典的筹备组之内，应根据具体需要，下设若干专项小组，在公关、礼宾、财务、会务等各方面“分兵把守”，各管一段。其中负责礼宾工作的接待小组大都是必不可少的。

庆典的接待小组，原则上应由年轻、精干、身材与形象较好、口头表达能力和应变能力较高的男女青年组成。接待小组成员的具体工作有以下几项：一是来宾的迎送，即在庆典现场迎接或送别来宾；二是来宾的引导，即由专人负责为来宾带路，将其送到既定地点；三是来宾的陪同，对于某些年事已高或非常重要的来宾，应安排专人陪同始终，以便服务与照顾；四是来宾的招待，即指派专人为来宾送饮料、点心以及提供其他方面的服务。

3. 现场的布置

仪式现场是庆典活动的中心地点。对它的安排、布置是否恰如其分，往往会直接关系到庆典留给全体出席者的印象。依据仪式礼仪的有关规范，商务人员在布置庆典现场时，需要注意的主要问题有：

(1) 地点的选择。在选择具体地点时，应结合庆典的规模、影响力及本单位的实际情况来决定。本单位的礼堂、会议厅、内部或门前的广场及外借的大厅等，均可作为备选。

(2) 环境的美化。避免铺张浪费，应当量力而行地美化庆典举行现场的环境。为了烘托出热烈、隆重、喜庆的气氛，可在现场悬挂彩灯、彩带，张贴一些宣传标语，以及标明庆典具体内容的大型横幅等。

(3) 场地的大小。仪式现场并非愈大愈好。从理论上说，现场的大小应与出席者人数多少成正比，与出席者人数的多少相适应。

(4) 音响的准备。在举行庆典之前，务必要把音响准备好。尤其是供来宾们讲话时使用的麦克风和传声设备，关键时刻绝不允许设备临阵“罢工”，让主持人手忙脚乱。并且，在庆典前后，播放一些喜庆、欢快的乐曲，只要不抢占“主角”的位置，通常是可以的。

4. 庆典的程序

仪式礼仪规定，拟定庆典的程序时，有两条原则必须坚持：第一，时间宜短不宜长；第二，程序宜少不宜多。一次庆典大致上应包括下述几项程序：

(1) 请来宾就座，保持会场安静，介绍嘉宾。

(2) 宣布庆典正式开始，全体起立，奏国歌，唱本单位之歌。

(3) 本单位主要负责人致辞。其内容是对来宾表示感谢，介绍此次庆典的缘由，等等，其重点应是报捷及庆典的可“庆”之处。

(4) 邀请嘉宾讲话。大体上讲，出席此次的上级主要领导、协作单位及社区关系单位，均应有代表讲话或致贺辞。不过应当提前约定好，不要当场推来推去。对外来的贺电、贺信等，可不必一一宣读，但署名单位或个人应当众公布。在公布时，可依照“先来后到”的顺序，或按照其具体名称的汉字笔画的多少进行排列。

(5) 安排文艺演出。这项程序可有可无，如果准备安排，应当慎选内容，注意不要有悖于庆典的主旨。

5.2.5 签约

在公务交往活动中，双方经过洽谈、讨论，就某项重大问题的意见、重要交易或合作项目达成了一致，就需要把谈判成果和共识用准确、规范、符合法律要求的格式和文字记载下来，经双方签字盖章形成具有法律约束力的文件。围绕这一过程，一般都要举行签约仪式。签约仪式中的礼仪应注意以下方面的内容。

1. 签约仪式的准备

签约仪式是由双方正式代表在有关协议或合同上签字并产生法律效力，体现双方诚意和共祝合作成功的庄严而隆重的仪式。因此，主办方要做好充分的准备工作。

（1）确定参加仪式的人员。应根据签约文件的性质和内容，安排参加签约仪式的人员。参加签约仪式的人员有的涉及国家部委，有的涉及地方政府，也有的涉及其他国家，因此要作相应安排，原则上是强调对等。人员数量上也应大体相当。一般来说，双方参加洽谈的人员均应在场。客方应提前与主办方协商自己出席签约仪式的人员，以便主办方作相应安排。具体签字人在地位和级别上也应要求对等。

（2）准备好协议文本。签约之“约”事关重大，一旦签订即具有法律效力。所以，待签文本应由双方与相关部门指定专人，分工合作完成文本的定稿、翻译、校对、印刷、装订等工作。除了核对谈判内容与文本的一致性以外，还要核对各种批件、附件、证明等是否完整准确、真实有效，以及译本副本是否与样本正本相符。如有争议或不当处理，应在签约仪式前，通过再次谈判以达到双方谅解和满意方可确定。作为主办方，应为文本的准备过程提供周到的服务和方便的条件。

（3）落实签约仪式的场所。举行仪式的场所，应视出席签约仪式人员的身份和级别、出席人员的多少和所签文件的重要程度等诸多因素来确定。著名宾馆、饭店及政府会议室、会客厅都可以备选。既可以大张旗鼓地宣传，邀请媒体参加，也可以选择僻静场所进行。无论怎样都应是双方协商的结果，任何一方自行决定后再通知另一方，都属失礼的行为。

（4）签约仪式现场的布置。现场布置的总原则是庄重、整洁、清静。我国常见的布置为：在签约现场的厅（室）内，设一加长型条桌，桌面上覆盖着深冷色台布（应考虑双方的颜色禁忌），桌后只放两张椅子，供双方签约人签字时用。礼仪规范为客方席位在右，主方席位在左。桌上放好双方待签的文本，上端分别置有签字用具（签字笔、吸墨器等）。如果是涉外签约，在签字桌的中间摆一国旗架，分别挂上双方国旗，注意不要放错方向。如果是国内地区、单位之间的签约，也可在签字桌的两端摆上写有地区、单位名称的席位牌。签字桌后应有一定空间供参加仪式的双方人员站立，背墙上方可挂上“××（项目）签字仪式”字样的条幅。签字桌的前方应开阔、敞亮，如邀请了媒体记者应留有空间，配好灯光。

2. 签约仪式的程序

签约仪式有一套严格的程序，大体由以下步骤构成：

（1）参加签约仪式的双方代表及特约嘉宾按时步入签字仪式现场。

（2）签约者在签约台前入座，其他人员分主、客各站一边，按其身份自里向外依次由高到低，列队于各自签约者的座位之后。

（3）双方助签人员分别站立在自己签约者的外侧。

（4）签约仪式开始后，助签人员翻开文本，指明具体的签字处，由签字人签上自己的姓名，并由助签人员将己方签了字的文本递交给对方助签人员，交换对方的文本再签字。

（5）双方保存的协议文本都签好字以后，由双方的签字人自己郑重地相互交换文本，同时握手致意、祝贺，双方站立人员同时鼓掌。

(6) 协议文本交换后，服务人员用托盘端上香槟酒，双方签约人员举杯同庆，以增添合作愉快的气氛。

(7) 签约仪式结束后，双方可共同接受媒体采访。退场时，可安排客方人员先走，主方送客后再离开。

3. 签约仪式的礼仪

谈判不成当然无需签约，签约是洽谈结出的硕果。签约仪式上，双方气氛显得轻松和谐，也没有了洽谈时的警觉和自律，但签约仪式礼仪仍不可大意。

(1) 注意服饰整洁。参加签约仪式应穿正式服装，庄重大方，切不可随意。这反映了签约一方对签约的整体态度和对对方的尊重。

(2) 签约者的身份和职位双方应对等，过高或过低都会造成不必要的误会。其他人员在站立的位置和排序上也应有讲究，不可自以为是。在整个签约仪式完成之前，参加仪式的双方人员都应平和微笑着直立站好，不宜互相走动谈话。

(3) 签字应遵守"轮换制"的国际惯例。也就是，签字者应先在自己一方保存的文本左边首位处签字，然后再交换文本，在对方保存的文本上签字。这样可使双方都有一次机会在首位签字。在对方文本上签字后，应自己与对方签字者互换文本，而不是由助签者代办。

(4) 最后，双方举杯共饮香槟酒时，也不能大声喧哗叫喊。碰杯要轻，而后高举示意，浅抿一口即可，举止要文雅有风度。

5.3 商务谈判礼仪

商务谈判礼仪是指在商务谈判中参与谈判的各方通过某种媒介，针对谈判中的不同场合、对象、内容要求，借助语言、表情、动作等形式，向对方表示重视、尊敬，塑造自身的良好形象，进而达到建立和发展诚挚、友好、和谐的谈判关系的交往过程中所遵循的行为准则和交往规则。

5.3.1 谈判准备阶段的礼仪

谈判代表要有良好的综合素质，谈判前应整理好仪容仪表，穿着要整洁、正式、庄重。男士应刮净胡须，穿西服必须打领带。女士穿着不宜太性感，不宜穿细高跟鞋，应化淡妆。布置好谈判会场，采用长方形或椭圆形的谈判桌，门右手座位或对面座位为尊，应让给客方。

谈判双方的第一印象十分重要，言谈举止要尽可能创造出友好、轻松的谈判气氛。自我介绍时要自然大方，不可流露傲慢之意。被介绍到的人应起立一下微笑示意，可以礼貌地道"幸会""请多关照"之类。询问对方要客气，如"请教尊姓大名"等。如有名片，要双手接递。介绍完毕，可选择双方共同感兴趣的话题进行交谈。稍作寒暄，以沟通感情，创造和谐气氛。谈判之初的姿态动作也对营造谈判气氛起着重大作用，注视对方时，目光应停留于对方双眼至前额的三角区域正方，这样使对方感到被关注，觉得你诚恳严肃。握手时，手心冲上比冲下好。如需要打手势，手势应自然，不宜乱打，以免造成轻浮之感。切忌双臂在胸前交叉，显得十分傲慢无礼。

谈判之初的重要任务是摸清对方底细,因此要认真倾听对方讲话,细心观察对方的举止表情,并适当给予回应,这样既可了解对方意图,又可表现出尊重与礼貌。

5.3.2 谈判过程中的礼仪

这是谈判的实质性阶段,主要是报价、查询、磋商、解决矛盾、处理冷场。

报价要明确无误,恪守信用,不欺蒙对方。在谈判中,报价不能变幻不定,对方一旦接受价格,即不再更改。

如有事先准备好的有关问题要查询,应选择气氛和谐时提出,态度要开诚布公。切忌气氛比较冷淡或紧张时查询,言辞不可过激或追问不休,以免引起对方反感甚至恼怒。但对原则性问题应当力争不让。对方回答时不宜随意打断,回答完时要向解答者表示谢意。

磋商,即讨价还价,事关双方利益,容易因情急而失礼,因此更要注意保持风度,应心平气和,求大同,容许存小异。发言措辞应文明礼貌。

解决矛盾要就事论事,保持耐心、冷静,不可因发生矛盾就怒气冲冲,甚至进行人身攻击或侮辱对方。

处理冷场时主方要灵活处理,可以暂时转移话题,稍作松弛。如果确实已无话可说,则应当机立断,暂时中止谈判,稍事休息后再重新进行。主方要主动提出话题,不要让冷场持续时间过长。

5.3.3 签约阶段的礼仪

相关内容前文已有详细介绍。

5.4 礼俗与禁忌

5.4.1 亚洲主要国家的礼俗与禁忌

1. 日本

日本有“樱花之国”“造舱王国”“贸易之国”“钢铁王国”等美称,与中国一水之隔,许多风俗习惯都可以从中国找到根,日本人大都对中国文化表现出一种特有的尊重。那么与日本人交往,首先得学会日本人的基本礼仪,如互递名片、握手、打招呼等,如果能够把其礼仪模仿得惟妙惟肖,那么与日本人的会见就会显得轻松自如。

日本人办事显得慢条斯理。他们对自己的感情常加以掩饰,不易流露,不喜欢伤感的、对抗性的和针对性的言行,不喜欢急躁的风格。所以,没有耐性的人与日本人打交道,常常结果会是不欢而散。

“爱面子”是日本人的共性,情面是一个人荣誉的记录,又是自信的源泉,强烈地影响日本人的一切。一句有伤面子的言语,一个有碍荣誉的动作,都会使事情陷入僵局,“面子”是日本人最重视的东西。因此,与日本人相处,应时时记住给对方面子。

送礼,在日本更是习以为常,同事的荣升、结婚、生孩子、生日、过节等都会赠送礼物,这种礼仪既是历史的遗风,又被赋予了时代新意。送礼之习,在商务交往中同样风行。给日本客人送一件礼物，即使是小小的纪念品，他都会铭记心中，因为它不但表明你的诚意，而且也表明彼此之间的交往已超出了商务的界限，说明你对他的友情，重视了他的面子，他就没法忘记你的“恩情”。日本人不喜欢在礼品包装上系蝴蝶结，用红色的彩带包扎礼品象征身体健康。不要给日本人送有动物形象的礼品。

接受日本人的邀请，也有一定的讲究。例如应邀参加正式的宴会，应郑重其事，梳妆打扮，西装革履。但如果是参加郊游或其他的文娱、体育活动，即使是首次见面，也只需轻装打扮。

2. 新加坡

新加坡素有“华裔之国”之称，新加坡的华人主要来自广东、福建、上海和海南等地。

我们了解新加坡华人的性格特点，相对而言是比较容易的。海外华人的乡土意识极强，不少人这边有父母，那边有兄弟，心系两地，他们很乐意回祖国经商。同甘共苦、不畏强暴是他们代代相传的民族风格，但却很顾面子，正因为面子问题显得十分重要。所以，在商谈中，“面子”对谈判技巧起决定性的作用，常常到磋商重大的实质性问题时，也喜欢签守立据，似乎有一种让对手“口说无凭”的意思。但“面子”的另一方面，却是他们在合同签订以后，为了不齿于人，总是恪守信誉，认真履约，因而在国外商人的眼中，新加坡籍商人一向有勤奋、诚实、谦虚、可靠的美德。

新加坡人接待客人一般是请客人吃午饭或晚饭。和新加坡的印度人或马来人吃饭时，注意不要用左手。到新加坡人家里吃饭，可以带一束鲜花或一盒巧克力作为礼物。谈话时，避免谈论政治和宗教。可以谈谈旅行见闻，所去过的国家及新加坡的经济成就。

商务活动一般穿白衬衫，着长裤，打领带即可。访问政府办公厅仍应着西装、穿外套。新加坡大部分人为华侨或华裔，因此他们也很爱饮茶。农历新年，一盅清茶，佐以橄榄，称为“元宝茶”，寓意恭喜发财。应邀赴宴宜注意言行，给予对方稳重、可信赖的印象。

新加坡人非常讨厌男子留长发，对蓄胡须者也不喜欢。在一些公共场所，常常竖有一个标语牌：“长发男子不受欢迎”。新加坡对嬉皮士型留长发的男性管制相当严格，留着长发，穿着牛仔装，脚穿拖鞋的男士，可能会被禁止入境。

5.4.2 欧洲主要国家的礼俗与禁忌

1. 法国

日本著名经济学家笠信太朗曾经评论法国人为“边跑边想的人种”。法国人很珍惜人际关系，据说商业上也一样，在尚未交成朋友以前，是不会跟你做大宗生意的。

在法国从事商务活动宜穿保守式西装，访问公私单位，绝对要预约。在法国，礼节上要求把自己的身份列在名片上，客人在拜访并参加晚宴的前夕，总是喜欢送花给主人。

商谈时作出决定的速度较慢。在法国，要注意商务礼俗，法国人忌讳“13”，他们不住13号房间，不在13日这天外出旅行，不坐13号座位，更不准13个人共进晚餐。

法国人喜爱花，生活中离不开花，特别是探亲访友，应约赴会时，总要带上一束美丽的鲜花，人们在拜访或参加晚宴的前夕，总是送鲜花给主人。赏菊是我国人的一种雅兴，但法国人却不同，切记不要送菊花，因为在法国（或其他法语区）菊花代表哀伤，只有在葬礼上才送菊花。其他黄色的花，象征夫妻间的不忠贞，千万别送。另外，也忌摆菊花、牡丹及纸花。在法国,康乃馨被视为不祥的花朵,如果糊里糊涂地买一大把康乃馨送给法国人,碰到脾气大的,不挨揍才怪呢。法国是个盛产花卉的国家,法国人民将鸢尾科的鸢尾花作为自己民族的国花(欧洲人把鸢尾花叫做“百合花”)。法国人喜欢玫瑰,栽培有7 000多种,以玫瑰花表示爱情。

在法国,男人向女士赠送香水,有过份亲热和“不轨企图”之嫌。也别送刀、剑、刀叉、餐具之类,若送了,意味着双方会割断关系。送花通常要逢单数,但别逢不吉利的“13”。法国本土出产的奢侈品,如香槟酒、白兰地、香水、糖栗等,也是好礼品。在法国,一些有艺术性和美感的礼品,如唱片、画或一些书籍(传记、历史、评论及名人回忆录等)会很受欢迎。法国人除非关系比较融洽,一般不互相送礼。

2. 德国

德国人喝酒是世界有名的,他们有个规矩,吃饭时应先喝啤酒,再喝葡萄酒,要是反过来就认为是有损健康的。世界上喝酒最多的是欧洲人,而在欧洲人中又首推德国人。

德国商人的礼俗,首先要注意着装,宜穿着背心三件式西装。如访北部,戴帽子更佳。当地可快印英、德文对照名。上午10时前,下午4时后,不宜订约会。每周5天工作日,通常早晨9时至下午5时,中间有1小时午餐时间,一些商店星期六开业,银行周末都休息。8月份是多数工业企业的夏季休假时间。

交谈时尽量说德语,或者携同译员同往。商人多半会说一些英语,但使用德语会令对方高兴,尽量以握手为礼,但绝不要多。握手要用右手,伸手动作要大方。称呼对方多用“先生”“女士”等。如果对方身份高,需待他先伸手,再与之握手。德国商人不愿浪费时间,所以宜先熟悉问题,单刀直入。如果你应邀到德国人家中作客,通常宜带鲜花去,鲜花是送女主人的最好礼物,但必须要单数,5朵或7朵均可。

应邀到德国人家中作客,千万别带葡萄酒去。因为此举足以显示你认为主人对选酒品味不够好。威士忌酒可以作礼物。餐后,喝完咖啡如果桌上根本没有烟灰缸,那就忍着,别吸。德国人甚至从国家意识出发,视浪费为“罪恶”,讨厌凡事浪费的人,所以,一般人都没有奢侈的习惯,与德国人相处,务必遵守这个习惯,才能跟他们打成交道。

德国人的口味较重,偏油腻,主食以肉类为主。他们烹调肉食的方法,有红烧、煎、煮、清蒸,还有特制的汤等。

5.4.3 美洲主要国家的礼俗与禁忌

1. 美国

美国是世界第一经济大国,又是世界第一贸易大国。和美国人做生意,要注意美国的商务礼俗和社会习俗。美国人不像英国人那样总要衣冠楚楚,而是不大讲究穿戴。他们穿衣以宽大舒适为原则,自己爱穿什么就穿什么。

见面时要讲究服饰,注意整洁,穿着西装较好,特别是鞋要擦亮,手指甲要清洁。美国商人较少握手,即使是初次见面,也不一定非先握手不可,时常是点头微笑致意,礼貌地打招呼就行了。男士握女士的手要斯文,不可用力。如果女士不主动握手,男士不要主动伸手。握手时不能用双手。上下级之间,上级先伸手握手。长幼之间,长者先伸手握手。主宾之间,主人先伸手。男性之间最忌互相攀肩搭臂。美国人谈话时不喜欢双方离得太近,习惯两人的身体保持一定距离，一般应保持1.2～1.5米之间，最少也不得小于0.5米。

公私单位访问前，必须先订约会，最好在即将抵达时，先通电话告知。美国人热情好客，哪怕仅仅相识一分钟，你就有可能被邀请去看戏、吃饭或出外旅游。但一星期之后，这位“朋友”也很可能把你忘得一干二净。到美国人家去登门拜访，贸然登门是失礼的，必须事先约定。就是给亲朋好友送礼，如果他们事先不知道的话，也不要直接敲门，最好把礼物放在他家门口，然后再通知他自己去取。

应邀去美国人家中做客或参加宴会，最好给主人带上一些小礼品，如化妆品、儿童玩具、本国特产或烟酒之类。对家中的摆设，主人喜欢听赞赏的语言，而不愿听到询问价格的话。

准时守信，相当重要。美国商人喜欢表现自己的不正式、随和与幽默感。能经常说几句笑话的人，往往易为对方接受。美国商界流行早餐与午餐约会谈判。当你答应参加对方举办的宴会时，一定要准时赴宴，如果因特殊情况不能准时赴约，一定要打电话通知主人，并说明理由，或者告诉主人什么时间可以去。赴宴时，当女士步入客厅时，男士应该站起来，直到女士找到了位子才可坐下。

2. 加拿大

加拿大人性格开朗，不保守，重实惠，自由观念较强，行动上比较随便，不太注重礼节。但他们在生活起居方面比较讲究，住房要求整洁、舒适，卫生设备齐全。在生活习俗上受宗教的影响也较大。他们通常都很忌讳“13”这个数。在他们举行的宴会上，一般都是双数的席次。他们喜欢过圣诞节。节日中，火鸡和丁香是他们不可缺少的菜肴，节日活动的内容则与欧洲其他国家相似。

在加拿大做生意时，应该因人种而变换方式，否则就要吃亏。例如，和英国后裔商谈时，从进入商谈到决定价格这段时间，是很艰苦的。一会儿，卡死在这个问题上，一会儿又卡死在那个问题上，商谈很费时间。但是，一旦签订了契约，就稳如泰山了，这一点是可以放心的。法国后裔则恰恰相反，他们非常和蔼可亲，容易接近，对客人很亲切，犹如款待远道而来的客人，无微不至。但是，一旦坐下来，正式进行商谈时，就判若两人，讲话慢吞吞的，难以捉摸。所以，要谈出一个结果来是很费劲的。因此，签订了契约之后，也仍旧会感不安。

按照加拿大商务礼俗，着装宜穿保守式样西装。一般而言，加拿大商人颇保守，你的访问宜在上班时间以正式方式提出，加拿大人不像美国人那样随便，大部分招待会在饭店和俱乐部举行。如果应邀去加拿大人家里做客，可以事先送去或随身携带上一束鲜花给女主人，但不要送白色的百合花，在加拿大，白色的百合花只有在葬礼上才用。

5.4.4 大洋洲国家的礼俗与禁忌

1. 澳大利亚

澳大利亚人社交习俗总的特点有几点：澳大利亚人多是英后裔，因此习俗嗜好受此影响，类似英国人。性格内向，喜欢随便，开朗大方不拘泥。私事由自己安排，忌讳他人干预。澳大利亚人特别重视人与人之间的平等，讲究礼尚往来要互不歧视。他们认为谁也不比别人优越，谁也不能藐视别人，人们只有分工的不同，都是相互服务的，不应存在高低贵贱之分，理应相互尊重，强调友谊。

澳大利亚人还有几个特殊的礼貌习俗。一是他们乘出租车时,总习惯与司机并排而坐,即使他们是夫妇同时乘车,通常也要由丈夫在前面,妻子独自坐后排。他们认为这样才是对司机的尊重,否则会被认为失礼。他们时间观念非常强,对约会是非常讲究信义的,有准时赴约的良好习惯。二是凡见有来客便敲锣迎接,假如客人久久不走,他们也会以锣声逐客。三是澳大利亚土著人还有一种嚼骨告别的礼俗。每当亲朋好友之间彼此告别,即要在口中放一根骨头,并用牙齿使劲地咬嚼它,使它发出“格格”的声音,人们以此来表示互相珍重,盼望重逢。

澳大利亚人在饮食上不吃辣味,个别人也不吃酸味。伊斯兰教徒恪守教规,禁食猪肉和使用猪制品。澳大利亚生活及饮食习惯基本与英国人相似,但他们对鱼类的菜肴显得比英国人更爱吃,对中餐他们倍加喜爱。在餐具使用上,一般都以刀叉取食用餐。

2. 新西兰

新西兰人社交习俗总的特点可以用这样几句话来概括:四面临海新西兰,土著民族史久远;会客礼节极特殊,碰鼻为礼表情感;国民多为英后裔,性格习俗随祖传;坦诚直率无拘束,生活乐趣颇广泛;待人盛情重礼貌,态度真挚讲和善。

新西兰热情好客,有尊敬长辈的传统。新西兰毛利人能歌善舞。男子跳舞时还用丰富的面部表情(吐舌头、瞪眼睛、做鬼脸等)来表达自己的心情;女性多头戴花环,腰系蒲草裙,用手的姿势及抖动身体来抒发自己的感情。他们对初次来访的尊贵客人盛情款待,主人要集合全部落的人,并用具有浓郁民族色彩的歌舞来欢迎宾客到来。在这时候,客人要在手持刀剑的武士面前,拾起一块事先放置好的木块交给头人,以表示真诚的友谊。他们把水视为纯洁神圣之物,重要集会上都要举行泼水仪式,向参加者的身上洒清水,以此来互相祝福。他们以用“烧石烧饭”(将灶内鹅卵石烧红后,泼上一瓢冷水,再把盛有食物的铁丝筐放进灶里,先盖湿土,最后用稀泥糊严,经过数小时,饭即成熟)招待客人为最高礼仪。

新西兰喜欢与客人谈论有关国内外政治、天气和体育等话题。他们对狗怀有特殊的感情,视狗为“终生的伴侣”“牧羊的卫士”。他们历来珍爱几维鸟,把几维鸟看成是民族的象征,并喻其为国鸟。他们偏爱银蕨,视其为国家的象征。

新西兰人在社交场合与客人相见时,一般惯用握手施礼,和妇女相见时,要等对方伸出手再施握手礼。他们也施鞠躬礼,不过鞠躬方式独具一格,要抬头挺胸地鞠躬。新西兰的毛利人会见客人的最高礼节是施“碰鼻礼”,碰鼻子的次数越多,时间越长,礼就越重。

新西兰不流行给小费,小费往往会遭到谢绝。在建立起一种较为轻松随和的气氛之前,应恪守礼仪。见面或告别时握手为礼。预先约会是可取的,客人应争取略早一点到达。来访者通常邀请客户在旅馆或饭店里共进午餐。业务上的会见安排在主人的办公室里。你若应邀去新西兰人家里吃饭,宜带巧克力或葡萄酒之类不显眼的礼物,但不是非带不可的。

5.4.5 阿拉伯国家的礼俗与禁忌

1. 以色列

以色列为犹太人国家,疆域虽小,但经济发达。以色列没有多少自然资源,主要资源是人。以色列政府深知这一点,一向把大笔资金投到教育、科研和发展中去,以此作为国策。

以色列执行上述政策已结出累累硕果，目前已在农业技术、电信、医疗设备、环境保护技术、电脑软件、安全系统、生物技术等科技领域已确立了领先地位。以色列的公司均属中等规模，经营灵活，能使产品系统很快适应中国的市场。中国公司与以色列公司做生意时，需注意以下一些事项：

(1) 与以色列公司通信(传真或信函)请使用英语。

(2) 以色列公司希望外国合作伙伴迅速答复信函。如果一星期以后才能答复，请先用传真通知他们。

(3) 在向以色列公司作自我介绍时，请集中介绍主要业务。如果业务跨越许多互不相关的部门，会给人留下不郑重的印象。在介绍情况时最好附上产品目录(英语目录)。

(4) 以色列公司视商务合同为合作的基础。合同一经双方同意并签署，任何一方不得随意违反或更改。

2. 沙特阿拉伯

沙特阿拉伯以丰富的石油资源闻名世界，有“石油王国”“沙漠超级富国”之称。

沙特阿拉伯人打招呼的礼仪很讲究，见面时首先互相问候，说：“撒拉姆，阿拉库姆”(你好)，然后握手并说“凯伊夫，哈拉克”(身体好)。有的沙特人会伸出左手放在你的右肩上并吻你的双颊。

按照沙特人的商务礼俗，冬日宜穿保守式样的西装。会见需先预约，但像其他阿拉伯国家一样，会见松散不守时。因此，即使是约定的时间去拜会，最好仍需在日程上留一点余地。对方晚到 15 ~ 30 分钟是常有的事。依公司类别而定，上班时间千差万别，夜间上班的公司也很多。在洽谈业务时，沙特人员常被来往人员打断。阿拉伯人认为这是“家庭”的延伸，不认为是失礼。遇到这种情况，一是耐心等待，二是预约到外面单独洽谈，如咖啡店。

阿拉伯人热情好客，应邀去主人家作客时可以带些小礼品，如糖果、工艺品等。禁酒最为严格，别送酒类礼品。不能单独给女主人送礼，也别送什么东西给已婚女子。忌送妇女图片及妇女形象的雕塑品。骑马打猎用品在沙特阿拉伯很有用场。与阿拉伯人初次见面就送礼，可能会被认为是行贿，切勿把用旧的东西送给他们。

沙特人不相信谈判代表，总要求与制造商直接谈判。法律限定该国商业必须由本国商人经营。沙特商人总是身兼进出口、零售商兼营多种商品的进出口，且善于讨价还价，谈生意需要细心和耐心。

在沙特，无酒、无电影、无夜总会，市面虽有香烟出售，但当地没有抽烟的习惯，更不能在公共场合、街上及主人宴会上抽烟。到主人家时要脱鞋，除非主人提出不需要。不要随便进入清真寺，入寺必先脱鞋。忌讳用鞋底、后跟面对人，忌用脚踩桌椅板凳，因为这被认为是污辱人的表示。

【本章习题】

1. 在新闻发布会上，讲话要注意哪些要点？
2. 签约仪式要做好哪些准备？
3. 试概述商务谈判礼仪的原则和方针。

【扩展学习】

一家外国电信公司在泰国曼谷设立分公司选址时,看中了一处房价适中、交通方便且游人众多的地方,而这栋楼的对面树着一尊并不十分高大的,但又十分显眼的如来佛像,有关心者警告公司经理说,贵公司在此开业,生意会很糟糕的。但公司经理非常自信,不以为然,因为公司在中东地区开设的几家分公司,业务开展都很红火。所以,公司没听劝阻,就在这里如期开业了。

几年来,这家公司果然生意冷淡,公司经理终于面对现实,不得不挪动了公司地址,生意才明显好转起来。经理本人始终对此大惑不解,到处打听原因,得到的解释是,业务不景气的根源在于公司的大楼高度超过对面的佛像两层,也就是说,公司的位置在如来佛像之上,这在一个信仰佛教的国家,是严重犯忌的。电信公司没有尊重当地人对佛像的信仰和敬畏,当地人自然产生不快甚至愤怒,当然不愿意与这家公司往来生意了。

思考题

从此案例中,我们可以得到哪些启示?

第6章 商务谈判概述

【学习要点】

1. 掌握谈判和商务谈判的含义、特点
2. 理解谈判的理论、基本原则、主要类型
3. 熟悉谈判的分类、程序

【导入案例】

一位有经验的谈判专家替他的委托人与保险公司的业务员商谈理赔事宜。对于保险公司能赔多少,专家心里也没底,于是,专家决定少说话,多观察,不露声色。保险公司的理赔员说:"先生,这种情况按惯例,我们只能赔偿100美元,怎么样?"专家表情严肃,根本不说话。沉默了一会儿,理赔员又说:"要不再加100如何?"专家又是沉默,良久以后说:"抱歉,无法接受。"理赔员继续说:"好吧,那就再加100。"专家还是不说话,继而摇摇头。理赔员显得有些慌了:"那就400吧?"专家还是不说话,但明显是不满意的样子。就这样专家重复着他的沉默,理赔员不断加码他的赔款,最后谈判结果是以保险公司赔偿950美元而告终,而他的委托人原本只希望要300美元。谈判专家的高明之处就在于其不断地探知未知数,在合适的时机表明态度,从而为雇主争取到了最大的利益。

6.1 谈判与商务谈判

6.1.1 谈判的含义

要给谈判下一个准确的定义,并不是件容易的事情,因为谈判的内容极其广泛,人们很难用一两句话准确、充分地表达谈判的全部内涵。本章试图从谈判的形式、内容和特征等方面入手,对谈判的内涵进行分析,描绘出谈判比较清晰的轮廓,以便把握谈判的基本概念。

谈判总是以某种利益的满足为目标,是建立在人们需要的基础上的,这是人们进行谈判的动机,也是谈判产生的原因。克林顿的首席谈判顾问杰勒德·尼伦伯格指出,当人们想交换意见、改变关系或寻求同意时,人们开始谈判。这里,交换意见、改变关系、寻求同意都是人们的需要。这些需要来自于人们想满足自己的某种利益,这些利益包含的内容非常广泛:有物质的、精神的,有组织的、个人的,等等。当需要无法仅仅通过自身而需要他人的合作才

能满足时，就要借助于谈判的方式来实现，而且，需要越强烈，谈判的要求越迫切。

谈判是两方以上的交际活动，只有一方则无法进行谈判活动。而且只有参与谈判的各方的需要有可能通过对方的行为而得到满足时，才会产生谈判。比如，商品交换中买方与卖方的谈判，只有买方或者只有卖方时不可能进行谈判；当卖方不能提供买方需要的产品时，或者买方完全没有可能购买卖方想出售的产品时，也不会有双方的谈判。至少有两方参与是进行谈判的先决条件。

谈判是寻求建立或改善人们社会关系的行为。人们的一切活动都是以一定的社会关系为条件的。就拿商品交换活动来讲，从形式上看是买方与卖方的商品交换行为，但实质上是人与人之间的关系，是商品所有者和货币持有者之间的关系。买卖行为之所以能发生，有赖于买方或卖方新的关系的建立。谈判的目的是满足某种利益，要实现所追求的利益，就需要建立新的社会关系或巩固已有的社会关系，而这种关系的建立和巩固是通过谈判实现的。但是，并非所有的谈判都能起到积极的社会效果，失败的谈判可能会破坏良好的社会关系，这可能会激起人们改善社会关系的愿望，产生又一轮新的谈判。

谈判是一种协调行为的过程。谈判的开始意味着某种需求希望得到满足、某个问题需要解决或某方面的社会关系出了问题。由于参与谈判各方的利益、思维及行为方式不尽相同，存在一定程度的冲突和差异，因而谈判的过程实际上就是寻找共同点的过程，是一种协调行为的过程。解决问题、协调矛盾，不可能一蹴而就，总需要一个过程。这个过程往往不是一次，而是随着新问题、新矛盾的出现而不断重复，意味着社会关系需要不断协调。

任何一种谈判都选择在参与者认为合适的时间和地点举行。这是区分狭义谈判和广义谈判的一个很重要的依据。谈判时间与地点的选择实际上已经成为谈判的一个重要组成部分，对谈判的进行和结果都有直接的影响。尽管某些一般性的谈判不一定对此非常苛求，但至少企业之间、团体之间乃至国家之间的谈判是这样的。购销谈判、项目谈判、外贸谈判等都对时间和地点的选择十分重视。

那到底什么是谈判？杰勒德·尼伦伯格在《谈判的艺术》中提出，谈判是“人们为了改变相互关系而交换意见，为了取得一致而相互磋商的一种行为”，是直接“影响各种人际关系，对参与各方产生持久利益的”一种过程。

综上所述，我们认为，谈判是参与各方出于某种需要，在一定时空条件下，采取协调行为的过程。谈判是谈判双方（或多方）基于一定的目的和需要，所进行接洽、协商、交流、沟通的过程以及由此而达成的结果，它是现代社会中人们解决彼此矛盾纠纷的重要途径之一。

6.1.2 谈判赖以存在的要素

谈判赖以存在的要素分为主观要素和客观要素。

1. 主观要素

主观要素主要包括：

（1）关系人。指谈判的参加人，可以是具体个人，也可以是组织或国家。

（2）目的。指双方或多方所希望达到的状态、期望值。

（3）协商方式。谈判各方都愿意通过交流、对话、协商方式解决问题。

2. 客观要素

(1) 信息。指背景资料、情报,它们直接影响谈判者的决策。

(2) 时间。指谈判的时间限定性、确定性和每一方的时间"死线"(deadline)。

(3) 权力。指参加人员对于洽谈局势的控制力、洽谈过程中拥有的竞争力、具体问题的决策力。

谈判大师荷伯·科恩将谈判权力划分为竞争权力、正统性权力、冒险权力、承担权力、专业知识权力、了解需要权力、投资权力、酬报或惩罚权力、认同权力、道德权力、前例权力、持久的权力、说服力的权力、态度的权力。

可见,他把所有与谈判有关的各种能力、影响力、惯例等都视为权力。

6.1.3 商务谈判的概念

什么是商务谈判?商务,即商业上的事务,它是指以提供商品、劳务、资金或技术等为内容的营利性的经济活动,俗称"做生意"。按照国际惯例,商务行为可以分成四种:直接的商品交易活动,如批发、零售商品业;直接为商品交易服务的活动,如运输、仓储业;间接为商品交易服务的活动,如金融、保险、租赁业;具有服务性质的活动,如饭店、市场调查、咨询业。

一般的谈判指参与各方为了改变和建立新的社会关系,并使各方达到某种利益目标所采取的某种协调行为。商务谈判指企业为了实现自己的经济目标和满足对方的需要,运用书面或口头的方式说服、劝导对方接受某种方案或产品与服务的协调行为。商务谈判是买卖双方为了促成交易而进行的活动,或是为了解决买卖双方的争端,并取得各自经济利益的一种方法和手段。

6.1.4 商务谈判的动因

谈判的直接原因是参与谈判的各方都有自己(或所在组织)的需求,而各方的需求有可能会彼此冲突。因此,谈判各方就不能仅仅以满足自己的需求为出发点,而是应该通过交换观点进行磋商,共同寻找使双方都能接受的方案。商务谈判的动因主要包括追求利益、谋求合作与维护关系,以及寻求共识。

1. 追求利益

谈判是具有明确目的性的行为。谈判最基本的目的就是追求自身的利益。人们的利益需要是多种多样的,从内容看,有物质需要、精神需要;从层次上看,有生理需要、安全需要、社交需要、尊敬需要和自我实现需要;从时间上看,有短期需要和长期需要;从主体上看,有个人需要、组织需要和国家需要等。这些需要有的可以依靠自身及其努力来满足,但是,更多的必须与他人进行交换。

2. 谋求合作与维护关系

合作就是个人与个人、群体与群体之间为达到共同目的,彼此相互配合的一种联合行动、方式,有长期合作与短期合作之分。人类没有合作就不能达成共同的利益。合作的方式,可分直接合作与间接合作两类。直接合作是人们对于共同嗜好的事物,采取群体行动,如一起游戏、一起讨论,一起劳作等。其特点在于一人不能单独完成,必须联合他人共同完成。间接合作是为同一目标,各人做不相同的工作。

在现实生活中，由于社会分工、发展水平、资源条件和时空的制约等原因，人们及各种类型组织乃至地区和国家之间往往形成各种各样的相互依赖关系。正是这种相互依赖的关系成为谋求合作的原因，成为了谈判的又一重要动因。

3. 寻求共识

共识是指一个社会不同阶层、不同利益的人所寻求的共同认识、价值、理想。美国著名学者路易斯·沃斯曾指出，在大众民主中，共识并不等于所有社会成员就所有问题或大多数关键问题达成一致意见，而意味着我们要养成人际互动、讨论、争辩、协商和妥协的习惯，要容忍异议的存在，甚至要克制自己、时刻保持冷静。共识的存在是主体双方保持认识、价值等方面的一致，同时也是谈判的一个重要动因。

6.1.5 商务谈判的作用

具体来说，商务谈判主要作用有：

（1）商务谈判是企业实现经济目标的手段；

（2）商务谈判是企业获取市场信息的重要途径；

（3）商务谈判是企业开拓市场的重要力量。

6.2 商务谈判的特点、原则和内容

6.2.1 商务谈判的特点

1. 商务谈判以获得经济利益为目的

不同的谈判者参加谈判的目的是不同的，如外交谈判涉及的是国家利益，政治谈判关心的是政党、团体的根本利益，军事谈判是关系敌对双方的安全利益。虽然这些谈判都不可避免地涉及经济利益，但经济利益不是其重点。而商务谈判则纯粹以获取经济利益为基本目的，在满足经济利益的前提下可能会涉及其他利益。在商务谈判过程中，谈判者可以调动和运用各种非经济利益因素来影响谈判的结果，为其经济利益服务。

2. 以经济利益作为谈判的主要评价指标

商务谈判涉及的因素很多，谈判者的需求和利益也表现在众多方面，但价值则几乎是所有商务谈判的核心内容。这是因为在商务谈判中价值的表现形式——价格最直接地反映了谈判双方的利益。谈判双方在其他利益上的得与失，在很多情况下或多或少都可以折算为一定的价格，并通过价格升降而得到体现。需要指出的是，在商务谈判中，我们一方面要以价格为中心，坚持自己的利益；另一方面又不能仅仅局限于价格，还应该拓宽思路，设法从其他利益因素上争取应得的利益。这是从事商务谈判的人需要注意的。

3. 商务谈判注重合同条款的严密性与准确性

商务谈判的结果是由双方协商一致的协议或合同来体现的。合同条款实质上反映了各方的权利和义务，合同条款的严密性与准确性是保障谈判获得各种利益的重要前提。有些谈判者在商务谈判中花了很大力气，好不容易为自己获得了较有利的结果，对方为了得到合同，也迫不得已作了许多让步，这时进判者似乎已经获得了这场谈判的胜利，但如果在拟定

合同条款时掉以轻心,不注意合同条款的完整、严密、准确、合理、合法,其结果会被谈判对手在条款措词或表述技巧上,引你掉进陷阱,这不仅会把到手的利益丧失殆尽,而且还要为此付出惨重的代价,这种例子在商务谈判中屡见不鲜。因此,在商务谈判中,谈判者不仅要重视口头上的承诺,更要重视合同条款的准确和严密。

6.2.2 商务谈判的原则

1. 知己知彼的原则

“知彼”,就是通过各种方法了解谈判对手的礼仪习惯、谈判风格和谈判经历。不要违犯对方的禁忌。“知己”,则就指要对自己的优势与劣势非常清楚,知道自己需要准备的资料、数据和要达到的目的以及自己的退路在哪儿。

2. 互惠互利的原则

商界人士在准备进行商务谈判时,以及在谈判过程中,在不损害自身利益的前提下,应当尽可能地替谈判对手着想,主动为对方保留一定的利益。

3. 平等协商的原则

谈判是智慧的较量,谈判桌上,唯有确凿的事实、准确的数据、严密的逻辑和艺术的手段,才能将谈判引向自己所期望的胜利。以理服人、不盛气凌人是谈判中必须遵循的原则。

4. 人与事分开的原则

在谈判会上,谈判者在处理己方与对手之间的相互关系时,必须要做到人与事分别而论。要切记朋友归朋友、谈判归谈判,二者之间的界限不能混淆。

5. 求同存异的原则

商务谈判要使谈判各方面都有收获,大家都是胜利者,就必须要坚持求大同存小异的原则,就是要注意在各种礼仪细节问题上,要多多包涵对方,一旦发生不愉快的事情也以宽容之心为宜。

6. 礼敬对手的原则

礼敬对手,就是要求谈判者在谈判会的整个进程中,要排除一切干扰,始终如一地对自己的对手,时时、处处、事事表现出对对方不失真诚的敬意。

6.3 商务谈判的类型

6.3.1 按谈判人数分类

商务谈判按参加的人数可分为单人谈判和小组谈判。

1. 单人谈判

单人谈判也称一对一谈判,是指谈判各方只派一名代表出席的商务谈判。

单人谈判的优势在于谈判规模小,所以在谈判工作的准备、地点、时间安排上都可以灵活地变通;谈判的方式可以灵活选择,这样谈判的气氛也会比较轻松和谐,有利于谈判的继续进行;一个人全权代表,可以较好地避免谈判小组成员之间相互不配合的状况,谈判者可以随时有效地把自己的设想和意图贯彻到实际的协商行为中。

但是单人谈判还有一定的缺陷,表现在一个人需要同时应付多方面的问题,尤其在一些复杂的谈判中更加明显,会力不从心,因此容易出现决策失误,而且无法得到及时必要的帮助;谈判者要单独作出决策,因此压力较大;无法使用小组谈判的某些策略等。因此,很多谈判专家认为,一对一方式的谈判操作起来有时是最简单的,有时是最难的。

2. 小组谈判

小组谈判是指谈判各方各派出两名或两名以上的代表参加商务谈判。

小组谈判的优势在于有利于充分发挥每位谈判人员的特点以形成整合的优势;小组成员分工明确,取长补短;可以集思广益,寻求更多的对策方案;分散对手的注意力,使之不将矛头全部对准一个人,从而减轻个人压力。但是在小组谈判中,由于队员的性格全不相同,队员之间如配合不默契,在一定程度上有可能影响谈判效率。

3. 大型谈判

国家级、省(市)级或重大项目的谈判,都必须采用大型谈判这种形式。由于关系重大,有的会影响国家的国际声望,有的可能关系到国计民生,有的将直接影响到地方乃至国家的经济发展速度、外汇平衡等,所以在谈判全过程中,必须准备充分、计划周详,不允许存在丝毫破绽、半点含糊。为此,就必须为谈判班子配备阵营强大的、拥有各种高级专家的顾问团或咨询团、智囊团。这种类型的谈判程序严密、时间较长,通常分成若干层次和阶段进行。

6.3.2 按谈判方式分类

商务谈判方式是指谈判双方(或多方)用来沟通、协商的途径和手段。我们把商务谈判方式归纳为两大类:

一类是口头式谈判。它是指谈判双方就谈判的相关议题以口头方式提出、磋商,而不提交任何书面文件的谈判,包括面对面谈判和电话谈判。

另一类是书面式谈判。它是指谈判双方或多方将谈判的相关内容、条件等,通过邮政、电传或互联网等方式传递给对方所进行的谈判,主要有函电谈判和网上谈判。

实际上,任何一种商务谈判方式都受历史条件和客观环境决定和制约,人们对谈判方式的选择也不可能不受历史条件和客观环境的限制。

6.3.3 按谈判内容分类

按照谈判的内容,可将谈判分为商品购销谈判、对外加工装配业务谈判、技术贸易谈判、工程承包谈判、租赁业务谈判、合资经营谈判及合作经营谈判。

1. 商品购销谈判

商业企业的商品购销业务,总的来说,包含商品购进和商品销售两个主要环节。

(1) 商品购进业务。通常称为进货,它是商业经营活动的起点,是保证商品销售的重要一环。应当根据市场需要,按时、按质、按量地积极组织购进适销对路的商品,才有利于促进生产建设的发展,有利于满足人民的需要,也才有利于企业本身的发展。

商业企业在购进商品业务中,应当注意保证销售业务的需要,适应消费者的需求,积极购进适销对路商品,不断扩大花色品种。这就要求加强调查研究工作,加速信息传递,力求做到"五知",即知己、知彼、知货、知人、知势。还应当注意精打细算,讲究经济效益。要求掌握好进货价格，减少进货环节，合理选择进货地点，选择适当的进货时机和确定适当的进货批量。

（2）商品销售业务。它是商品流通的重要环节，也是商业企业经营的中心内容。具体来说，商品销售的意义主要表现在两个方面：

第一，商品销售是搞活商业经营的关键。商品流通过程包含收购、运输、储存、核算、定价、管理、批发、零售等许多具体环节，其中买和卖是两个最基本的环节。购进商品是实现了货币转化为商品，还需通过销售，使商品转化为货币，这样，一次流通才告结束，商品流通才能继续下去。买是为了卖，卖不出去就不能再买。因此，要想把企业经营搞活，一定要做好商品销售工作。

第二，商品销售是促进商业企业改善经营管理、提高经济效益的重要手段。影响商业企业经济效益的因素很多，在正常情况下，只有销售的扩大才能促进收购的扩大，促进企业经营规模的扩大，从而取得更多的盈利。在条件不变的情况下，销售快，资金周转就快，费用水平就低，经济效益就好。

2. 对外加工装配业务谈判

对外加工装配业务，习惯上称为来料加工装配，它是来料加工和来件装配的总称。其主要含义是，由外商提供一定的原材料、零部件、元器件，由我国的工厂按对方要求的品质、规格和款式进行加工装配，成品交由对方处置，我方按照约定，收取加工费作为报酬。它是国际间劳务合作的一种简单形式。

对外加工装配业务具有以下特点：

（1）交易双方不是买卖关系，而是委托加工关系；

（2）承接对方来料来件，一般不拥有所有权，只有使用权，即只能对来料来件进行加工装配，并收取一定的加工费；

（3）委托方承担，接受全部加工装配合格的成品和支付约定的加工费的责任。

我国生产企业接受对外加工装配业务，有的是由生产企业直接和国外联系办理，有的是通过对外企业介绍、联系、协助办理，有时也可由外贸企业作为承接方与国外委托方签合同，再由外贸企业安排生产单位进行加工装配。

3. 技术贸易谈判

技术贸易，是指技术拥有方，把生产所需要的技术和有关权利，通过贸易方式，提供给技术需求方加以使用。它把技术当做商品，按商业交易的条件和方式，进行有偿的转让，这是市场经济条件下，技术转让的最主要的方式。

技术作为特殊的商品进行买卖，有其独有的特点：

（1）技术贸易多数是技术使用权的转让。由于同一技术同时可供给众多生产企业使用，所以国际上绝大多数的技术贸易都是技术使用权的转让，而不是技术所有权的转让，技术拥有方并不因为把技术转让给他人而失去所有权。他自己仍可使用或转让给其他企业使用这项技术（技术贸易合同规定不得使用的除外）。

（2）技术贸易是一个双方较长期的密切合作过程。技术转让，是知识和经验的传授，其目的是使技术引进方消化和掌握这项技术并用于生产。因此签订技术贸易合同后，履行合同一般要经过提供技术资料、技术人员培训、现场指导以及进行技术考核、验收，乃至继续提供改进技术等过程，这就需要技术贸易双方建立较长期的密切合作关系。

(3) 技术贸易双方既是合作伙伴，往往又是竞争对手。技术贸易双方往往是同行，技术转让方想通过转让技术获取收益，同时又担心接受方获得技术后，制造同一类产品，成为自己的竞争对手。因此，技术转让方一般不愿把最先进的技术转让出去，或者在转让时可能附加某些不合理的限制性条款，以束缚技术接受方的手脚。

(4) 技术贸易的价格较难确定。技术贸易中技术的价格，不像商品价格那样主要取决于商品的成本；另外，技术转让后，技术转让方并不失去对这项技术的所有权，他仍可使用这项技术或可多次转让，以获取更多的经济效益，因此，决定技术价格的主要因素是接受方使用这项技术后所能获得的经济效益。而接受方所获得的经济效益，在谈判和签订合同时往往是难以准确预测的，这就形成了确定技术贸易价格的复杂性。

4. 工程承包谈判

工程承包，是指一个工程建筑企业(称为承包人)，通过国际通行的投标或接受委托等方式，与兴办一项工程项目的另一家厂商、企业或个人(称为发包人或业主)签订合同或协议，以提供技术、劳务、设备、材料等，负责承担合同所规定的工程设计、建造和机械设备安装等任务，并按合同规定的价格和支付条款，向发包人收取费用及应得的利润。

工程承包是一种综合性的交易，它涉及劳务、技术、设备、材料、商品及资金等许多方面，因此，具有以下一些特点：

(1) 交易内容和程序复杂。由于工程承包涉及面广，程序复杂，从经济、技术和法律等方面的要求来看，都比一般商品贸易和一般经济合作项目的要求高得多。在技术上，往往包括勘探、设计、建筑、施工、设备制造和安装、操作使用、生产；在经济上，它包括商品贸易、资金信贷、技术转让，以及招标与投标、项目管理等。如属于国际工程承包，既要考虑国际惯例，又要熟悉东道国法律、法规、税收等；此外，派出人员还必须了解东道国的风俗习惯，总之，要求很高。不具备这几方面的条件，就很难签订一个平等互利并能顺利进行的合同。

(2) 工程营建时间长，金额大，承担的风险也大。一个承包工程项目，尤其是国际承包工程项目，从投标或接受委托到工程完成，一般要经过几年时间，最小的项目金额也有数十万美元，一般是几百万、几千万美元，大项目在十亿美元以上。在国际政治、经济风云多变，某些国家又经常发生政变或改变政策的情况下，承包人承担的风险很大。此外，通过投标的承包项目，投标人的报价必须是实盘，一经报出，不得撤销，如果撤销，不担投入的费用无法收回，而且投标保证金也将被没收。因此，承包人必须量力而行，认真研究，谨慎行事。

(3) 国际承包工程市场的竞争十分激烈。由于承包工程具有金额大和内容繁多的特点，是一项综合性的输出，许多国家都积极参加这一经济活动，并直接开设或支持本国的工程承包公司开展这方面的业务，采取措施，使本国的承包公司从单纯的劳务输出向承包工程发展，从小型项目向大型项目发展，从劳动密集型项目向技术密集型项目发展。现在参加国际工程承包的国家越来越多，有些国家的承包公司还采取与外国承包公司联合的方式，把各自的优势结合在一起，以增强竞争力。

5. 租赁业务谈判

所谓租赁业务，是指出租人(租赁公司)按照契约规定，将其从供货人(厂商)处购置的资本货物，在一定时期内租给承租人(用户)使用，承租人则按规定付给出租人一定的租金。

在租赁期间，出租人对出租的设备拥有所有权；承租人享有使用权和受益权；租赁期满后，租赁设备退还出租人或按合同规定处理。

租赁业务，从其性质上来讲，它是典型的贸易与信贷、投资与筹资、融资与融物相结合的综合性交易，它既有别于传统的商品买卖，又不同于传统的企业筹资与信贷。租赁业务具有自身的特点，具体表现在下列三个方面：

(1) 租赁业务具有鲜明的融资性质。承租人所需的机械设备，由出租人提供或垫款购买。承租人不需付款购买，即可取得机械设备的使用权，等于出租人向承租人提供了信贷便利；承租人在设备正式投产后，以租金的形式支付租赁设备费用。这样企业可以在资金不足的情况下，提早使用设备，使生产早日上马，早获经济效益。租赁业务是一种以租物形式达到融资的目的，将贸易与金融结合在一起的信贷方式，这是租赁业最主要的特点。

(2) 租赁设备的财产所有权与使用权截然分开。设备所有权属于出租人，承租人仅享有使用权和受益权，在法律上，出租人的所有权不可侵犯。

(3) 租赁业务往往是三边交易，即租赁双方和供货人。租赁公司介于供货人和用户之间，租赁业务由销售合同和租赁合同共同完成。

6. 合资经营谈判

合资经营是国际经济技术合作的常见方式之一，也是国际投资的重要形式。它是由两个或两个以上国家或地区的公司、企业、经济组织或个人按一定资金比例联合投资，共同兴建企业的一种生产经营形式。

合资经营企业具有如下特点：

(1) 合资经营企业，以货币计算各自投资的股权和比例，并按股权比例，分担盈亏和风险。

(2) 合资经营必须建立具有法人地位的合营实体，合资企业的组织形式为有限责任公司。即合资企业仅以自己公司的财产承担责任，投资者对企业债务所负的责任，也仅以自己的投资额为限，股东之间互相不负连带责任，债权人不能追索股东投资以外的财务。这种有限责任制易为合资各方所接受，因此，目前已被国际上普遍采用。

(3) 合营各方实行共同投资、共同经营、共担风险、共负盈亏。投资各方共同组成董事会，聘任总经理，组成经营管理机构，共同负责企业的生产经营活动。

7. 合作经营谈判

合作经营，是由两个或两个以上的国家或地区的公司、企业、经济组织或个人，通过双方协商同意，按照双方所签协议和合同所规定的投资方式，共同兴办的契约式企业的生产经营形式。其主要特点为：

(1) 有关各方应以法人身份共同签订经营企业合同。它可以是具有法人资格的企业，也可以是不具有独立法人资格的合营实体。

(2) 合作各方提供的合作条件，一般不以货币折算为投资股金，不以合作各方的投资额计股分配利润。合作各方对收益分配或风险、债务的分担，企业经营管理方式以及合作期满的清算办法，均应在合作经营企业合同中规定。

(3) 合作经营企业，可以加速折旧还本或以其他方式收回投资。投资收回后，在未满的合营期限内，仍应按原投资额对合作经营企业的债务承担责任。否则，合作经营企业万一出现亏损，则无法清偿，对债权人的利益无保障。所以，如何保证还本后至合营期满一段时期内，合作各方仍对合作经营企业出现的经营风险承担责任，合同中也应有明确的规定。

(4) 合作经营企业的注册资本，可采用三种选择：

① 仅以外国合作者无息提供的资金、设备(当己方合作者无现金投入时)为注册资本；

② 以外国合作者无息提供的资金、设备，加上己方少量投入的现金为注册资本；

③ 将双方提供的合作条件均折算为投资本金作为注册资本。

其中以第三种选择最为普遍。

6.3.4 按谈判地点分类

按谈判地点分类，可将谈判分为客座谈判、主座谈判及客主座轮流谈判。

1. 客座谈判

客座谈判，是指在谈判对手所在地组织有关贸易的谈判。“客座”在某种意义上讲，也可以说在“海外或国外”。当然，从广义的角度讲，在同一国家不同城市，在同一城市不同的办公地点，只要不是在自己企业所在地或办公楼内谈判，均可以视为“客座”。作为国际商业谈判，“海外”的客座谈判更具代表性，它有如下特点：

(1) 语言要过关。在海外谈判首先是语言问题。不仅要会说当地语言，也要会写，否则就需要双方约定一种统一的工作语言。一旦定下共同的工作语言，双方代表均应熟悉；否则，谈判将遇到麻烦，甚至无法进行。

(2) 客随主便与主应客求。身处异国会有拘束感，若系初次出征或初到该国，许多陌生的东西造成无形阻碍。刚开始谈判多为“客随主便”，较多地尊重主人的方便。

(3) 易坐冷板凳。客居他乡的谈判人，受着各种限制的束缚，如客居时间、上级授权的权限、国内同事的要求、远距离通信的困难等。面对顽强的谈判对手，可以施展的手段有限，除了市场的竞争条件外，不是让步就是坚持到底。

(4) 审时度势，反应灵活。出国谈判非易事，谈判代表的行为是关键。故所有派出海外谈判的代表，均应具备审时度势、反应灵活的特点。

2. 主座谈判

主座谈判是在自己所在地组织谈判。主座，也包括在自己所居住的国家、城市或办公所在地。总之，主座谈判不远离自己熟悉的工作与生活环境，不远离谈判人为之服务的机构或企业，是在自己做主人的情况下组织国际商业谈判，它有如下特点：

(1) 谈判底气足。由于在自己企业所在地，谈判的时间表、各种谈判资料的准备、新问题的请示均比较方便，从而给主座谈判人壮了胆，会自觉底气很足，即“心中有底”。这样，谈判人在拿捏谈判火候上比较有把握。

(2) 以礼压客。东道主一般总是以“礼节”来表现自己，无论是“表演”还是“真情”，都必须礼貌待客。东道主的礼节包括邀请、迎送、接待、洽谈组织等，都要根据对象的不同，做到深浅有度。

(3) 内外线谈判。因为，谈判战场在自己的家门口，客座谈判人就有条件了解主座谈判人内部的情况，或者必然会成为对方支持自己谈判立场的辅助行动。所以，主座谈判人在谈判中总是要兼顾内外多方面,尤其是向助手们讲明谈判意图,向上级及时汇报谈判中的问题。也只有做到内外兼顾,才可以有效发挥主座谈判的优势。

3. 客主座轮流谈判

客主座轮流,是指在一项商业交易中,谈判地点互易的谈判。可能开始在卖方,继续谈判在买方,结束在卖方也可能在买方的谈判。它的特点有:

(1) 时间与效益相应。客主座轮流情况的出现,说明了交易的不寻常,准确地讲,至少不会是单一小额的商品买卖。它可能是大宗的商品买卖,也可能是成套项目的买卖,这些复杂的谈判拖延的时间较长,对交易效果影响也较大。因此,当交易谈判进入客主座轮流谈判的状态时,双方主谈人必然会考虑时间表对双方的利益。时间表有时会促使人们决定是否取消客主谈判形式。

(2) 阶段利益目标。由于客主座轮流情况的出现,即说明双方所从事的交易复杂。每一次换座谈判必会有新的理由和目标。

(3) 换座不换帅。主客座轮换,也可能引起将帅的更换。在谈判中易人,尤其是易主谈人是不利于谈判的,但实际中仍常常发生。从谈判的复杂性上讲,这种谈判应强调主谈人的连贯性。由于公司的调整、个人的升迁、时间安排等客观原因,会导致中间易帅。另外,出于谈判策略也会易帅。

6.4 商务谈判的程序

6.4.1 准备阶段

谈判的准备和谈判过程一样重要,如果没有谈判前充分、细致、全面的准备工作,也不会有谈判的顺利进行。任何一项成功的谈判都是建立在良好的准备工作基础上的。

1. 商务谈判的信息调查

1960 年 7 月,日商从《中国画报》上看到了中国生产石油的消息,就迫切想知道油田的地址等信息,以判断中国是否需要相关设备,看是否有机会与中国做生意。日商对报纸上刊登的一张大庆石油工人艰苦创业的照片进行分析,画面上,工人们身穿大棉袄,正冒着鹅毛大雪艰苦工作。日本人根据这一张照片分析出,大庆油田可能是在东三省北部的某个地点。接着,在《人民日报》上日商又看到这样一篇报道,说王进喜到了马家窑,日商找来旧地图,查到了马家窑。大庆石油设备靠肩扛人抬运到工地,日商据此分析出,油田肯定离铁道线不远。他们进一步根据《人民日报》上一幅大庆油田钻塔的照片,从钻台上手柄的架式等方面推算出油井的直径,再根据油井直径和国务院的政府工作报告,估算出平时大庆油田的石油产量。这样,当我国大庆油田突然宣布向世界各国征求石油设备的设计方案时,其他各国都没有准备,而唯独日商胸有成竹,早已准备好了与大庆油田现有情况完全吻合的方案与设备,在与大庆油田代表的谈判中一举中标。

2. 组建谈判团队

在对谈判情况以及谈判环境诸因素进行分析研究后,谈判主管应进一步根据谈判的内容、难易程度等选择合适的谈判人员,组织高效精干的谈判团队。

(1) 谈判团队组建的原则：

① 根据谈判对手的具体情况组建谈判团队。在对谈判对手的情况有了基本的了解以后,就可以依据谈判对手的特点和作风来配备谈判人员。

② 根据谈判的重要性和难易程度组建谈判团队。在确定谈判团队阵容时,应着重考虑谈判重要性、难易程度和主体内容等因素,依此来决定派选的人员和人数。

(2) 对谈判人员的素质要求。在组织谈判团队时,可以依据以下条件对谈判人员素质的要求择优选取,从而确定具体的人员。

① 政治素质。谈判人员必须遵纪守法,廉洁奉公,努力维护本企业(单位)的利益。这是谈判人员必须具备的首要而且是必备的前提条件。

② 文化素质。谈判人员首先要具有良好的表达能力,能准确地向对方表明自己的意思,达到说服和感染对方的目的。谈判人员还要具有一定的语言表达技巧,语言风趣幽默;此外,谈判人员还要注重自己的服饰仪表,这代表着整个企业的形象。

③ 业务素质。谈判人员应具有丰富的专业基础知识和合理的知识结构以及产品知识;熟悉不同供应商的谈判风格和特点,有丰富的谈判经验,能应对在谈判过程中突然出现的复杂情况;熟悉相关法律和法规等。

④ 心理素质。谈判人员首先应具有强烈的事业心、进取精神和高度的责任感。其次,谈判人员要具有随机应变的心理素质,能够根据实际情况随机应变,既要坚持原则,又要有一定的灵活性,具有创新精神。最后,谈判人员要有较强的自控力和适应性,在谈判过程中,谈判人员应尽可能保持稳定的心理状态,同时善于同己方谈判人员相处和沟通,并善于与不同的谈判对手交往。

(3) 谈判人员的选择与配备。

对于复杂的较为重要的谈判来讲,首先可以满足谈判中多学科、多专业的知识需求,取得知识结构上的互补与综合优势。其次,可以群策群力,集思广益,形成集体的智慧、进取和抵抗的力量。在实际谈判活动中应注意在确定具体谈判人选时,尽量选择符合素质要求的"全能型专家"。

(4) 谈判的分工与合作。

在谈判团队组成之后,对团队内部成员进行分工,确定主谈判与辅谈判。在主谈判人员的领导下,相互密切配合。总之,既要根据谈判的内容和个人专长进行适当的分工。明确个人的职责,又要在谈判中按照既定的方案随机而动,彼此配合,形成目标一致的有机谈判统一体。

3. 开场气氛的营造

气氛是弥漫在空间中的能够影响行为过程的心理因素总和。这些心理因素包括紧张、兴奋、沮丧、恐惧、期待、高兴、热烈、冷漠、积极、消极、肯定、否定、怀疑、信任、尊敬、鄙视等。气氛是看不见摸不着的,但却是客观存在的,这有点类似于物质的电场、磁场、力场,物质之间相互作用有时不需要直接接触,通过看不见摸不着的场就能产生作用。很多情况下,可以通过调节气氛达到改善行为进程和结果的目的。例如,通过调控气氛改善谈判、会议、庭审等行为。

要想获得谈判的成功,必须创造出一种有利于谈判的和谐气氛。所谓谈判气氛,是指谈判双方通过各自所表现的态度、作风而建立起来的谈判环境，是谈判双方人员进入谈判场所的方式，是目光、姿态、动作、谈话等一系列有声和无声的信号在双方谈判人员大脑中迅速得到的反映。任何一方谈判都是在一定的气氛下进行的，谈判气氛的形成与变化，将直接关系到谈判的成败得失，影响到整个谈判的根本利益和前途，成功的谈判者无一不重视在谈判的开局阶段创造良好的谈判气氛。

中国一家彩电生产企业准备从日本引进一条生产线，于是与日本一家公司进行了接触。双方分别派出了一个谈判小组就此问题进行谈判。谈判那天，当双方谈判代表刚刚就座，中方的首席代表(副总经理)就站了起来，他对大家说："在谈判开始之前，我有一个好消息要与大家分享。我太太在昨天夜里为我生了一个大胖儿子！"此话一出，中方职员纷纷站起来向他道贺，日方代表于是也纷纷站起来向他道贺。整个谈判会场的气氛顿时高涨起来，谈判进行得非常顺利。中方企业以合理的价格顺利地引进了一条生产线。

这位副总经理为什么要提自己太太生孩子的事呢？原来，这位副总经理在与日本企业之前的接触中发现，日本人习惯于板起面孔谈判，形成一种冰冷的谈判气氛，给对方造成一种心理压力，从而控制整个谈判，趁机抬高价码或提高条件。于是，他便想出了用自己的喜事来打破日本人的冰冷面孔，营造一种有利于己方的高调气氛。

谈判者的言行，谈判的空间、时间和地点等都是形成谈判气氛的因素。谈判者应把一些消极因素转化为积极因素，使谈判气氛向友好、和谐、富有创造性方向发展。

6.4.2 谈判阶段

谈判阶段主要分为明示与报价阶段、讨价阶段及还价阶段。

1. 明示与报价阶段

(1) 明示阶段。

根据前一阶段谈判各方表述的意见，尤其是相互存异或有疑问处，谈判各方此时会进一步明确各自的利益、立场和观点。明示阶段双方通过谈判逐步达到相互之间的谅解，因此，既要站在己方立场上据理力争，又要适当满足对方的需求，达到互利的目的。

明示的内容包括标的、质量、数量、价格、履行期限、地点、方式、违约责任、解决争议的方式等。核心是价格。明示内容的主要目的是了解对方的需求以及提出自己的需求。

(2) 报价阶段。

报价是指各方提出自己的要求，主要是价格上的，也包括其他内容。报价主要采取书面报价和口头报价的形式。报价在谈判过程中是个重要环节，应对报价进行分析，分析原则如下：

① 合理性。尽管报价有很多策略和技巧，但不可不切实际，信口开河。它要求谈判人员反复核算、验证己方标的物价格所依据的价格构成因素，如成本市场需求状况、品质、竞争状况以及信息资料的可靠性，确定合理的价格金额——底价及备调幅度。底价的确定一般是成本加上最低的预期利润，它是确保己方最基本利益的界线，并可以使谈判人员的报价心中有数。备调幅度是底价至最高报价的弹性区间，是讨价还价的基本依据和客观要求，是在底价的基础上根据市场供求量、需求价格弹性系数(需求变化的百分比除以价格变化的百分比)。商品的使用价值和品质、满足客户需要的程度、同类产品的价格、有关法规和政策的规定、谈判对手的谈判策略等来确定。否则，如果根据虚设和主观想象，所报的期望价过高或

可调幅度不实际，势必在对方提出异议后讲不清依据和道理，使己方处于不利的地位，甚至丧失信誉，影响谈判的顺利进行。

② 策略性。在确定底价和备调幅度以后，仍有一个报价的策略性问题，即开盘价是报备调幅度内的较高价格或最高价格，还是报较低价格或底价呢？一般认为，在正常情况下，最初的开盘期望价应当是最高的，或是较高的。这不只是因为谈判的惯例是如此，更重要的是报价策略的要求，因为开盘报价传递给对方的信息是：它是我方要价的最上限。这就意味着给对方讨价还价的尺度规定了一个最初标准，我方不会提出更高的价格，同时也不奢望对方接受更高的价格。在这种情况下，较高的报价显然对报价方有利，它为报价方维护自己的经济利益首先筑起了一道防线，也为以后的讨价还价提供回旋余地。对方要突破这道防线，或多或少总要付出一定的代价。当然，报高价的同时，要考虑到今后的让步策略，也要清醒地认识到，高价会扩大交易双方的差距。那就有可能在近期内不会有结果，也不能指望对方会给予早期的让步。这就有一个运用策略的通盘考虑的问题。

③ 综合性。在实际谈判中，不是仅靠一相情愿和策略就能让对方接受较高的报价的。寻求自己的最高利益无可非议，但兼顾对方接受的可能性也是顺理成章的。因此，有效的报价应当是最佳吻合区间，需要制订一个综合性的报价方案。这个方案既要考虑价格，也要考虑对价格有着影响作用的其他交易条件，如数量、交货条件、支付方式、服务要求等。还要符合报价欲得利益与对方接受的可能之间的最佳吻合区间，使报价成为最高可行价。实践往往证明，报价高未必预期利润就高。

④ 艺术性。报价还应正确地掌握表达的技巧与艺术性。

2. 讨价阶段

讨价是指评价方在对报价方的价格解释进行评论后详细提出技术及商务要求的行为。讨价分为全面性重新报价（全面讨价）和针对性地重新报价（具体讨价）。全面讨价是指要求卖方全面地重新报价。具体讨价是指要求卖方部分的重新报价。讨价应本着尊重对方、讲道理的方式进行。

3. 还价阶段

报价方在评价方进行讨价并作出评价后，向评价方要求给出还价。

还价可以逐项还价，即每一个具体项目和内容都还；也可以分类还价，即按照价差类别进行分组还价；还可以总体还价，即给一个总价。采取何种形式的还价要视具体情况，怎样对自己有利为准。还价的基本原则为：

（1）做好还价前的各项准备工作。

还价不是一种简单的压低价格的行为。它必须建立在市场调查与“货比三家”的基础之上，如掌握标的物市场价格及走势、供求变化、质量等技术指标、市场竞争情况等，以确保还价具有一定的科学依据和资料。

（2）澄清对方报价的确切含义。

有经验的谈判人员在接到对方报价后，不是急于要求对方解释为什么如此报价，而是要澄清对方报价的事实，使自己准确无误地明白对方报价究竟是什么含义。当情况基本了解后，还应当把自己对对方报价的理解进行归纳总结，并加以复述，以保证还价时的准确性和严肃性。

(3) 牢记目标。

谈判中的讨价还价是反复进行的,因此要时刻判断谈判进展离自己的成交价目标还有多远。有时还价者可以只记自己手中有多少底牌(预算),或以数额或以百分比往外打;有时也可以记住对方再降多少数额或百分比,才能进入自己的成交区域。这样,可以使还价者有的放矢,迅速反应,信心十足。

(4) 统筹兼顾。

还价不能只把目光集中在价格上,应当把价格与技术、商务等各方面的数字、条件和资料联系起来,并把所有的条件作为还价进退交换的筹码。这样,会使还价更富有实际意义、领域更广泛。同时,也会缓解还价的难度与矛盾。

(5) 松紧适度,尤其是不能过松。

还价是维系双方交易命运的绳索。如果过紧,可能会使对方感到缺乏诚意,愤然退出谈判;如果过松,可能会招致对手的紧逼,使自己毫无退路,处于被动地位。一般来说,应谨慎出价,适当从严从紧还价,以掌握谈判的主动权。

(6) 集中统一。

由于还价既有技术问题,又有策略问题。如果缺乏协调,还价一方的各个成员稍有不慎,就会出现矛盾,进而影响还价的权威性与严肃性。因此,还价既要按策略进行,又要使"正式"还价集中统一。

4. 签约阶段

在收尾过程中,应注意把握进入成交阶段的迹象。一项交易将要明确时,双方会处于一种准备完成时的激奋状态,这往往是由于一方发出成交信号所致。例如,在商务谈判中买方出现下列行为时通常被认为是具有成交欲望的表现:

① 当买方提出有关付款方式、交货时间、运输问题及维修服务等方面的问题时;

② 当买方进一步索取更详细的资料时;

③ 买方谈判人员的面目表情、手势等表现出成交意图时。

当对方没有出现这些成交信号时,一方也可以采取某些策略向对方发出这些信号,促使对方行动起来,从而达成一个承诺,如采取期限策略等。

签约仪式是谈判过程的最后阶段。礼仪不到位很可能使谈判功亏一篑。签约场所应安排在庄重的场所,并得到对方的同意。

谈判人员还可以在相互交往中适当馈赠礼品,除了表示友好、进一步增进友谊和今后不断联络感情的愿望外,更主要的是表示对这次合作成功的祝贺和对再次合作能够顺利进行所做的促进。因此,要针对不同对象选择不同礼品馈赠,其寓意性是很强的。礼物的价值应视洽谈内容及洽谈的具体情况而定。

【本章习题】

1. 商务谈判的动因是什么?
2. 商务谈判的作用有哪些?
3. 在进行商务谈判时注重哪些原则?
4. 商务谈判都有哪些程序?

【案例分析】

美国有位谈判专家想在自己家里建一个游泳池，建筑设计的要求非常简单：长30英尺，宽15英尺，有水过滤设备，并且在一定时限做好。谈判专家对游泳池的造价及建筑质量方面是外行，但这难不倒他。在极短的时间内，他不仅使自己从外行变成了内行，而且还找到了质量好且造价便宜的承包商。

谈判专家首先在报纸上登了个想要建造游泳池的广告，具体写明了建造要求，结果有三位承包商前来投标。他们都交给他承包的标单，所提供的温水设备、过滤网、抽水设备和付款条件都不一样，总费用也有差距。

接下来的事情就是约这三位承包制造商到他家里去谈，第一个约好是早上9点钟，第二个是9点15分，第三个是9点30分。第二天，三位承包商如约而至，他们都没有得到主人的马上接见，只得坐在客厅里彼此交谈等候。

10点钟的时候，主人出来请第一位承包商到书房面谈。承包商甲一进门就宣称他的游泳池造得最好，可以给出好的设计并严格按设计要求建造，顺便他还告诉谈判专家承包商乙通常使用陈旧的过滤网，而承包商丙曾经丢下许多未完的工程，现在正处于破产的边缘。接着，主人同承包商乙谈话，从他那里了解到其他人提供的水管都是塑胶管，他提供的才是真正的铜管。而承包商丙告诉谈判专家的是其他人所使用的过滤网都是品质低劣的，并且往往不能彻底做完，而他绝对做到保证质量。

谈判专家通过静静地倾听和旁敲侧击地提问，基本上弄清楚了游泳池的建筑设计要求及三位承包商的情况，发现承包商丙的价格最低，而乙的建筑设计质量最好，最后他选中了乙来建造游泳池，而只给丙所提供的价钱。经过一番讨价还价之后，谈判终于达成了一致。

思考题

从这个案例中，你得到了什么启示？

第7章 商务谈判的准备

【学习要点】

1. 了解影响谈判的因素
2. 熟悉谈判调查的主要内容
3. 掌握商务谈判人员的甄选、谈判场所的布置、模拟谈判等内容

【导入案例】

日商举办的农业加工机械展销会上，展出的正是国内几家工厂急需的关键性设备。于是某公司代表与日方代表开始谈判。

按惯例，卖方首先报价1 000万日元，我方马上判断出其价格的"水分"，并且对这类产品的性能、成本及在国际市场上的销售行情了如指掌，暗示生产厂家并非你独此一家，并主动提出休会，给对方一个台阶。

当双方重又坐在谈判桌旁时，日方主动削价10%；我方根据该产品近期在其他国家的行情，认为750万日元较合适，日商不同意；最后，我方根据已掌握的信息及准备的一些资料，令对方清楚，除他外还有其他一些合作伙伴，在我方坦诚、有理有据的说服下，双方最终握手成交。

思考：我方取得谈判成功的秘密是什么？

7.1 影响谈判的因素

决定谈判者谈判实力的因素分为主观因素和客观因素两大类。主观因素是指谈判者方面的因素，客观因素是谈判者所代表的公司方面的因素。无论是主观因素还是客观因素，都要通过不同方面的信息表现出来。因此，谈判者必须从决定谈判实力的条件入手准备好谈判信息，以便发现自己的优势和劣势，为在谈判桌上运用各种策略技巧、提高自己的谈判实力创造条件。

7.1.1 影响谈判的客观因素

1. 交易内容对各方的重要性和迫切性

参加谈判的各方，其目的都是要取得良好的经济效益，但这种要求的重要性和迫切性是各不相同的。如果一笔交易占卖方全年交易量的比重较大，占买方全年购买量的比重较小，

那么这笔交易对卖方来说重要性就大，对买方的重要性就小；如果买方急于购买使用，卖方则不急于出卖，那么买方的成交要求就迫切，卖方的成交要求就不那么迫切。在谈判中，重要性越大、迫切性越强的一方，其谈判实力也就越弱；而越不重要和越不迫切的一方，其实力则越强。

2. 各方的经济实力

经济实力是参与谈判的经济支柱。经济实力表现为企业的生产能力和经营能力，包括所生产产品数量的多少和质量的高低，在短期内能调动资金的多少，等等。经济实力强的单位其谈判实力也强。

3. 各方的信誉

谈判各方的信誉是其在过去谈判的履约过程中建立起来的，能完全按协议要求履约的单位其信誉就好，不能完全按协议要求行事的单位或个人其信誉就差。信誉好的单位人们都愿意与之交往，因而其谈判的实力就强；信誉差的单位人们则不愿与之谈判，实力就弱。

4. 各方的竞争状况

谈判各方的竞争者在不断调节着各方的谈判实力。例如，卖方的竞争者规模扩大，数量增加，就削弱了卖方的实力而增强了买方的实力；反之，买方的竞争加剧，就削弱了买方的实力而增强了卖方的实力。

7.1.2 影响谈判的主观心理因素

1. 谈判者的谈判水平

谈判者的谈判水平是谈判者多方面知识和能力的综合反映，既包括谈判者掌握谈判知识的多少和能力的强弱，又包括谈判者的临场发挥状况，即策略技巧的运用。谈判者的水平越高，其谈判实力就越强。

2. 谈判者掌握的信息量

谈判者在参加谈判前需要了解多方面的信息，既包括总体上的市场行情，也包括谈判对手和自己方面的信息。谈判者掌握的信息量越大，其谈判实力也就越大，反之就越小。

3. 谈判者的人际关系

谈判者的人际关系对其在谈判桌上的实力影响极大。一般说来，人际关系处理得好的谈判者在谈判过程中容易同对方建立融洽的关系，因而易于处在有利的地位。

4. 谈判者的职位

谈判者的职位是谈判者知识和经验的反映，也是权力的象征，因而在谈判中通常表现出职位高的一方在实力上强于职位低的一方。为此，各单位在安排自己的谈判人员时，总要不低于对手的职位。这样做的共同结果是各方派出的谈判人员在职位上势均力敌。

7.2 信息准备

苏州某公司希望自己的产品打入南非市场，公司决定组团到南非进行实地考察。到达南非后，合作方立即安排他们与公司的总经理会面，地点在一个富丽堂皇的大饭店里。总经理的下属举止得体，总经理派头十足，谈话时充满激情。他侃侃而谈公司的情况、经营方略以及未来的发展。

所有的这些深深打动了考察团,他们深信这是一个财力雄厚、可靠的合作伙伴,回国后马上发去了100多万美元的货物,然而,该批货物再也没有了音信。

公司再派人前去调查,才发现掉进了一个精心设计的圈套里。那位总经理原来是当地的一个演员,陈设精良的接待室是临时租来的房间,而公司已宣告破产。

这一事例说明,谈判前要进行细致的调查。

7.2.1 谈判调查

1. 谈判背景调查

(1) 了解政府的方针、政策、法律及民俗等。任何国家的经济活动,都离不开政府的调节控制。企业的各种经济活动也是在这些方针指导下进行的。这就要求谈判人员必须了解党和政府的有关方针、政策,以及与此相适应的各种措施、规定,以保证交易的内容、方式符合政府的有关规定,保证合同协议的有效性、合法性。

案例

中国某工程承包公司在加蓬承包了一项工程任务。当工程的主体建筑完工之后,中方由于不需要大量的劳动力,便将从当地雇用的大批临时工解雇,谁知此举导致了被解雇工人持续40天的大罢工。中方不得不同当地工人举行了艰苦的谈判,被解雇的工人代表让中方按照当地的法律赔偿被解雇工人一大笔损失费,此时中方人员才意识到他们对加蓬的法律太缺乏了解了。

根据加蓬的劳动法,一个临时工持续工作一周以上未被解雇则自动转成长期工,有权获得足够维持两个妻子和三个孩子生活的工资,此外还有交通费和失业补贴等费用。一个非熟练工连续工作一个月以上则自动转成熟练工,如果连续工作三个月以上则提升为技术工人。工人的工资应随着技术的提升而提高。

我国的管理人员按照国内形成的对临时工、长期工、非熟练工、熟练工及技工的理解来处理加蓬的情况,谈判结果可想而知:公司不得不向被解雇的工人支付了一大笔失业补贴。

(2) 对于涉外贸易,谈判人员还要了解掌握有关国际贸易的各种法规条例,了解对方国家政府的关税政策、贸易法规、进出口管理制度。例如,各国都有贸易出口管制措施,但是,各国出口管制的内容及商品品种却有很大差别,某种商品在某国可能是国内紧缺物资,限量出口,但在另一国可能是剩余商品,大量出口。

(3) 商业习俗。在商务谈判中,商业习俗对谈判进行影响很大。谈判当事人由于各自所处的地理环境和历史的种种原因,形成了各具特色的商业习惯。作为谈判人员,要促使谈判顺利进行就必须了解各地的风俗习惯、商业惯例,否则双方就很有可能会产生误会和分歧。比如,日本的文化是把和谐放在首位,日本人日常交往中非常注重礼节,和日本人进行谈判时千万不要在这方面开玩笑,这是日本人最忌讳的。而美国文化则比较强调进取、竞争和创新,美国有句名言:“允许失败,但不允许不创新。”所以,多数美国人性格外露、热情自信、办事干脆利落、谈判时开门见山,很快进入谈判主题,并喜欢滔滔不绝地发表自己的看法,谈判中善于施展策略,同时也十分赞赏那些讨价还价和善于施展策略的谈判对手。和沙特阿拉伯人谈判时千万不能问及对方的妻子,因为沙特阿拉伯男子歧视女性。相反,和墨西哥人谈判时问及对方的妻子则是必需的礼貌。

(4) 掌握市场行情。包括市场同类商品的供求状况,相关产品与替代产品的供求状况,产品技术发展趋势,主要竞争厂家的生产能力,经营状况,市场占有率,市场价格变动比例趋势,有关产品的零配件供应以及影响供求变化显现与潜在的各种因素。

在经济发达的国家,要了解有关的信息十分快捷与方便,人们几乎在5分钟内就可以通过电脑系统收集有关信息。这种信息查询与分析系统、数据处理系统、预测分析系统既可以由企业提供,也可以由社会的专门机构提供。目前,我国不仅企业收集处理信息的系统比较落后,社会上专门提供信息咨询服务的机构也很有限。另一个比较快捷的途径就是向我国港台地区及国外咨询机构购买信息。

例如,我国某公司拟引进彩色胶卷相纸的生产技术,该公司自己花了很长时间来收集该项技术及价格的资料,但始终不得要领,弄不清准确情报。后来委托香港一家咨询公司,请他们对彩色胶卷相纸生产技术的转让和选购有关设备提出意见。在较短时间内,该咨询公司就提出了咨询报告,对世界上几家有名的经营彩色胶卷相纸的生产厂家,如柯达、埃克发、富士、樱花、依克福、汽巴等公司垄断技术市场的情况作了分析,还估计了各公司对技术转让的可能态度,估算了引进项目所需要的投资,这些咨询意见为引进该项技术提供了重要的决策依据。

2. 对方信息调查

谈判对手的情报主要包括该企业的发展历史,组织特征,产品技术特点,市场占有率和供需能力,价格水平及付款方式,对手的谈判目标和资信情况,以及参加谈判人员的资历、地位、性格、爱好、谈判风格、谈判作风及模式等。这里我们主要介绍资信情况、合作欲望及对手的谈判人员。

(1) 资信情况。一是要调查对方是否具有签订合同的合法资格,二是要调查对方的资本、信用和履约能力,如对手的资本积累状况、技术装备水平、产品的品种、质量、数量及市场信誉等。对对方的资本、信用和履约能力的调查,资料来源可以是公共会计组织对该企业的年度审计报告,也可以是银行、资信征询机构出具的证明文件或其他渠道提供的资料。

(2) 对手的合作欲望。这包括对手同我方合作的意图是什么,合作愿望是否真诚,对我方的信赖程度如何,对实现合作成功的迫切程度如何,是否与我国其他地区或企业有过经济往来等。总之,应尽可能多地了解对方的需要、信誉等。对方的合作欲望越强,对我方越有利。

(3) 对手的谈判人员。这包括谈判对手的谈判团队由哪些人组成,成员各自的身份、地位、年龄、经历、职业、爱好、性格、谈判经验如何。另外还需了解谁是谈判中的首席代表,其能力、权限、特长及弱点是什么,此人对此次谈判抱何种态度、倾向意见如何等,这些都是必不可少的情报资料。

3. 己方信息

己方的情况包括本企业产品及生产经营状况和己方谈判人员情况。如本次交易对我方的重要性,己方在竞争中所处的地位,己方对有关商业行情的了解程度,对谈判对手的了解程度,己方谈判人员的经验,等等。

正确地评价自己是确定目标的基础。所谓“知己知彼,百战不殆”,通过对己方各方面条件进行客观的分析,有助于我们弄清己方在谈判中的优势和薄弱环节,有针对性地制定谈判策略,以便在谈判时能扬长避短。

7.2.2 谈判调查的方法

在日常的经贸往来中,企业都力求利用各种方式搜集大量的信息资料,为谈判所用,这些方法及途径主要包括:

1. 实地考察,搜集资料

即企业派人到对方企业,通过对其生产状况、设备的技术水平、企业管理状况、工人的劳动技能等各方面进行综合观察和分析,以及走访当地人员,获得有关谈判对手各方面的第一手资料。当然,在实地考察之前应有一定的准备,带着明确的目的和问题,才能取得较好的效果。实地考察时应摆脱思想偏见,避免先入为主,摆正心态。

2. 通过各种信息载体搜集公开情报

企业为了扩大自己的经营,提高市场竞争力,总是通过各种途径进行宣传,这些都可以为我们提供大量的信息。如企业的文献资料、统计数据和报表、企业内部报刊和杂志、各类文件、广告、广播宣传资料、用户来信、产品说明和样品等。我们从对这些公开情报的搜集和研究当中,就可以获得我们所需要的情报资料。因此,平时应尽可能地多订阅有关报刊杂志,并分工由专人保管、收集、剪辑和汇总,以备企业所需。

3. 通过各类专门会议

比如各类商品交易会、展览会、订货会、博览会等。这类会议都是某方面、某组织的信息密集之处,是了解情况的最佳场合。

4. 通过对与谈判对手有过业务交往的企业和人员的调查了解信息

任何企业为了业务往来,都必然搜集大量的有关资料,以准确地了解对方。因此,同与对手有过业务交往的企业联系,必然会得到大量有关谈判对手的信息资料。而且向与对手打过官司的企业与人员了解情况,会获得非常丰富的情报,他们会提供许许多多有用的信息,这些信息是在普通记录和资料中无法找到的事实和看法。

7.3 谈判人员准备

案例 在配合中一起工作

一家电子公司的张思和吴尔被派往香港,向制造商推销芯片。出发之前,他们进行了排练,决定由张思游说制造商。在香港,工厂经理同意了他们的提议,而且看起来很高兴。然而在张思游说时,吴尔听到一种说法:“西方人从不接受第一个报价。”所以当香港人提出他们的价格时,吴尔打断了他们的谈话。

张思大吃一惊，因为她认为对方的报价完全合理。然而，她很高兴被打断，因为香港人同意将价格提高10%。最后双方满意地成交了。

在这个团队作业的例子中，张思是首席代表，吴尔担当其他角色。可见，如缺少相互配合，仅由一个谈判者独自收集足够的信息并成功地交易是相当困难的。

7.3.1 谈判团队的组织构成

1. 谈判团队的规模

合理的谈判团队规模不是绝对的，可以根据具体需要而定。常见的谈判分为单人谈判与小组谈判。

单人谈判的优点在于独担责任、无所推诿、兢兢业业、全力以赴。其缺点是既要陈述自己的条件，又要观察对方的反应；倾听对方的回答并作好笔录；边筹划边回答对方的问题；及时衡量各种交易条件，做好相应对策；明确各种交易条件，签约成交；进行整个谈判的记录；为对方行贿提供了机会等。

小组谈判的优点是可以运用谈判小组的战略技术；可以进行分工，一个人身体不支，可由另一个人继续洽谈；遇到困难，可以一起商量。其缺点是如有不同意见，会失去谈判一致对外这一重要前提。

目前，小组谈判是现代商务谈判的主要形式。

2. 谈判人员的配备

在一般的商务谈判中，所需的知识大体上可以概括为以下几个方面：有关技术方面的知识；有关价格、交货、支付条件等商务方面的知识；有关合同法律方面的知识；语言翻译方面的知识。

根据谈判对知识方面的要求，谈判团队应配备相应的人员。

(1) 技术精湛的专业技术人员。指熟悉生产技术、产品性能和技术发展动态的技术员、工程师，在谈判中负责有关产品技术方面的问题，也可以与商务人员配合，为价格决策作技术参谋。

专业人员是谈判组织的主要成员之一。其基本职责是同对方进行专业细节方面的磋商；修改草拟谈判文书的有关条款；向首席代表提出解决专业问题的建议；为最后决策提供专业方面的论证。

(2) 业务熟练的商务人员。指熟悉贸易惯例和价格谈判条件、了解交易行情的有经验的业务人员或公司主管领导。

其具体职责是阐明己方参加谈判的愿望和条件；弄清对方的意图和条件；找出双方的分歧或差距；掌握该项谈判总的财务情况；了解谈判对手在项目利益方面的期望指标；分析、计算修改中的谈判方案所带来的收益变动；为首席代表提供财务方面的意见和建议；在正式签约前提供合同或协议的财务分析表。

(3) 精通经济法的法律人员。法律人员是一项重要谈判项目的必需成员，如果谈判小组中有一位精通法律的专家，将会非常有利于谈判所涉及的法律问题的顺利解决。法律人员一般是由律师，或由既掌握经济又精通法律专业知识的人员担任，通常由特聘律师或企业法律顾问担任。其主要职责是确认谈判对方经济组织的法人地位,监督谈判在法律许可范围内进行,以及检查法律文件的准确性和完整性。

(4) 熟悉业务的翻译人员。翻译人员一般由熟悉外语和企业相关情况、纪律性强的人员担任。翻译是谈判双方进行沟通的桥梁。翻译的职责在于准确地传递谈判双方的意见、立场和态度。一个出色的翻译人员,不仅能起到语言沟通的作用,而且必须能够洞察对方的心理和发言的实质,既能改变谈判气氛,又能挽救谈判失误,增进谈判双方的了解、合作和友谊。因此,对翻译人员的素质有很高要求。

(5) 首席代表。指那些对谈判负领导责任的高层次谈判人员。在谈判中的主要任务是领导谈判组织的工作。这就决定了他们除具备一般谈判人员必须具备的素养外,还应阅历丰富、目光远大,具有审时度势、随机应变、当机立断的能力,有善于控制与协调谈判小组成员的能力。因此,无论从什么角度来认识他们,都应该是富有经验的谈判高手。其主要职责是:监督谈判程序,掌握谈判进程,听取专业人员的建议和说明,协调谈判班子成员的意见,决定谈判过程中的重要事项,代表单位签约,汇报谈判工作。

(6) 记录人员。记录人员在谈判中也是必不可少的。一份完整的谈判记录既是一份重要的资料,也是进一步谈判的依据。为了出色地完成谈判的记录工作,要求记录人员要有熟练的文字记录能力,并具有一定的专业基础知识。其具体职责是准确、完整、及时地记录谈判内容。

这样,由不同类型和专业的人员就组成了一个分工协作、各负其责的谈判组织群体。

3. 谈判人员的分工和合作

当挑选出合适的人组成谈判团队后,就必须在成员之间,根据谈判内容和目的以及每个人的具体情况作出明确适当的分工,明确各自的职责。此外,各成员在进入谈判角色、尽兴发挥时,还必须按照谈判目的与其他人员彼此相互呼应、相互协调和配合,从而真正赢得谈判。

如何才能使谈判团队成员分工合理、配合默契呢?具体来讲,就是要确定不同情况下的主谈人与辅谈人、他们的位置与职责以及他们之间的配合关系。

所谓主谈人,是指在谈判的某一阶段或针对某一个或几个方面的议题,由谁为主进行发言,阐述己方的立场和观点,此人即为主谈人。这时其他人处于辅助的位置,称为辅谈人。一般来讲,谈判班子中应有一名技术主谈,一名商务主谈。

主谈人作为谈判班子的灵魂,应具有上下沟通的能力;有较强的判断、归纳和决断能力;必须能够把握谈判方向和进程,设计规避风险的方法;必须能领导下属齐心合作,群策群力,突破僵局,达到既定的目标。

确定主谈人和辅谈人,以及他们之间的配合是很重要的。主谈人一旦确定,那么,本方的意见、观点都由他来表达,从而一个口子对外,避免各吹各的调。在主谈人发言时,自始至终都应得到本方其他人员的支持。比如,口头上的附和"正确""没错""正是这样"等。有时在姿态上也可以做出赞同的姿势,如眼睛看着本方主谈人不住地点头等。辅谈人的这种附和对主谈人的发言是一个有力的支持,会大大加强他说话的力量和可信程度。如果己方主谈人在讲话时,其他成员东张西望、心不在焉,或者坐立不安、交头接耳,就会削弱己方主谈人在对方心目中的分量,影响对方的理解。

例如,买卖双方就交货问题进行谈判。卖方的主谈人说:“两个月内交货很困难,因为两个月内的订单都满了。”这时,他的一个辅谈人员接话说:“别说两个月,三个月都难以保证,我手上还有一把订单呢!”这话无疑强化和支持了本方主谈人讲话的力量。

再如,买卖双方就买卖机床的价格问题进行谈判。买方的主谈人说:“好吧,如果你们实在要坚持这个价格,我们只好不买了。”而这时他的一个辅谈人立即以提醒的口吻说道:“这不行啊,厂里正等着用呢!”显然,这样的做法大大削弱了主谈人的讲话力量。

有配合就有分工,合理的分工也是很重要的。

(1) 洽谈技术条款的分工与合作。在洽谈合同技术条款时,专业技术人员处于主谈的地位,相应的经济人员和法律人员则处于辅谈人的地位。

技术主谈人要对合同技术条款的完整性、准确性负责。在谈判时,对技术主谈人来讲,除了要把主要的注意力和精力放在有关技术方面的问题上外,还必须放眼谈判的全局,从全局的角度来考虑技术问题,要尽可能地为后面的商务条款和法律条款的谈判创造条件。对商务人员和法律人员来讲,他们的主要任务是从商务和法律的角度向技术主谈人提供咨询意见,并适时地回答对方涉及商务和法律方面的问题,支持技术主谈人的意见和观点。

(2) 洽谈商务条款时的分工与合作。很显然,在洽谈合同商务条款时,商务人员和经济人员应处于主谈人的地位,而技术人员与法律人员则处于辅谈人的地位。

合同的商务条款在许多方面是以技术条款为基础的,或者是与之紧密联系的。因此在谈判时,需要技术人员给予密切的配合,从技术角度给予商务人员以有力的支持。比如,在设备买卖谈判中,商务人员提出了某个报价,这个报价是否能够站得住脚,首先取决于该设备的技术水平。对卖方来讲,如果卖方的技术人员能以充分的证据证明该设备在技术上是先进的、一流水平的,即使报价比较高,也是理所应当的;而对买方来讲,如果买方的技术人员能提出该设备与其他厂商的设备相比在技术方面存在的不足,就会动摇卖方报价的基础,为本方谈判人员的还价提供依据。

(3) 洽谈合同法律条款的分工与合作。事实上,合同中的任何一项条款都是具有法律意义的,不过在某些条款上,法律的规定性更强一些。在涉及合同中某些专业性法律条款的谈判时,法律人员则以主谈人的身份出现,法律人员对合同条款的合法性和完整性负主要责任。由于合同条款法律意义的普遍性,因而法律人员应参加谈判的全部过程,只有这样,才能对各项问题的发展过程了解得比较清楚,从而为谈判法律问题提供充分的依据。

应该指出,谈判小组成员之间的相互配合,不仅在谈判桌上需要,在其他场合也一样需要,这一点我国以往是不太注意的。例如:有位领导在与外商谈判前,把谈判组的成员介绍给对方时说:“这是小王,刚上任的财务科长,大学毕业没几年,没什么谈判经验,这次带他来长长见识。”这样一来,对方在谈判中对小王的意见就不重视了。如果换一种讲法:“这是王××先生,本厂的财务科长,负责本厂的资金调度,是一个精力充沛、聪明能干的小伙子。”效果肯定就会大不一样。

7.3.2 谈判人员的素质

商务谈判是一项涉及多方面知识的人际交往工作,是一种智慧和能力的较量,只有具备较高素质的人才能胜任。

那么,一个优秀的谈判人员应具备怎样的素质呢?

1. 良好的职业道德

这是谈判人员必须具备的首要条件,也是谈判成功的必要条件。谈判人员是作为特定组织的代表出现在谈判桌上的,商务谈判人员不仅代表组织个体的经济利益,而且在某种意义上还肩负着维护国家利益的义务和责任。因此,作为谈判人员必须遵纪守法、廉洁奉公,忠于国家、组织和职守,要有强烈的事业心、进取心和责任感。

2. 健全的心理素质

谈判是各方之间精力和智力的较量,较量的环境在不断变化,对方的行为也在不断变化,要在较量中达到特定目标,谈判人员就必须具有健全的心理素质。

健全的心理素质是谈判者素养的重要内容之一,表现为谈判者应具备以下能力:

(1) 坚韧顽强的意志力。许多重大艰辛的谈判,就像马拉松运动一样,考验着参与者。谈判者之间的持久交锋,不仅是一种智力、技能和势力的比试,更是一场意志、耐心和毅力的较量。只有具有坚韧毅力的谈判者,才能在较量中获得最后胜利。

(2) 高度的自制力。自制力是谈判者在谈判环境发生巨大变化的情况下适时克服心理障碍的能力。由于谈判始终是利益的对决,谈判双方在心理上处于对立,故而僵持、争执的局面不可避免,这会引起谈判者的情绪出现波动。如果谈判者出现明显的情绪变化,如发怒、沮丧等,可能会产生疏忽,给对手以可乘之机。所以,作为一名优秀的谈判人员,无论在谈判的高潮阶段还是低潮阶段,都能心静如水,特别是当胜利在望或陷入僵局时,更要能够控制自己的情感。喜形于色或愤愤不平,不仅有失风度,而且会让对方抓住弱点与疏漏,给对方可乘之机。

(3) 良好的协调能力。良好的协调力是指谈判者善于与他人和睦相处,有良好的人际关系。在谈判中,谈判人员之间的协调是非常重要的。一个好的谈判者,既能尊重他人,虚心听取一切有利于谈判进行和谈判目标实现的合理意见;又要善于解决矛盾冲突,善于沟通,调动他人,使谈判人员为实现谈判目标密切合作,统一行动。

3. 合理的知识结构

商务谈判过程是测验谈判者知识、智慧、勇气、耐力的过程,更是谈判双方才能较量的过程。因此,商务谈判的参加者必须要有合理的知识结构。商务谈判人员,既要知识面宽,又要在某些领域有较深的造诣。也就是说,不仅横向有广博的知识,而且纵向也要有较好的专门学问,两者构成一个“T”字型的知识结构。

(1) 横向知识结构。从横向方面来说,商务谈判人员应当具备的知识包括:我国有关经济贸易的方针政策及我国政府颁布的有关法律和法规;某种商品在国际、国内的生产状况和市场供求关系;价格水平及其变化趋势的信息;产品的技术要求和质量标准;有关国际贸易和国际惯例知识;国外有关法律知识,包括贸易法、技术转让法、外汇管理法及有关国家税法等;各国各民族的风土人情和风俗习惯;可能涉及的各种业务知识、金融知识、市场营销知识等。

(2) 纵向知识结构。从纵向方面来说,作为商务谈判的参与者,应当掌握的知识包括:丰富的专业知识,即熟悉产品的生产过程、性能及技术特点;熟知某种(类)商品的市场潜力或发展前景;丰富的谈判经验及处理突发事件的能力;掌握一门外语,最好能直接用外语与对方进行谈判;懂得谈判的心理学和行为科学;了解谈判对手的性格特点等。

上述的“T”型知识结构,构成了一个称职的商务谈判人员的必备条件,也是一名合格的谈判人员应具备的最起码的个体素质要求,否则,将无法应付复杂的谈判局面,承担谈判任务,更谈不上维护本企业和国家的利益。一名称职的商务谈判人员,在力争将自己培养成全才的同时,还应当精通某个专业或领域。否则的话,对相关产品的专业知识知之甚少,就会导致在谈判技术条款时非常被动,提不出关键意见,这无疑将削弱本方的谈判实力。一个商务谈判人员应该是“全能型专家”。所谓“全能”,即通晓技术、商务、法律和语言,涵盖上述各方面的知识;所谓“专家”,即指能够专长于某一个专业或领域的人。

总之,扩大知识视野,深化专业知识,猎取有助于谈判成功的广博而丰富的知识,能在谈判的具体操作中左右逢源,运用自如,最终取得谈判成功。

4. 谈判人员的能力素养

谈判者的能力是指谈判人员驾驭商务谈判这个复杂多变的“竞技场”的能力,是谈判者在谈判桌上充分发挥作用所应具备的主观条件。它主要包括以下内容:

(1) 认知能力。善于思考是一个优秀的谈判人员所应具备的基本素质。谈判的准备阶段和洽谈阶段充满了多种多样、始料未及的问题和假象。谈判者为了达到自己的目的,往往以各种手段掩饰真实意图,其传达的信息真真假假、虚虚实实。优秀的谈判者能够通过观察、思考、判断、分析和综合的过程,从对方的言行和行为迹象中判断真伪,了解对方的真实意图。

(2) 运筹、计划能力。谈判的进度如何把握?谈判在什么时候、什么情况下可以由准备阶段进入接触阶段、实质阶段,进而到达协议阶段?在谈判的不同阶段将使用怎样的策略?这些都需要谈判人员发挥其运筹、计划的能力,当然,这种运筹和计划离不开对谈判对手背景,以及可能需要采取的策略的调查和预测。

(3) 语言表达能力。谈判是人类利用语言工具进行交往的一种商务活动。首先,一个优秀的谈判者,应像语言大师那样精通语言,通过语言的感染力强化谈判效果。谈判中的语言包括口头语言和书面语言两类。无论是哪类语言,都要求准确无误地表达自己的思想和感情,使对手能够正确领悟你的意思,这点是最基本的要求。其次,还要突出谈判语言的艺术性。谈判中的语言不仅应当准确、严密,而且应生动形象,富有感染力。巧妙地用语言表达自己的意图,本身就是一门艺术。

(4) 应变能力。谈判中发生突发事件和产生隔阂是难以避免的,任何细致的谈判准备都不可能预料到谈判中可能发生的所有情况。千变万化的谈判形势要求谈判人员必须具备沉着、机智、灵活的应变能力,要有冷静的头脑、正确的分析、迅速的决断,善于将灵活性与原则性结合起来,灵活地处理各种矛盾,以控制谈判的局势。应变能力主要包括处理意外事故的能力、化解谈判僵局的能力、巧妙出击的能力等。

(5) 交际能力。商务谈判是一项谈判过程,更是一项交际过程。真正的交际能力是与人沟通感情的能力,绝不是花言巧语的伎俩。

(6) 创造性思维能力。创造性思维是以创新为唯一目的,并能产生创见的思维活动。它反映了人们解决问题的灵活性与创新性。谈判人员要具备丰富的创造性思维能力,用于开拓创新,拓展商务谈判的新思维、新模式和新方法。创造性可以提高谈判的效率。

7.4 其 他 准 备

7.4.1 选择谈判时间

时间观念是“快节奏”的现代人非常重视的观念。对于谈判活动,时间的掌握和控制是很重要的。如外交谈判开始之前的准时到达,表示对谈判对方有礼貌,相反则是不尊重。无故失约、拖延时间、姗姗来迟等,这些“时间观”产生的都是负效应,只有“准时”,才体现出交往的诚意。

谈判时间选择得适当与否,对谈判效果影响很大。一般来说,应注意以下几种情况:

(1) 避免在身心处于低潮时进行谈判。例如,夏天的午饭后、人们需要休息的时候不宜进行谈判。如果去外乡异地或国外谈判,经过长途跋涉后应避免立即开始谈判,要在充分的休整之后再进行谈判。

(2) 避免在一周休息日后的第一天早上进行谈判,因为这个时候人们在心理上可能仍未进入工作状态。

(3) 避免在连续紧张的工作后进行谈判,这时,人们的思绪比较零乱。

(4) 避免在身体不适时(特别是牙痛时)进行谈判,因为身体不适,很难使自己专心致力于谈判之中。

(5) 避免在人体一天中最疲劳的时间进行谈判。现代心理学、生理学研究认为,傍晚4时至6时是人一天的疲劳在心理上、身体上都已达顶峰的时候,容易焦躁不安,思考力减弱,工作最没有效率,因此在这个时候进行谈判是不适宜的。

(6) 另外,在贸易谈判中,如果是卖方谈判者,则应主动避开买方市场;如果是买方谈判者,则要尽量避开卖方市场,因为这两种情况都难以进行平等互利的谈判,不要在最急需某种商品或亟待出售产品时进行谈判,要有一个适当的提前量,做到“凡事预则立”。同时要注意时间因素的重要性,如夏天买棉衣,冬天买风扇,落市时去买菜,在淡季去旅游,选择对自己最有利的时机。

7.4.2 确定谈判地点

1. 地点的选择

(1) 主场谈判。指在自己一方所在地、由自己一方做主人所进行的谈判。主场谈判,占有“地利”,会给主方带来诸多便利。如,熟悉工作和生活环境,利于谈判的各项准备,便于问题的请示和磋商等。因此,主场谈判在谈判人员的自信心、应变能力及应变手段上,均占有天然的优势。如果主方善于利用主场谈判的便利和优势,往往会给谈判带来有利影响。当然,作为东道主,谈判的主方应当礼貌待客,做好谈判的各项准备。

(2) 客场谈判。指在谈判对手所在地进行的谈判。客场谈判人员会受到各种条件的限制,需要克服种种困难。客场谈判人员面对谈判对手必须审时度势,认真分析谈判背景、主方的优势与不足,以便正确运用并调整自己的谈判策略,发挥自己的优势,争取满意的谈判结果。这种情况在外交、外贸谈判中,历来为谈判人员所重视。

为了平衡主客场谈判的利弊，如果谈判需要进行多轮，通常安排主、客场轮换。在这种情况下，谈判人员也应善于抓住主场的机会，使其对整个谈判过程产生有利的影响。

（3）中立地谈判。指在谈判双方（或各方）以外的地点进行的谈判。中立地谈判，可以避免主、客场对谈判的某些影响，为谈判提供良好的环境和平等的气氛。但是，可能引起第三方的介入而使谈判各方的关系发生微妙变化。

不同的谈判地点使谈判双方具有了不同的身份，并由此而导致双方在谈判行为上的某些差别。如果某项谈判在某一方所在地进行，该方就是东道主，他在资料的获取、谈判时间与谈判场所的安排等各方面都将拥有一定的便利条件，就能较为有效地配置为该项谈判所需的各项资源，控制谈判的进程。对于另一方来说，他是以宾客的身份前往谈判的，己方的行为往往较多地受到东道主一方的影响。尤其是在对谈判所在地的社会文化环境缺乏了解的情况下，面临的困难就更大。当然，谈判双方有时完全不必在意身份的差异，可以采取灵活的策略和技巧来引导谈判行为的发展。但身份差异所造成的双方在谈判环境条件上的差别，毕竟是客观存在的。为了消除可能出现的不利影响，一些重要的商务谈判往往选择在中立地进行。

总体来说，商务谈判地点的选择应遵循以下原则：若无特殊情况，应力争主场谈判，发挥主场优势。在某些情况下，客场谈判对己方具有更大优势，己方可提出这种要求，对方一般都会答应。如果客场谈判对己方毫无优势可言，那么主动提出客场谈判是一件十分忌讳的事。如果双方争执不下，则只能考虑中立地点谈判或者轮流做东。

2. 谈判场所的选择与布置

（1）谈判场所的选择。谈判场所的要求主要有以下几方面：

① 交通、通信方便，便于有关人员往来，满足双方的通信要求；

② 环境优美安静，避免外界干扰；

③ 应配备必要的办公设施，便于双方人员及时处理文件；

④ 生活设施、医疗条件良好，使双方精力充沛，安心谈判；

⑤ 尽量征求客方人员意见，使客方满意。

（2）谈判场所的布置。选择谈判环境，一般看自己是否感到有压力，如果有，说明环境是不利的。不利的谈判场合包括嘈杂的声音，极不舒适的座位，谈判房间的温度过高或过低，不时地有外人搅扰，环境陌生而引起的心力交瘁感，以及没有与同事私下交谈的机会等。这些环境因素会影响谈判者的注意力，从而导致谈判的失误。

从礼仪角度讲，为合作或谈判者布置好谈判环境，使之有利于双方谈判的顺利进行，一般来说，应考虑到以下几个因素：

① 光线。可利用自然光源，也可使用人造光源。利用自然光源即阳光，应备有窗纱，以防强光刺目；使用人造光源时，要合理配置灯具，使光线尽量柔和。

② 声响。室内应保持宁静，使谈判能顺利进行。房间不应临街，不在施工场地附近，门窗应能隔音，周围没有电话铃声、脚步声等噪音干扰。

③ 温度。室内最好能使用空调机和加湿器，以使空气的温度与湿度保持在适宜的水平上。温度在20℃，相对湿度在40% ~60%之间最合适。一般情况下，也至少要保证空气的清新和流通。

④ 色彩。室内的家具、门窗、墙壁的色彩要力求和谐一致，陈设安排应实用美观，留有

较大的空间,以利于人的活动。

⑤ 装饰。谈判活动的场所应洁净、典雅、庄重、大方。宽大整洁的桌子,简单舒适的座椅(沙发),墙上可挂几幅风格协调的书画,室内也可装饰有适当的工艺品、花卉、标志物,但不宜过多过杂,以求简洁实用。

(3) 谈判桌摆放及座次安排。谈判的桌式应根据谈判的重要性、谈判的规模、谈判双方的密切程度具体安排,并遵循相关的礼仪礼节和国际惯例。谈判的桌式通常由下列三种:

① 长方形或椭圆形。双边谈判一般采用长方形或椭圆形谈判桌,通常主方、客方各坐一边。若谈判桌横放,则正面对门为上座,应该用于客方;背面对门为下座,应属于主方。

② 圆形。多边谈判一般使用圆形谈判桌,国际上称为"圆桌会议"。采用圆桌谈判,谈判各方围桌交叉而坐,尊卑界限被淡化了,彼此感到气氛较为和谐、融洽,容易达成共识。

③ 马蹄形。小型的谈判,也可不设谈判桌,直接在会客室沙发上举行。双方主谈人在中间长沙发就座,"主左客右",翻译人员在主谈人后面。双方其余人员分坐两边,呈马蹄形。

在谈判中要想获得对方的合作,座位的安排有学问。谈判双方应该是面对面坐着,还是采取某种随意的座次安排,反映着不同的意义。

① 商务谈判场所应舒适、简洁、宽敞、大气,谈判桌要宽大,座椅、沙发要舒服,环境布置要有商业气氛,没必要为了高雅而故弄玄虚,将谈判场所弄得像个艺术陈列室。

② 在商务谈判中,双方的主谈者应该居中坐在平等而相对的位子上,谈判桌应该是长而宽阔、明净而考究的;其他谈判人员一般分列两侧而坐。这种座位的安排通常显示出正式、礼貌、尊重、平等。

③ 如果是多边谈判,则各方的主谈者应该围坐于圆桌相应的位子。圆桌通常较大,也可分段而置;翻译人员及其他谈判工作人员一般围绕各自的主谈者分列两侧而坐,也可坐在主谈者的身后。

④ 无论是双边谈判还是多边谈判,桌子和椅子的大小应当与环境和谈判相适应,任何不协调与别扭的随意安排都会给谈判者心理带来压抑感或不适。

⑤ 与长方形谈判桌不同,圆形谈判桌通常给人以轻松自在感。所以在一些轻松友好的会见场所,一般采用圆桌。

⑥ 无论是方桌还是圆桌,都应注意座位的朝向。通常人们总是认为面对门口的座位最具影响力,西方人觉得这个座位具有权力感,中国人则习惯称此座位为"上座";而背朝门口的座位最不具影响力,西方人一般认为这个座位具有从属感,中国人习惯称此座位为"下座"。因此,在安排就座时要充分考虑这方面的心理习惯,避免发生不愉快,比较合乎社交礼仪的,往往礼待来宾坐上座,否则还不如在第三方场地举行谈判以避讳。

⑦ 如果在谈判中想通过座位的安排暗示影响力,最好的办法是在座位上摆名牌,指明某人应当就座于某处,这样就可对每个人形成某种影响力。按照双方各自团体中地位高低的顺序来排座,也是比较符合社交礼仪规范的。

7.4.3 拟订谈判计划

1. 商务谈判计划的要求

(1) 合理性。谈判计划的合理性要考虑以下几个方面问题:合理只能是相对合理,而不能做到绝对合理,现实中任何一个可行方案都难以达到绝对合理的要求。合理是一个应从理性角度把握的概念。合理是谈判双方都能接受的合理。

(2) 实用性。商务谈判计划内容力求简明、具体、清楚,要尽量使谈判人员很容易记住其主要内容和基本原则。

(3) 灵活性。谈判过程中各种情况都可能发生突然变化,要使谈判人员在复杂多变的谈判过程中取得比较理想的结果,就必须使谈判计划具有一定的灵活性。

2. 确定谈判目标

谈判目标通常具有三个层次:

(1) 可接受目标。它是谈判人员根据各种主客观因素,经过科学论证、预测和核算之后所确定的谈判目标;是己方可努力争取或作出让步的范围;该目标实现意味着谈判成功。

(2) 最优期望目标。它是对谈判者最有利的理想目标,是单方面可望而不可即的,是谈判进程开始的话题,会带来有利的谈判结果。

(3) 最低限度目标。它是谈判者必须达到的目标,是谈判的底线,受最高期望目标的保护。

3. 商务谈判计划的内容

商务谈判计划主要包括谈判目标、谈判策略、谈判议程、谈判人员的分工职责、谈判地点等内容。其中,比较重要的是谈判策略的部署和谈判议程的安排等内容。

(1) 谈判策略的部署。谈判策略包括多种,如开局策略、报价策略、磋商策略、成交策略、让步策略、打破僵局策略、进攻策略、防守策略、语言策略等。

制订商务谈判的策略,就是要选择能够达到和实现己方谈判目标的基本途径和方法。谈判不是一场讨价还价的简单过程,实际上是双方在实力、能力、技巧等方面的较量。因此,制订商务谈判策略前应考虑如下影响因素:对方的谈判实力和主谈人的性格特点;对方和我方的优势所在;交易本身的重要性;谈判时间的长短;是否有建立持久、友好关系的必要性。

通过对谈判双方实力及其以上影响因素的细致而认真的研究分析,谈判者可以确定己方的谈判地位,即处于优势、劣势还是均势,由此确定谈判的策略。如报价策略、还价策略、让步与迫使对方让步的策略、打破僵局的策略等。

(2) 谈判议程的安排。主要指三个方面:

① 时间安排。即确定谈判在什么时间举行、进行多长时间、各个阶段时间如何分配、议题出现的时间顺序等。

② 确定谈判议题。谈判议题就是谈判双方提出和讨论的各种问题。确定谈判议题首先需明确己方要提出哪些问题,要讨论哪些问题,然后再把所有问题进行全盘比较和分析。

③ 通则议程与细则议程的内容。通则议程是谈判双方共同遵照使用的日程安排,一般要经过双方协商同意后方能正式生效。细则议程是对己方参加谈判的策略的具体安排,只供己方人员使用,具有保密性。

7.4.4 模拟谈判

1. 模拟谈判的概念及作用

所谓模拟谈判,就是将谈判小组成员一分为二,一部分人扮演谈判对手,并以对手的立场、观点、作风来与另一部分扮演己方者交锋,预演谈判的过程。

模拟谈判的意义如下:

(1) 提高应对困难的能力。模拟谈判可以使谈判者获得实际性的经验,提高应对各种困难的能力。很多成功谈判的实例和心理学研究成果都表明,正确的想象练习不仅能够提高谈判者的独立分析能力,而且在心理准备、心理承受、临场发挥等方面都是很有益处的。在模拟谈判中,谈判者可以一次又一次地扮演自己,甚至扮演对手,从而熟悉实际谈判中的各个环节。这对初次参加谈判的人来说尤为重要。

(2) 检验谈判方案是否周密可行。谈判方案是在谈判小组负责人的主持下,由谈判小组成员具体制定的。它是对未来将要发生的正式谈判的预计,这本身就不可能完全反映出正式谈判中出现的一些意外事情。同时,谈判人员受到知识、经验、思维方式、考虑问题的立场、角度等因素的局限,谈判方案的制订就难免会有不足之处和漏洞。事实上,谈判方案是否完善,只有在正式谈判中方能得到真正检验,但这毕竟是一种事后检验,往往发现问题时为时已晚。模拟谈判是对实际正式谈判的模拟,与正式谈判比较接近。因此,能够较为全面严格地检验谈判方案是否切实可行,检查谈判方案存在的问题和不足,及时修正和调整谈判方案。

(3) 训练和提高谈判能力。模拟谈判的对手是自己的人员,对自己的情况十分了解,这时站在对手的立场上提问题,有利于发现谈判方案中的错误,并且能预测对方可能从哪些方面提出问题,以便事先拟定出相应的对策。对于谈判人员来说,能有机会站在对方的立场上进行换位思索,是大有好处的。正如美国著名企业家维克多金姆说的那样:"任何成功的谈判,从一开始就必须站在对方的立场来看问题。"这样,角色扮演的技术不但能使谈判人员了解对方,也能使谈判人员了解自己,因为它给谈判人员提供了客观分析自我的机会,注意到一些容易忽视的失误。例如,在与外国人谈判时使用过多的本国俚语、缺乏涵养的面部表情、争辩的观点含糊不清等。

2. 模拟谈判的内容

模拟谈判的内容就是实际谈判中的内容。但为了更多地发现问题,模拟谈判的内容往往更具有针对性。模拟谈判的内容的选择与确定,因不同类型的谈判有所不同。如果这项谈判对企业很重要,谈判人员面对的又是一些新的问题,以前从未接触过对方谈判人员的风格特点,并且时间又允许,那么,模拟谈判的内容应尽量全面一些。相反,模拟谈判的内容也可少一些。

3. 模拟谈判的拟定假设

要使模拟谈判做到真正有效,还有赖于拟定正确的假设条件。拟定假设是指根据某些既定的事实或常识,将某些事物承认为事实,不管这些事物现在(及将来)是否发生,但仍视其为事实进行推理。依照假设的内容,可以把假设条件分为三类,即对客观世界的假设、对谈判对手的假设和对己方的假设。

在谈判中,常常由于双方误解事实真相而浪费大量的时间,也许曲解事实的原因就在于一方或双方假设的错误。因此,谈判者必须牢记,自己所做的假设只是一种推测,如果把假设奉为必然去谈判,将是非常危险的。

拟定假设的关键在于提高假设的精确度,使之更接近事实。为此,在拟定假设条件时要注意：

（1）让具有丰富谈判经验的人做假设，这些人身经百战，提出假设的可靠度高；

（2）必须按照正确的逻辑思维进行推理，遵守思维的一般规律；

（3）必须以事实为基准，所拟定的事实越多、越全面，假设的准确度就越高；

（4）要正确区分事实与经验、事实与主观臆断，只有事实才是靠得住的。

4. 模拟谈判的方式

模拟谈判的方式主要有下列两种：

（1）组成代表对手的谈判小组。如果时间允许，可以将自己的谈判人员分成两组，一组作为己方的谈判代表，一组作为对方的谈判代表；也可以从企业内部的有关部门抽出一些职员，组成另一谈判小组。但是，无论用哪种办法，两个小组都应不断地互换角色。这是正规的模拟谈判，此方式可以全面检查谈判计划，并使谈判人员对每个环节和问题都有一个事先的了解。

（2）让一位谈判成员扮演对手。如果时间、费用和人员等因素不允许安排一次较正式的模拟谈判，那么小组负责人也应坚持让一位人员来扮演对方，对企业的交易条件进行磋商、盘问。这样做也有可能使谈判小组负责人意识到是否需要修改某些条件或者增加一部分论据等，而且也会使企业人员提前认识到谈判中可能出现的问题。

5. 模拟谈判的总结

模拟谈判的目的在于总结经验，发现问题，提出对策，完善谈判方案。所以，模拟谈判的总结是必不可少的。模拟谈判的总结应包括以下内容：

（1）对方的观点、风格、精神；

（2）对方的反对意见及解决办法；

（3）自己的有利条件及运用状况；

（4）自己的不足及改进措施；

（5）谈判所需情报资料是否完善；

（6）双方各自的妥协条件及可共同接受的条件；

（7）谈判破裂与否的界限。

可见，谈判总结涉及各方面的内容，只有通过总结，才能积累经验，吸取教训，完善谈判的准备工作。

【本章习题】

1. 影响谈判的主要因素有哪些？
2. 商务谈判调查方法有哪些？
3. 在商务谈判中，谈判人员需要具备哪些素质？
4. 分析谈判目标的层次。
5. 结合实例分析主场谈判的优势有哪些？
6. 分析模拟谈判的重要作用。

【扩展学习】

1962 年,美国 U-2 飞机发现苏联在古巴有部署导弹的迹象。随后,美国的间谍卫星准确地掌握到苏联运抵古巴的 42 枚中程导弹和正在建造的十几个导弹基地,卫星照片中还呈现苏联军队人员安装中程导弹竖立发射架的情景。苏联在美国后院的行动,引起美国的不满。对美国来说,是不能够接受将华盛顿包括在射程内的苏联导弹的。

由于美国的间谍卫星查实了苏联当时在国内部署的远程洲际弹道导弹为 14 枚,而不是原先估计的 400 枚,掌握了苏联核力量的确实情报,因而在苏联向古巴运送导弹期间,面对赫鲁晓夫的核讹诈,美国肯尼迪政府对苏联采取了强硬的措施。此外,肯尼迪在与赫鲁晓夫进行有关古巴危机的维也纳会谈前,还查阅和研究了赫氏的资料,这些资料甚至包括赫氏的早餐嗜好和音乐欣赏爱好,为谈判奠定了必要的基础。

谈判结果,赫鲁晓夫不但声明撤走刚刚部署在古巴的导弹,还接受了美国在海上对苏联进行检查的要求,当美国飞机飞过运载导弹的苏联船只时,苏联人只得掀起盖布让美国人检查。

思考题

结合以上案例,思考这则案例给你怎样的启示?

第8章 商务谈判过程中的策略

【学习要点】

1. 掌握好商务谈判进程
2. 熟悉商务谈判各个阶段的谈判策略
3. 了解商务谈判非常具有对抗性、挑战性和协商性

【导入案例】

意大利某电子公司欲向中国某公司出售半导体生产设备,派人来上海与中方洽谈。双方很快就设备的性能指标达成协议,随即进入价格谈判。中方说:"设备性能可以但价格不行,请降价。"意方说:"货好价格高,这很自然,不能降价。"中方坚持,意方说:"我们讲义气,就降0.5%。"中方说:"谢谢贵方义气之举,但贵方价格系不合理价——贵方以中等性能要高价。"意方又问:"贵方不是对我方设备很满意吗?"中方答:"是的,因为它适合我们的需要,但并不意味这是最先进的设备。以贵方的报价,我们可以买到更好的设备。"意方无法回答,要求考虑后再说。休息一会儿之后,意方报了一个降低3%的价格,中方要求意方再降,意方坚决不同意,要求中方还价,中方给出再降15%的条件。

意方听到后拿出一张机票说:"贵方条件太苛刻,我方难以承受,为表示诚意我方愿再降2%,若同意就签合同,若不同意——这是我明天下午2点回国的机票,按时走人。贵方有了决定的话,请在明天中午12点前给我回复。"说完站起来离开。

中方会后认真研究,认为至少应降7%,于是先调查了第二天下午2点是否有飞往意大利或欧洲的航班,结果是没有。第二天早上10点,中方打电话给意方:"昨天贵方的降价表示了贵方的诚意,我方表示赞赏。作为响应,我方也改变原立场,只要求贵方降10%。"意方看到中方让步了,虽与原内定价格相差一些,但可以谈判了,于是提出马上见面。中方赶到宾馆后双方继续谈判,双方认为还有差距但均愿意成交。最后双方将差距各担一半,以降价7.5%成交。

该案例中,意方通过"最后通牒"策略压制中方价格欲望,从15%降了一半,但意方也有失误,由于机票航班信息不实,被中方识破而失去了部分策略效力。[①]

---

① 丁建忠. 商务谈判(第二版)教学案例[M]. 北京:中国人民大学出版社,2005:428—429.

8.1 商务谈判开局阶段策略

8.1.1 谈判开局阶段的基本任务和目标

一般来说,商务谈判大致分为三个阶段:开局阶段、磋商阶段和终结阶段。由于谈判对象的广泛性和谈判目标的互利性及排斥性,谈判过程富有多变和随机的特点,这就需要在谈判的各个阶段根据复杂多变的情况制订并灵活运用相应的谈判策略,这也是谈判成功的关键。

谈判策略是指谈判人员为取得预期成果而采取的一些措施,它是各种谈判方式的具体运用。任何一项成功的谈判都是灵活巧妙地运用谈判策略的结果,一个优秀的谈判人员必须谙熟各种谈判策略与技巧,学会在各种情况下,运用谈判策略达到自己的目标。

商务谈判策略有多种不同的类型。根据谈判过程可以分为开局策略、报价策略、讨价还价策略、让步策略、终局策略等。根据谈判自身特点可分为心理战策略、满足需要策略、时间策略、空间策略、信息策略、客观标准策略等。

谈判开局是整个谈判的基点。所谓开局,就是指一场谈判开始时,谈判各方之间的寒暄和表态以及对谈判对手的底细进行探测,为影响、控制谈判进程奠定基础。开局阶段的目标主要是为进入实质性谈判创造良好条件,在参谈人员相互介绍和交流中,营造有利的谈判气氛,探测对方基本态度,并对谈判程序、共同遵守的原则等基础问题进行沟通并达成一致。由于谈判开局阶段是双方开始接触阶段,它往往预示了双方谈判的基本态度,为谈判的发展定下基调,对整个谈判能否顺利进行并取得好的成果产生重要的影响。因此,开局的时间虽然不长,但它在整个谈判进程中具有极其重要的意义。

谈判的开局阶段要实现三个基本任务:

1. 谈判具体问题的协商

谈判具体问题的协商主要包括目标、计划、进度及成员四个方面。

首先,谈判双方应明确谈判主题,也就是双方共同追求的合作目标。然后,双方还要根据各自情况,磋商并确定谈判的大体议程和进度,明确对谈判具有影响和约束的相关规定、惯例、纪律和义务等问题。此外,关于参加谈判人员的相关资料,双方应予以通报。对这些具体问题的说明,目的就是使谈判双方统一认识、明确规则、安排议程、掌握进度、增进了解。

2. 营造适宜的谈判气氛

每一场谈判都有其独特气氛:有的是冷淡的、对立的,有的是积极的、友好的,有的是平静的、严谨的,有的是简洁明快、节奏紧凑,有的是慢条斯理、旷日持久。不同的谈判气氛对谈判的影响不同,一种谈判气氛可在不知不觉中把谈判朝某种方向推进。比如,热烈的、积极的、合作的气氛会把谈判朝着达成一致协议的方向推进,而冷淡的、对立的、紧张的气氛会把谈判推向更为严峻的境地。

谈判气氛直接影响着谈判者的心理、情绪和行为方式,进而影响到谈判的发展。有实力的谈判者总是试图通过有意识、有目的地掌握谈判气氛,来实现他们对整个合作或竞争风格的选择。虽然谈判气氛在谈判的不同阶段会呈现不同状态,但通常在开局阶段形成的谈判气氛往往贯穿始终，所以在开局应尽可能营造有利于谈判的环境气氛。

谈判气氛受多种因素的影响，如政治、经济、市场、文化、实力等，但对谈判气氛产生直接影响的主要是环境、时间、情感与行为。其中，谈判人员主观因素对谈判气氛的影响是最直接的，谈判者的气质、形象、服饰、表情、姿态、动作、语气、话题的选择等都对气氛的形成起着关键作用。

谈判应该是互惠的，因此洽谈的气氛必须具有诚挚、合作、轻松和认真的特点。要想取得这样一种洽谈气氛，需要有一定的时间，利用各种因素，协调双方的思想或行动。

（1）表情、眼神。人的表情可以表明谈判人员的心情，反映表情最敏感的器官是头部、背部和肩膀。通过观察这些部位表情的变化，可以窥见谈判人员的心理状况。

① 面无表情，会使魅力与信用降低。

② 表情只有善变和用得恰当，才可能产生正确的交流作用。

③ 表情务必率真、自然。

④ 表情的表达关键在于眼睛的变化。此外，嘴唇的变化、脸部肌肉变化也会改变脸上的表情。

（2）气质。气质是指人们所具有的相当稳定的个性特征、风格和气度。气质美首先应当表现在丰富的内心上，理想是一个重要内容，品德是气质美的又一重要方面，文化水平对气质也起着很大的影响作用。

（3）风度。风度是气质、知识及素质的外在表现。风度美包括以下几个方面的内容：

① 饱满的精神状态。

② 诚恳的待人态度。

③ 受欢迎的性格。要大方、自重、认真、活泼和直爽，克服轻佻、傲慢及幼稚等弱点。

④ 幽默文雅的谈吐。

⑤ 洒脱的仪表礼节。

⑥ 适当的表情动作。

（4）服饰。一般来说，谈判人员的装束应当美观、大方和整洁。着装讲究色调的协调，又要与环境、穿着者的年龄及职业相协调。

（5）个人卫生。

（6）动作。影响谈判气氛的因素还包括言语、手势和触碰行为。比如握手，动作相当简单，但影响却是很大。在西方一些国家，如果用右手同人握手而把左手搭在对方肩上，就会引起对方的反感，被认为是过分轻狂、傲慢和自以为是。我们必须了解谈判对手的背景和性格特点，区别不同情况，采取不同的做法。

（7）中性话题。在谈判进入正式话题之前该谈些什么问题呢？一般来说，选择中性话题最为合适，中性话题的内容通常有以下几种：第一，各自的旅途经历、旅游胜地及著名人士等；第二，文体新闻；第三，私人问候，如骑马、钓鱼等业余爱好；第四，对于彼此有过交往的老客户，可以叙谈双方以往的合作经历和取得的成功。

（8）洽谈座位。安排面谈不仅要摆放好桌椅，而且要适时适量地提供一些茶点、冷饮等。另外要尽量避免电话或来访者的干扰。

（9）传播媒介。大众传播媒介的形式从过去影响范围极小的口头传播、手抄传播，发展到现在的大规模的印刷传播及迅速广泛的电子传播。各种谈判被形形色色的传播工具运载，使得谈判信息比比皆是，使得制造谈判舆论气氛的重要性日益突出。因此，传播媒介已成为商务谈判，尤其是大型商务谈判不可或缺的工具。

3. 开场陈述

开场陈述即双方分别阐明自己对有关问题的看法和基本原则，表明认为谈判应涉及的问题和问题的性质、地位，希望取得的利益及谈判的立场。

陈述的目的是要使双方理解彼此的意愿，内容应是横向铺开而不是深谈某一个问题，既要体现一定的原则性，又要体现合作性和灵活性。

洽谈双方分别陈述之后，提出各种设想和解决问题的方案，寻求实现双方共同利益的最佳途径，并且在陈述的基础上各自提出自己的交易条件，也就是报价，报价是各自立场和利益需求的具体体现。

8.1.2 几种常见的开局策略

谈判开局策略是谈判者谋求谈判开局中的有利地位和实现对谈判开局的控制而采取的行动方式或手段。在正常情况下，谈判双方都是抱着实现自己合理利益而与对方坐在谈判桌前的，因而双方都希望能在一个轻松、愉快的气氛中进行谈判。

任何商务谈判都是在特定的气氛中开始的，因而，谈判开局策略的实施都要在特定的谈判开局气氛中进行，谈判开局的气氛会影响谈判开局策略，与此同时，谈判的开局策略也会反作用于谈判气氛，成为影响或改变谈判气氛的手段。所以，当对方营造了一个不利于己方的谈判开局气氛时，谈判者可以采用适当的开局策略来改变这种气氛。

在商务谈判策略体系中，涉及谈判开局的具体策略是很多的。谈判人员为了促使谈判成功，形成一个良好的谈判气氛，在开局阶段应该做到态度诚恳、真挚友好、务实灵活、求大同存小异、不纠缠枝节问题、努力适应双方的利益需要。下面介绍几种典型的、基本的谈判开局策略。

1. 商务谈判的开局策略

(1) 一致式开局策略

指在谈判开始时，为使对方对自己产生好感，以“协商”“肯定”的方式，创造或建立起对谈判的“一致”的感觉，从而使谈判双方在愉快友好的气氛中不断将谈判引向深入的一种开局策略。

现代心理学研究表明，人们通常会对那些与其想法一致的人产生好感，并愿意将自己的想法按照那些人的观点进行调整。这一研究结论正是一致式开局策略的心理学基础。

1972 年 2 月，尼克松总统应邀访问中国，他在欢迎仪式上听到了他十分喜爱的一支乐曲《美丽的亚美利加》，他没想到在中国能听到这支赞美他家乡的乐曲，不禁为中国方面的热情友好所感动，中美外交谈判也由此增添了几分良好的气氛。

一致式开局策略的目的在于创造取得谈判胜利的条件。运用一致式开局策略的具体方式还有很多，比如，在谈判开始时，以一种协商的口吻来征求谈判对手的意见，然后，对其意见表示赞同或认可，并按照其意见进行工作。运用这种方式应该注意的是，拿来征求对手意见的问题应是无关紧要的问题，即对手对该问题的意见不会影响到本方的具体利益。另外，在赞成对方意见时，态度不要过于谄媚，要让对方感觉到自己是出于尊重，而不是奉承。

一致式开局策略的运用还有一种重要途径，就是在谈判开始时以问询或补充方式诱使谈判对手走入你的既定安排，从而在双方间达成一种一致和共识。所谓问询方式，是指将答案设计成问题来询问对方，例如，“你看，我们把价格及付款方式问题放到后面讨论怎么样？”所谓补充方式，是指借以对对方意见的补充，使自己的意见变成对方的意见。

一致式开局策略可以在高调气氛和自然气氛中运用，但尽量不要在低调气氛中使用。因为，在低调气氛中使用这种策略容易使自己陷入被动。一致式开局策略如果运用得好，可以将自然气氛转变为高调气氛。

(2) 保留式开局策略

指在谈判开局时，对谈判对手提出的关键性问题不作彻底、确切的回答，而是有所保留，从而给对手一种神秘感，以吸引对手步入谈判。

某雕刻厂的产品打入日本，战胜了其他国家在日本经营多年的 8 家厂商，被誉为“天下第一雕刻”。有一年，日本 3 家株式会社的老板同一天接踵而来，到该厂订货。其中一家资本雄厚的大商社，要原价包销该厂的佛坛产品。这应该说是好消息。但该厂想到，这几家原来都是经销韩国及我国台湾地区产品的，为什么不约而同到本厂来订货？他们翻阅了日本市场的资料，得出结论是本厂的木材质量上乘、技艺高超是吸引外商订货的主要原因。于是该厂采取了“待价而沽”“欲擒故纵”的谈判谋略。先不理那家大商社，而是积极抓住另两个小商家求货的急切心理，把佛坛的梁、榴、椽、柱分别与其他国家产品做比较：不怕不识货，只怕货比货，该厂的产品确实技高一筹。在此基础上，该厂将产品当金条似地争价钱、论成色，使其价格达到理想的高度。与小商家拍板成交，使那家大商社产生失去货源的危机感，不仅更急于订货，而且想垄断货源，于是更大批订货，以致订货数量超过该厂现有生产能力的好几倍。该厂成功的关键在于其策略不是盲目的、消极的。首先该厂产品确实好，而几家客商求货心切，在货比货后让客商折服；其次，是巧于审势布阵。先和小商家洽谈，并非疏远大商家，而是以此牵制大商家，这样订货数量和价格才有了大幅增加。①

有一家日本公司与我国福建省一家公司进行了接触，双方互派代表就投资问题进行谈判。谈判一开始，日方代表就问：“贵公司的实力到底如何我们还不是十分了解，能否请您向我们介绍一下，以增加我方进行合作的信心。”中方代表答道：“不知贵方所指的实力包括哪几方面，但有一点我可以明确地告诉您，造飞机我们肯定不行，但制茶我们是内行，我们的制茶技术是世界第一流的。福建有着丰富的茶叶资源，我们公司可以说是‘近水楼台’。贵公司如果与我们合作的话，肯定会比与其他公司合作得满意。”

注意采用保留式开局策略时不要违反商务谈判的道德原则，即以诚信为本，向对方传递的信息可以是模糊信息，但不能是虚假信息，否则会将自己陷入非常难堪的局面之中。

保留式开局策略适用于低调气氛和自然气氛，而不适用于高调气氛。保留式开局策略可以将其他的谈判气氛转为低调气氛。

(3) 坦诚式开局策略

指以开诚布公的方式向谈判对手陈述自己的观点或想法，从而为谈判打开局面。坦诚

---

① 方明亮，刘华. 商务谈判与礼仪[M]. 北京：科学出版社，2006：77—80.

式开局策略比较适合有长期业务合作关系的双方，对以往的合作双方比较满意，彼此又互相了解，直接坦率地提出自己一方的观点、要求，反而更能使对方对己方产生信任感。采用这种开局策略时，要综合考虑多种因素，例如，自己的身份、与对方的关系、当时的谈判形势等。

坦诚式开局策略有时也可用于谈判实力弱的一方。当本方的谈判实力明显不如谈判对方，并为双方所共知时，坦率地表明自己一方的弱点，让对方加以考虑，更表明己方对谈判的真诚，也表明对谈判的信心和能力。

我国某地一位党委书记在同外商谈判时，发现对方对自己的身份持有强烈的戒备心理。这种状态妨碍了谈判的进行。于是，这位党委书记当机立断，站起来向对方说道："我是党委书记，但也懂经济、搞经济，并且拥有决策权。我们摊子小，实力不大，但人实在，真诚愿与贵方合作。咱们谈得成也好、谈不成也好，至少您这个外来的'洋'先生可以交一个我这样的中国的'土'朋友。"寥寥几句肺腑之言，一下子就打消了对方的疑虑，使谈判顺利地向纵深发展。

坦诚式开局策略可以在各种谈判气氛中应用。这种开局方式通常可以把低调气氛和自然气氛引向高调气氛。

(4) 进攻式开局策略

指通过语言或行为来表达己方强硬的姿态，从而获得谈判对手必要的尊重，并借以制造心理优势，使得谈判顺利地进行下去。采用进攻式开局策略一定要谨慎，因为，在谈判开局阶段就设法显示自己的实力，使谈判开局就处于剑拔弩张的气氛中，对谈判进一步发展极为不利。

进攻式开局策略通常只在这种情况下使用，即发现谈判对手在刻意制造低调气氛，这种气氛对本方的讨价还价十分不利，如果不把这种气氛扭转过来，将损害本方的切实利益。

日本一家著名的汽车公司在美国刚刚"登陆"时，急需找一个美国代理商来为其推销产品，以弥补他们不了解美国市场的缺陷。当该公司准备同美国的一家公司就此问题进行谈判时，该公司的谈判代表因路上塞车迟到了。美国公司的代表抓住这件事紧紧不放，想要以此为手段获取更多的优惠条件。日本公司的代表发现无路可退，于是站起来说："我们十分抱歉耽误了您的时间，但是这绝非我们的本意，我们对美国的交通状况了解不足，所以导致了这个不愉快的结果，我希望我们不要再因为这个无所谓的问题耽误宝贵的时间了，如果因为这件事怀疑到我们合作的诚意，那么，我们只好结束这次谈判，我认为以我们所提出的优惠代理条件在美国是不会找不到合作伙伴的。"日本代表的一席话说得美国公司哑口无言，他们也不想失去一次赚钱的机会，于是谈判顺利进行下去了。在这个案例中，日方谈判代表就是采取了进攻式的开局策略，阻止了美方谋求营造低调气氛的企图。

进攻式开局策略可以扭转不利于己方的低调气氛，使之走向自然气氛或高调气氛。但是，进攻式开局策略也可能使谈判陷入僵局。

(5) 挑剔式开局策略

指开局时对对手的某项错误或礼仪失误严加指责，使其感到内疚，从而达到营造低调气氛、迫使对手让步的目的。

巴西一家公司到美国去采购成套设备。巴西谈判小组的成员因上街购物，耽误了时间，当他们到达谈判地点时，比预定时间晚了 45 分钟。美方代表对此极为不满，花了很长时间来指责巴西代表不遵守时间,没有信用,如果老是这样的话,以后很多工作很难合作。对此巴西代表感到理亏,只好不停地向美方代表道歉。谈判开始以后,美方代表似乎还对巴西代表迟到一事耿耿于怀,一时间弄得巴西代表手足无措、说话处处被动,无心与美方代表讨价还价,对美方提出的诸多要求也没有静下心来认真考虑,就匆匆忙忙签订了合同。等到合同签订以后,巴西代表平静下来,头脑不再发热时才发现自己吃了大亏,但为时已晚。

2. 策划开局策略时应考虑的因素

不同内容和类型的谈判,需要有不同的开局策略与之对应。谈判开局策略的选择要受到谈判双方实力对比、谈判形势、谈判气氛等一系列因素的制约和影响,选择谈判开局策略,必须全面考虑这些因素,并且在实施时还要依据谈判经验对其进行调整。

一般来说,确定恰当的开局策略需要考虑以下几个因素:

(1) 考虑谈判双方之间的关系

谈判双方之间的关系,主要有以下几种情况:

① 双方在过去有过业务往来,且关系很好。这种友好的关系应作为双方谈判的基础,在这种情况下,开局阶段的气氛应是热烈、真诚、友好和轻松愉快的。开局时,我方谈判人员在语言上应是热情洋溢的,内容上可以畅谈双方过去的友好合作关系,或者是两家企业之间的人员交往,亦可适当地称赞对方企业的进步与发展。态度上应该比较自由、放松、亲切。在结束寒暄后,可以这样将话题切入实质性谈判:"过去我们双方一直合作得很愉快,我想,这次我们仍然会合作愉快的。"

② 双方有过业务往来,但关系一般。开局的目标是要争取创造一个比较友好、和谐的气氛。但是,此时我方的谈判人员在语言的热情程度上应有所控制;在内容上,可以简单聊一聊双方过去的业务往来及人员交往,亦可谈谈双方谈判人员的兴趣和爱好;在姿态上,可以随和自然。寒暄结束后,可以这样把话题切入实质性谈判:"过去我们双方一直保持着业务往来关系,我们希望通过这一次的交易磋商,将我们双方的关系推进到一个新的高度。"

③ 双方过去有过一定的业务往来,但我方对对方的印象不好。开局阶段谈判气氛应是严肃、凝重的。我方谈判人员在语言上注意礼貌的同时,应该比较严谨甚至可以带一点冷峻;内容上可以就过去双方的关系表示不满和遗憾,以及希望通过磋商来改变这种状况;在态度上应该充满正气,与对方保持一定距离。在寒暄结束后,可以这样将话题引入实质性谈判:"过去我们双方有过一段合作关系,但遗憾的是并不那么令人愉快,我们希望这一次能成为一次令人愉快的合作。让我们从这里重新开始吧!"

④ 过去双方人员并没有业务往来。第一次的交往,应力争创造一个真诚友好的气氛,以淡化和消除双方的陌生感以及由此带来的防备,为后面的实质性谈判奠定良好的基础。因此,本方谈判人员在语言上应该表现得礼貌友好但又不失身份,内容上多以天气状况、旅途见闻、个人爱好等比较轻松的话题为主,也可以就个人在公司的任职时间、负责的范围、专业经历进行一般性的询问和交谈;态度上是不卑不亢、沉稳又不失热情、自信但不傲气。寒暄后,可以这样开始实质性谈判:"这笔交易是我们双方的第一次业务交往,希望它能够成为我们双方发展长期友好合作关系的一个良好开端。我们都是带着美好愿望而来的,我想,只要我们共同努力,我们一定会带着满意而归。"

（2）考虑双方的实力

就双方的实力而言，大致有以下三种情况：

① 双方谈判实力相当。为了防止一开始就强化对手的戒备心理和激起对方的对立情绪，在开局阶段，要力求创造一个友好、轻松、和谐的气氛。本方谈判人员在语言和姿态上要做到轻松而不失严谨、礼貌而不失自信、热情而不失沉稳。

② 我方谈判实力明显强于对方。为了使对方能够清醒地意识到这一点，在谈判中不抱过高的期望值，同时又不至于将对方吓跑，在开局阶段，本方谈判人员在语言和姿态上，既要表现得礼貌友好，又要充分显示出本方的自信和气势。

③ 我方谈判实力弱于对方。为了不使对方在气势上占上风，进而影响后面的实质性谈判，开局阶段本方谈判人员在语言和姿态上，一方面要表示出友好，积极合作；另一方面也要充满自信，举止沉稳，谈吐大方，使对方不至于轻视我们。

8.2 商务谈判磋商阶段策略

8.2.1 磋商准则

谈判磋商阶段，是交易各方就各自的交易条件向对方进行说明、辩论、说服、解释和协商等，以谋求达成一致的阶段。这个阶段又称为谈判的实质性阶段，谈判各方要针对谈判所涉及的各个方面议题进行多次的磋商与争辩，最后经过一定的妥协，确定一个双方都能够满意的交易条件。在磋商阶段，商务谈判的策略和技巧是最丰富多彩的，例如让步策略、时间策略、空间策略、情绪策略、心理策略等。

在磋商中谈判者必须了解并且处理好以下重要原则问题：

（1）要注意把握好谈判气氛。

（2）语言合乎逻辑次序。

（3）掌握好谈判节奏。

（4）注意做好沟通说服工作，以理服人。

8.2.2 报价的依据和策略

商务谈判过程中的报价是商务谈判的一个重要阶段，它不仅指双方在谈判中提出的价格方面的要求，更泛指谈判中某一方向对方提出的所有要求。在这些要求中，价格事关交易双方的切身利益，是商务谈判中的核心问题、谈判的重点。我们必须全面了解商务谈判中的价格因素，做好报价的准备工作，掌握并学会灵活运用报价策略、价格解评技巧及讨价还价技巧，以成功实现谈判的目标。

1. 影响价格的因素

要进行价格谈判首先应当了解影响价格的具体因素，主要是：

（1）市场行情。指该谈判标的物在市场上的一般价格及波动范围。谈判者必须掌握市场信息，了解市场的供求状况及趋势，从而了解商品的价格水平和走向。

（2）利益需求。由于谈判者的利益需求不同，他们对价格的理解也就各不相同。例如，某公司从国外一厂商进口一批货物，由于利益需求不同，谈判结果可能有三种：一是国外厂商追求的是盈利最大化，某公司追求的是填补国内空白，谈判结果可能是高价；二是国外厂商追求的是打入我市场，某公司追求的是盈利最大化，谈判结果可能是低价；三是双方都追求盈利的最大化，谈判结果可能是妥协后的中价，或者谈判失败。

（3）需求的迫切程度。商务谈判中，如果对方迫切需要某原材料、设备、技术，谈判中就可能比较忽略价格的高低。另外，某方只注重价格的高低，而不考虑交货期，也可能反而吃亏。例如，某远洋运输公司向外商购买一条旧船，外商开价 1 000 万美元，该公司要求降低到 800 万美元，外商同意了但提出推迟交船三个月。该公司认为价格合适，便答应了对方的要求。哪知外商又利用这三个月跑了运输，营运收入 360 万美元，大大超过了船价少获的 200 万美元。显然，该远洋运输公司并没有在这场谈判中赢得价格优势。

（4）产品的复杂程度。产品结构、性能越复杂，制造技术和工艺要求越高和越精细，成本、价值及其价格就会越高。同时，该产品核计成本和估算价值就较困难，可以参照的同类产品也较少，价格标准的伸缩性也就较大。

（5）附带条件和服务。谈判的附带条件和服务，如质量保证、安装调试、免费维修、供应配件等，能为客户带来安全感和许多实际利益，往往具有相当的吸引力。

（6）产品和企业的声誉。人们对优质名牌产品的价格，或对声誉卓著的企业的报价，往往有信任感。因此，人们即使出高价，也愿意与重合同、守信誉的企业打交道。

（7）交易性质。在大宗交易中，万元的价格差额可能算不了什么；而在小笔生意中，蝇头小利也会斤斤计较。在一揽子交易中，货物质量不等，价格贵贱不同，交易者往往忽略价格核算的精确性或不便提出异议。

（8）销售时机。旺季畅销，淡季滞销。畅销时货物供不应求，则价格上扬；滞销时货物供过于求，为减少积压和加速资金周转，只能减价促销。

（9）支付方式。商务谈判中，货款的支付方式是现金结算，还是支票、信用卡结算或以产品抵偿，是一次性付款，还是分期付款、延期付款等这些都对价格有重要影响。

2. 报价的依据和策略

广义的报价，除了价格这一核心要素外，还包括例如一方向对方提出的所有要求。报价标志着价格谈判的正式开始，也标志谈判者的利益要求的“正式亮相”。报价策略的运用，直接影响价格谈判的开局、走势和结果。

报价应该以影响价格的各种因素、所涉及的各种价格关系、价格谈判的合理范围等为基础。同时，由于交易双方处于对立统一之中，一方在报价时，不仅要以己方可能获得的利益为出发点，更必须考虑对方可能的反应和能否被对方接受。

因此，报价的一般原则应当是通过反复分析与权衡，力求把握己方可能获得的利益与被对方接受的概率之间的最佳结合点。

在价格谈判中，报价策略主要涉及以下方面：

（1）报价起点策略。通常情况下，作为卖方，报价起点要高，即“喊价要高”；作为买方，报价起点要低，即“砍价要低”。商务谈判中这种报价起点策略，被人们形象地称为“狮子大张口”策略。

谈判双方报价起点的这种“一高一低”的策略，是合乎常理的。从对策论的角度看，谈判双方在提出各自的利益要求时,一般都含有策略性虚报的部分。这种做法,其实已成为商务谈判中的惯例。同时,从心理学的角度看,谈判者都有一种要求得到比他们预期得到的还要多的心理倾向。并且研究结果表明,若卖方开价较高,则双方往往能在较高的价位成交;若买方出价较低,则双方可能在较低的价位成交。

“喊价要高,砍价要低”的报价起点策略,有以下作用:

① 这种报价策略可以有效地改变对方的盈余要求。当卖方的报价较高,并振振有词时,买方往往会重新估算卖方的保留价格,从而价格谈判的合理范围会发生有利于卖方的变化。同样,当买方的报价较低,并有理有据时,卖方往往也会重新估算买方的保留价格,从而价格谈判的合理范围便会发生有利于买方的变化。

② 卖方的高开价,往往为买方提供了评价卖方商品的价值尺度。人们通常信奉“一分钱一分货”,所以,高价总是与高档货相联系,低价自然与低档货相联系。

③ 这种报价策略中包含的策略性虚报部分,为讨价还价过程提供了充分的回旋余地,准备了必要的交易筹码,可以有效地造成作出让步的假象。

④ 这种报价策略对最终议定成交价格具有不可忽视的影响。若双方能够有理、有利、有节地将这种报价起点策略坚持到底,那么,往往会达成双方满意的成交价格,从而使双方都能获得预期的物质利益。

当然,价格谈判中这种报价起点策略的运用,必须基于价格谈判的合理范围,必须审时度势,切不可漫天要价和胡乱杀价,否则,就会失去交易机会和导致谈判失败。

(2) 报价时机策略。价格谈判中,报价时机也是一个非常关键的问题。价格谈判中,应当首先让对方充分了解商品的使用价值和为对方带来的实际利益,待对方对此发生兴趣后再来谈价格问题。

实践经验表明,提出报价的最佳时机,一般是对方询问价格时,因为这说明对方已对商品产生了交易欲望,此时报价往往水到渠成。

但有时,在谈判开始的时候对方就询问价格,这时最好的策略是听而不闻。因为此时对方对商品尚缺乏真正的兴趣,过早报价会徒增谈判的阻力。这时应当首先谈该商品能为交易者带来的好处和利益,待对方的交易欲望已被调动起来再报价为宜。当然,对方坚持即时报价,也不能故意拖延,否则,就会使对方感到不尊重甚至反感,此时应善于采取建设性的态度,把价格同对方可获得的好处和利益联系起来。

(3) 报价表达策略。报价形式主要有书面报价和口头报价两种。

书面报价是谈判者事先准备好比较详尽的文字资料、数据图表等,将本企业承担的义务明确表达清楚,让对方明了,从而节省时间,使谈判过程更加紧凑。口头报价则具有较大的灵活性,谈判者可以根据谈判进程随时调整自己的战术,口头报价先磋商后承担义务,没有书面报价的义务感约束,但也容易出现一些误会和麻烦。

无论采取口头或书面方式,其表达都必须十分肯定、干脆,似乎不能再做任何变动,没有任何可以商量的余地,“大概”“大约”“估计”等词语在报价时不宜使用。

(4) 报价差别策略。同一商品,因客户性质、购买数量、需求急缓、交易时间、交货地点、支付方式等的不同,会形成不同的购销价格。这种价格差别,体现了商品交易中的市场需求导向,在报价策略中应重视运用。例如,对老客户或大批量需求的客户,可适当实行价格折扣;对新客户,有时为开拓新市场,亦可给予适当让价;对某些需求弹性较小的商品,可适当实行高价策略;对方"等米下锅",价格则不宜降;旺季较淡季价格高;交货地点近或区位优越者,应有适当优惠;一次性付款较分期付款或延期付款,价格需给予优惠;等等。

(5) 报价对比策略。价格谈判中,使用报价对比策略,往往可以增强报价的可信度和说服力,一般有很好的效果。

(6) 报价分割策略。这种报价策略,主要是为了迎合买方的求廉心理,将商品的计量单位细分化,然后按照最小的计量单位报价。采用这种报价策略,能使买方对商品价格产生心理上的便宜感,容易为买方所接受。

8.2.3 价格解释和价格评论

1. 价格解释

价格解释,是指卖方就其商品特点及其报价的价值基础、行情依据、计算方式等所做的介绍、说明或解答。

价格解释的内容,应根据具体交易项目确定。如:对货物买卖价格的解释,对技术许可基本费、技术资料费、技术服务费等的解释,对工程承包中的料价和工价的解释,对"三来"加工中加工费的解释,等等。①

价格解释的原则是有理、有利、有节。其具体技巧主要有:

(1) 有问必答。报价后,对买方提出的疑点和问题,需有问必答,并坦诚、肯定,不可躲躲闪闪、吞吞吐吐。否则,会给人以不实之感,授人以压价的把柄。为此,卖方应在报价前,充分掌握各种相关资料、信息,并对买方可能提出的问题进行周密的分析、研究和准备,以通过价格解释表明报价的真实、可信。

(2) 不问不答。不问不答,指买方未问到的问题,一般不必回答。以免言多语失,让买方看轻自己,削弱自己在价格谈判中的地位。

(3) 避实就虚。价格解释中,应多强调自己货物、技术、服务等的特点,多谈一些好讲的问题、不成问题的问题。若买方提出某些不好讲的问题,应尽量避其要害或转移视线,有的问题也可采取"拖"的办法:先诚恳记下买方的问题,承诺过几天给予答复,过几天人家不找就算了,找来再变通解答。

(4) 能言勿书。价格解释,能用口头解释的,不用文字写;实在要写的,写在黑板上;非要落到纸上的,宜粗不宜细。否则,白纸黑字,具体详尽,想再解释更改,就很被动。

价格解释中,作为买方,其应对策略应当是善于提问。即不论卖方怎样闪烁其词,也要善于提出各种问题,或单刀直入,或迂回侧击,设法把问题引导到卖方有意躲避或买方最为关心之处,迫使卖方解答,以达到买方目的。

价格解释对于卖方和买方,都有重要作用。从卖方来看,可以利用价格解释,充分表明所报价格的真实性、合理性,增强其说服力,软化买方的要求,以迫使买方接受报价或缩小买方讨价的期望值;从买方来看,可以通过价格解释,了解卖方报价的实质和可信程度,掌握卖方的薄弱之处,估量讨价还价的余地,进而确定价格评论应针对的要害。

---

① 就是要看 rui,小米 cha. [2011-04-27]. http://baike.baidu.com/view/4373228.htm

2. 价格评论

价格评论是指买方对卖方所报价格及其解释的评析和论述。价格评论的内容，与价格解释的内容，应该基本对应一致。同时，也应该注意价格解释的内容，逐一予以评论。

价格评论的原则是针锋相对、以理服人，具体的技巧有：

(1) 既要猛烈，又要掌握节奏。

(2) 既要自由发言，又要严密组织。

(3) 重在说明，以理服人。

(4) 评论中再侦查，侦查后再评论。[①]

8.2.4 讨价还价的技巧及其策略

1. 讨价

讨价时，首先要对报价进行评价或评论，以支持自己的讨价要求。评价可以从总体上谈己方对要价的看法。在对方改善报价后，也要对其作出新的评价，以决定是否再次进行讨价。

(1) 讨价的形式。讨价可以分为笼统讨价和具体讨价。笼统讨价即从总体价格上要求改善报价，常在第一次讨价使用。具体讨价是就分项价格要求改善要价，常用于对方第一次改善报价后的讨价或不宜采用笼统讨价方式的场合。在对方已经对报价作了一次改善后，继续向其提出笼统讨价要求。

(2) 讨价的次数。讨价的次数服从于讨价的目的，同时也受心理因素的限制。当讨价是按不同部分具体进行时，每一部分至少应讨价一次，在对方就该部分改善要价后再往下进行，否则宁可原地不动，继续讨价，直到达到讨价的目的为止。

2. 还价

所谓还价，是指谈判一方根据对方的报价和自己的谈判目标，主动或应对方要求提出自己的价格条件。还价通常是由买方在一次或多次讨价后应卖方的要求而作出的。

(1) 还价起点。还价起点是指第一次还价的价位。还价起点的确定对谈判的进程有重要影响。从买方来说，还价太高有损己方的利益，还价太低则显得缺乏诚意，均不利于谈判的正常进行。

还价起点受以下三个因素的制约：预定成交价、交易物的实际成本和还价次数。预定成交价是买方根据自己的预算所确定的可以接受的成交价格。从理论上讲，还价起点应在预定成交价之内。

还价必须要考虑对方接受的可能性。事实上，买方的第一次还价很少立即被卖方接受。因此，买方在确定还价起点时即应考虑对方的再次攻击及自己的防守余地。若能一次还价成功，还价起点可适当提高一些。

(2) 还价的时机。还价时机是指何时还价。还价时机选择得当可以减少还价次数，改善还价效果，因此还价时机是谈判者十分重视的问题。首次还价应在报价方对讨价作出回应并改善报价后进行，其最佳时机是在报价人对报价作了两次改善之后。

---

① 方明亮，刘华. 商务谈判与礼仪[M]. 北京：科学出版社，2006：160—161.

3. 讨价还价策略

讨价还价是谈判中一项重要的内容。因为一般卖方或买方的初次报价都不可能马上被对方所接受,最后的成交价格是买卖双方进一步讨价还价的结果。

一个优秀的谈判者不仅要控制谈判的基础原则、方法,还要学会熟练地运用讨价还价的策略与技巧,这是促成谈判成功的保证,常见讨价还价的策略主要有:

(1) 投石问路。要想在谈判中控制主动权,就要尽可能地懂得对方的情况,尽可能地懂得控制某一步骤对对方的影响以及对方反应如何,投石问路就是探测对方情况的一种战术。

例如,在价格讨论阶段中,想要试探对方对价格有无回旋的余地,可提议:"如果我方增加购置数额,贵方可否考虑优惠价格呢?"然后,可根据对方的开价,进行选择比较,讨价还价。通常情况,任何一块"石头"都能使买方进一步了解卖方的商业习惯和动机,而且对方难以拒绝。

(2) 报价策略。交易谈判的报价是不可逾越的阶段,只有在报价的基础上,双方才可以进行讨价还价。

(3) 抬价压价策略。在商务谈判中,通常双方都要经过多次的抬价、压价,才能互相让步,确定一个一致的价格标准。由于谈判时抬价一方不明确对方的要求是多少,在什么情况下会让步,所以这一策略运用的要点就是抬到多高才是对方能够接受的。一般而言,抬价是建立在科学的计算与准确的观察、分析、断定的基础上,当然,忍耐力、经验、能力和信心也是十分重要的。抬高价往往会有令人意想不到的收获,许多人常常在双方已商定好的基础上又反悔变卦、抬高价格,而且往往能如愿以偿。抬价作用还在于卖方能较好地遏制买方的进一步要求,从而更好地维护己方利益。

案例

几年前,王老板曾在一家大公司做营销部主任。在一项采购洽谈业务中,有位卖主的产品喊价是50万,王老板和成本分析人员都深信对方的产品只要44万就可以买到了。一个月后,王老板和对方开始谈判,卖主使出了最厉害的一招。他一开始就先说明他原来的喊价有错,现在合理的开价应该是60万元。听他说完后,王老板不禁对自己原先的估价怀疑起来,心想,可能是估算错了,60万元的喊价到底是真的还是假的,王老板也不清楚。最后他以50万元的价格和卖方成交,感到非常满意。

压价可以说是对抬价的破解。如果是买方先报价格,可以低于预期进行报价,留有讨价还价的余地。如果是卖方先报价,买方压价,则可以采用多种方法:

① 戳穿对方花招,直接指出本质,比如算出对方产品的成本费用,挤出其报价的水分。

② 制定一个不超过预算的金额,或是一个价格的高低限,然后围绕这些标准,进行讨价还价。一个优秀的谈判者,面对谈判对手时很少直接逼问:"你想出什么价?"相反,他会不动声色地说:"我知道您是行家,经验丰富,根本不会出20元的价钱,但你也不可能以15元的价钱买到。"这种报价方法,既报高限,又报低限,传达出的信息是:讨价还价是允许的,但必须在某个范围之内。

③ 用反抬价方法,如果在价格上迁就对方,必须在其他方面获得补偿。

④ 召开小组会议,集思广益思考对策。

⑤ 在合同没有签订以前,请求对方做出某种保证,以防反悔。

⑥ 使对方在合同上签订的人越多越好,这样对方就难以改口。

案例

汤姆的汽车毁于一场事故,幸亏他的汽车保过全险,可是确切的赔偿金额要由保险公司的调查员鉴定后确定,于是双方有了下面的对话:

调查员:我们研究过你的案件,决定采用保险单的条款。这表示你可以得到 3 300 元的赔偿。

汤姆:我知道。你们是怎么算出这个数字的?

调查员:我们是依据这部汽车的现有价值。

汤姆:我了解,可是你们是按照什么标准算出这个数目?你知道我现在要花多少钱才能买到同样的车子吗?

调查员:你想要多少钱?

汤姆:我想得到按照保单应该得到的钱,我找到一部类似的二手车,价钱是 3 350 元,加上营业和货物税之后,大概是 4 000 元。

调查员:4 000 元太多了吧!

汤姆:我所要求的不是某个数目,而是公平的赔偿。你不认为我得到足够的赔偿来换一部车是公平的吗?

调查员:好,我们赔你 3 500 元,这是我们可以付的最高价。公司的政策是如此规定的。

汤姆:你们公司是怎么算出这个数字的?

调查员:你要知道 3 500 元是你可以得到的最高数,你如果不想要,我就爱莫能助了。

汤姆:3 500 元可能是公道的,但是我不敢确定。如果你受公司政策的约束,我当然知道你的立场。可是除非你能客观地说出我能得到这个数目的理由,我想我还是最好诉诸法律之途,我们为什么不研究一下这件事,然后再谈,星期三上午 11 点我们可以见面谈谈吗?

调查员:好的。我今天在报上看到一部七八年的菲亚特汽车,出价是 3 400 元。

汤姆:噢!上面有没有提到行车里数?

调查员:49 000 公里。为什么你问这件事?

汤姆:因为我的车只跑了 25 000 公里,你认为我的车子可以多值多少钱?

调查员:让我想想……150 元。

汤姆:假设 3 400 元是合理的话,那么就是 3 550 元了。广告上面提到收音机没有?

调查员:没有。

汤姆:你认为一部收音机值多少钱?

调查员:125 元。

汤姆:冷气呢?

…………

两个半小时之后,汤姆拿到了 4 012 元的支票。

(4) 价格让步策略。价格让步理想的方法是每次作价格递减式让步，做到让而不乱，进而成功遏止对方产生无穷尽让步的要求。

(5) 最后报价。最后出价最为关键的是控制好机会、时间和方法，因为如果在双方各不相让，甚至是在十分气愤的对峙状态下进行最后报价，很可能会使对方认为是种要挟，危及谈判顺利进行。当双方就价格问题不能达成一致时，如果报价一方看出对方有明显的达成协议的偏向，这时提出最后的报价较为合适。

8.2.5 让步策略

商务谈判的过程中，在准确理解对方利益需求的前提下，努力寻求各种双方互利的解决方案是一种正常渠道达成协议的方式，但在解决一些棘手的利益冲突时，如双方就某一个利益问题争执不下，恰当地运用让步策略是非常有效的工具。要准确、有价值地运用好让步策略，总体来讲必须服从以下原则：

1. 目标价值最大化原则

商务谈判中很多情况下的目标都不是单一的目标，不可避免地存在着目标间互相冲突的现象，让步策略首要就是保护重要目标价值的最大化。成功的商务谈判者在解决这类矛盾时所采取的思维顺序是：

① 评测目标冲突的重要性，分析自己所处的环境和位置，以及在不牺牲任何目标的前提下冲突是否可以解决；

② 如果在冲突中必须有所选择的话，区分主目标和次目标，以保证整体利益的最大化。

2. 刚性原则

谈判中可以使用的让步资源是有限的，所以，让步策略的使用是具有刚性的，其运用的力度只能是先小后大，一旦让步力度下降或减小，则以往的让步价值也失去意义；同时，一种方式的让步使用几次就失去效果，谈判对手的某些需求是无止境的。

3. 时机原则

这一原则就是在适当的时机和场合作出适当的让步，使其作用发挥到最大。在谈判的实际过程中，时机非常难以把握，常常存在让步时机难以判定、对于让步的随意性导致时机把握不准确等问题。

4. 清晰原则

指的是让步的标准、对象、理由、具体内容及实施细节应当准确明了，避免因为让步而导致新的问题。

5. 弥补原则

即这一方面虽然己方给了对方优惠，但在另一方面必须加倍地至少均等地获取回报。

在让步具体过程中，还应注意以下问题：

(1) 不要作无谓的让步，要服务于己方的整体利益。

(2) 在未完全清楚让步的后果之前，不要轻易让步。盲目让步会影响双方的实力对比，让对方占有某种优势。

(3) 让步要让得恰到好处，使己方以较小的让步获取对方较多的满意。

(4) 在对己方重要的事情上，力求使对方先让步；在较为次要的问题上，根据情况，己方可以考虑先让步。

(5) 不要承诺作同等程序的让步,如对方提出此种要求,可以己方无法承担予以拒绝。

(6) 让步要三思而行、谨慎从事,不要过于随便,给对方留下无所谓的印象。

(7) 如果作出的让步欠妥,要及早收回,不要犹豫。

(8) 即使作出的让步不大,也要使对方觉得让步来之不易,倍加珍惜。

(9) 一次让步幅度不宜过大,节奏也不宜太快,应做到步步为营。

(10) 接受对方的让步要心安理得,不要一接受对方的让步就有负疚感,马上考虑是否作出什么让步给予回报。否则,争取到的让步就失去了意义。

在商务谈判中,为了促成双方达成协议,让步是必要的。但是,让步不是轻率的行动,必须以交换为前提,慎重处理。成功的让步策略可以起到以牺牲局部小利益来换取整体大利益的作用,达到“以小换大”的效果。

8.2.6 其他策略

1. 攻心策略

它是一种心理战术。即谈判一方利用使另一方心理上不舒服或感情上的软化来使其妥协退让的战术。

(1) 比较常见的方法有:

第一,以愤怒、发脾气等爆发行动使对手手足无措,使对方感到强大的心理压力。

第二,以眼泪或其他软化方式来博得谈判另一方的同情、怜悯,以使对方让步。

第三,谄媚、过火地恭维谈判的另一方,唤起对方的自尊心、虚荣心,使对方为显示自己能力而作出退让。

第四,制造负罪感,使谈判另一方产生赎罪心理。

第五,采取蔑视或暗示等形式,给对方设置心理障碍,使对方主动让步。

运用攻心战术要适可而止。因为不论是感情上的爆发,还是制造负罪感,都不是原则性谈判所提倡的,也很难掌握度,用不好会产生很大的副作用。

(2) 如果对方采用这种战术,我们可以采取下列对策:

第一,保持冷静、清醒的头脑。

第二,一般情况下特别是当对方是初次合作时,只谈事实,不涉及个人感受,要时刻提醒自己不能凭感情、情绪化地处理谈判中的重要问题。

第三,对谈判对手充满感情的话语的表达,在表示你了解他感受的同时,也表明你应坚持的立场及你所承担的责任。

第四,明晰对方恭维的真正目的。坚持任何情况下不卑不亢,不为所动。

2. 吹毛求疵策略

谈判中,讨价还价时,对方的目标越高,对我方越不利。因此,我方首先要降低对方的目标,给对方的商品挑出毛病,就等于贬低产品的价值,对方心目中就失去了商品应有的基础。吹毛求疵策略,就是谈判中的一方为了达到自己预定的目的,先向对方提出苛刻要求,然后再逐渐让步,求得双方一致的做法,以此来获得己方的最大利益。

吹毛求疵策略,能使谈判一方充分地争取到讨价还价的余地,如果运用地好,无疑会使一方大受其益。而买方恰到好处提出挑剔性问题，是运用吹毛求疵策略的关键所在。一般来说，买方的挑剔范围是在商品质量性能、成本价格、运输等方面寻找"瑕疵"。如果你在吹毛求疵时，面面俱到，抓不住重点，击不中要害，不但不足以说明问题，还会引起对方的怀疑，以为你在故意刁难他，这样，谈判就很难进行下去了。吹毛求疵的方式常常采用对比法，即将商品及其交易条件与其他商品和交易条件相比较，使卖方不得不承认自己的弱点和不足，伺机予以攻击，实现自己的谈判意图。

案例

汤姆有一次去买冰箱。营业员指着汤姆要的那种冰箱说："259.5 美元一台。"接着，汤姆导演了一台精彩的"喜剧"：

汤姆：这种型号的冰箱一共有多少种颜色？

营业员：共有 32 种颜色。

汤姆：能看看样品本吗？

营业员：当然可以！（说着立即拿来了样品本）

汤姆（边看边问）：你们店里的现货中有多少种颜色？

营业员：现有 22 种。请问您要哪一种？

汤姆（指着样品本上有但店里没有的颜色）：这种颜色同我厨房的墙壁颜色相配！

营业员：很抱歉，这种颜色现在没有。

汤姆：其他颜色与我厨房的颜色都不协调。颜色不好，价钱还这么高，要不便宜一点，我就要去其他的商店了，我想别的商店会有我要的颜色。

营业员：好吧，便宜一点就是了。

汤姆：可这台冰箱有些小毛病！你看这里。

营业员：我看不出什么。

汤姆：什么？这一点毛病尽管小，可是冰箱外表有毛病通常不都要打点儿折扣吗？

营业员：……

汤姆（又打开冰箱门，看了一会儿）：这冰箱带有制冰器吗？

营业员：有！这个制冰器每天 24 小时为您制冰块，一小时才 3 美分电费。（他认为汤姆对这制冰器感兴趣）

汤姆：这可太糟糕了！我的孩子有轻微哮喘病，医生说他绝对不可以吃冰块。你能帮我把它拆下来吗？

营业员：制冰器没办法拆下来，它和整个制冷系统连在一起。

汤姆：可是这个制冰器对我根本没用！现在我要花钱把它买下来，将来还要为它付电费，这太不合理了！……当然，假如价格可以再降低一点的话……

结果，汤姆以相当低的价格——不到 200 美元就买下了他十分中意的冰箱。

但是，任何谈判策略的有效性都有一定的限度，这一策略也是如此。先向对方提出要求，不能过于苛刻，漫无边际，不能与通行和惯例作法相距太远。否则，对方会觉得我方缺乏

诚意，以致中断谈判。另外，对一些优质产品、名牌产品，不能一味贬低，对某些商品的贬低如果过火，可能会激怒对方。

对方吹毛求疵时的应对策略主要有：

(1) 必须要有耐心。那些虚张声势的问题及要求，自然会渐渐地露出马脚来，并且失去影响力。

(2) 遇到了实际问题，要能开门见山地和买主私人商谈。

(3) 对于某些问题和要求，要能避重就轻或视若无睹地一笔带过。

(4) 当对方在浪费时间、节外生枝或做无谓的挑剔或无理的要求时，必须及时提出抗议。

(5) 向买主建议一个具体且彻底的解决方法，而不去讨论那些没有关联的问题。

3. 车轮战术策略

车轮战是指在谈判中，一方遇到关键问题或与对方有无法解决的分歧时，借口自己不能决定或找其他理由，转由他人再进行谈判。

在商务谈判中，有些谈判者惯于先让下属出面与对手谈判，提出苛刻的条件，使谈判出现僵局，待双方都精疲力竭时，主要负责人再出面与对手进行实质性会谈。这时对方在心理上和气势上都处于弱势，因为他要复述过去争论的话题，要了解新的对手，会消耗许多精力，使其在正式的谈判中力量不足，从而丧失信心、降低要求，很可能作出过多的让步，达成对其不利的协议。另外这种策略能够补救己方的失误，前面的主谈人可能会有一些遗漏和失误，或谈判效果不尽如人意，则可由更换的主谈人来补救，并且顺势抓住对方的漏洞发起进攻，最终获得更好的谈判效果。

该策略的对策是：

(1) 无论是对方是否准备采用该策略，都要做好充分的心理准备，以便有备无患。

(2) 新手上场后不要重复过去的争论。如果新的对手否定其前任作出的让步，自己也借此否定过去的让步，一切只能从头开始。

(3) 用正当的借口使谈判搁浅，直到把原先的对手再换回来。

4. 红白脸策略

又称软硬兼施策略或好坏人策略、鹰派鸽派策略等。当商务谈判出现一些问题时，当商务谈判的气氛明显充满敌意时，当对方因为要坚持自己的观点和利益而不肯让步时，己方的"白脸人"出场。他可以表现地很生气，或者大发雷霆，尽力地指责和诋毁对手，目的是把气氛搞得十分紧张。然后是己方的"红脸人"出场，他的任务是出来缓和气氛，在劝阻自己同伴的同时平静而又明确地指出：这种场面完全是由对方的态度所造成的。

当"白脸人"发怒以后，对方一般会被激怒，而后又会感到自己的做法有失情理，在这种心理下，对方就会自然地对自己一直坚持的条件作出让步，在不知不觉中使己方实现了预期的目的。①

① 薛文玲. 商务谈判策略之红白脸策略[2009-04-17]. http://www.chinavalue.net/Archive/2009/4/17/171015.html

案例

有一次，一个亿万富翁卡尔想买飞机。他计划购买20架，而其中的10架他更是志在必得。起初，卡尔亲自出马和飞机制造商洽谈，却因为价格原因怎么也谈不拢。最后这位富翁勃然大怒，拂袖而去。后来，卡尔找了一位代理人，他告诉代理人，只要能买下他最中意的那10架即可。可谈判的结果很是出人意料，代理人居然将20架飞机都买下来，而且价格也令卡尔相当满意。卡尔非常佩服那位代理人，问他是怎么做到的。代理人回答说："这很简单，每一次谈判一陷入僵局，我便问他们，是希望继续和我谈呢，还是希望和卡尔本人谈。我这么一问，他们就乖乖地说，算了，就按你的意思办吧。"

在使用此策略时要注意几点：

（1）使用前，应该进行仔细地策划和排练。扮演"白脸"者要使人望而生畏并容易被激怒，又要出言在理，保持良好形象。而"红脸人"应为主谈人或负责人，必须善于逢场作戏，十分圆滑和理智，让"白脸"好下台，及时请对方表态。

（2）若是一个人同时扮演"红白脸"，则要机动灵活。例如发起强攻时，声色俱厉的时间不宜过长，同时说出的硬话要给自己留有余地，否则会把自己给绊住了。若由于过于冲动而被动时，最好的方法就是休会或散会，通过改变时间，以争取请示、汇报、研究被动局面的化解法。

（3）使用中，要注意谈判的气氛，只有当谈判气氛剑拔弩张的时候运用此策略才能拥有好的效果。

5. 得寸进尺策略

得寸进尺策略，是指谈判的第一次让步，往往会引起对方一连串的让步要求，从而获得更多利益的一种谈判策略。这一策略的核心是：先努力在对方的谈判防线上打开一个小缺口，然后再用各种理由，逼对方不断地扩大缺口，以实现自己的目标。这种战术的运用也具有一定的冒险性，如果一方压得太凶，或要求方式不得当，反而会激怒对方，使其固守原价甚至加价，以进行报复，从而使谈判陷入僵局。因此，只能在以下情况下，才能采用这一策略：

（1）出价较低的一方，有较为明显的议价倾向；

（2）经过科学的估算，确定对方出价的"水分"较大；

（3）先弄清一些不需要的服务费用是否包括在价格之中；

（4）熟悉市场行情。

对方得寸进尺时的对策：

（1）要防止对方得寸进尺，就不能轻易地让步；

（2）即使非得让步，让步幅度越小越好，使对方得了"寸"而不抱希望"进尺"；

（3）把让步和对方的让步挂起钩来，形成你"得寸"我也"得寸"，你"进尺"我也"进尺"，让对方知难而退。

6. 先斩后奏策略

先斩后奏策略亦称"人质策略"，是指在商务谈判中实力较弱的一方通过一些巧妙的办法"先成交，后谈判"，而迫使对方让步的策略或技巧。其实质是让对方先付出代价，并以这些代价作为"人质"，扭转自己在谈判中的被动局面，让对方衡量所付出的代价和中止成交所受损失的程度，被动接受既成交易的事实。

谈判中的可供买卖双方采用的“先斩后奏”的具体手法主要有以下几种：

(1) 买方运用先斩后奏策略

① 先获得卖方的商品，然后以各种理由要求降低商品价格或推迟交款时间。

② 先让卖方根据自己的需要组织货源，而当卖方将货源组织上来以后又提出苛刻条件，让卖方处于被动状态。

③ 先赊购卖方产品，到期后又借口自己资金不足无力偿付，要分期付清货款，使得卖方处于被动地位。

(2) 卖方运用先斩后奏策略

① 先获得买方的预付款，然后寻找理由提价或延期交货。

② 先提供一部分买方急需的产品，然后借故停止供应，使买方因不能继续获得这种产品而造成生产、销售不能顺利进行，从而向对方提出抬高价格等新的要求。

③ 收取甲级产品的货款，交付的却是乙级产品的货物。

需要说明的是，上述各种手段如果没有正当理由，都是缺乏市场经济商业道德的表现形式，不宜采用。

7. 声东击西策略

声东击西策略指谈判中的一方为达到某种目的和需要，故作声势地将洽谈的议题引导到某些对于对方并非重要的问题上去，以分散对方注意力，达到己方目的。使用此策略的一个最大目的，就是掩盖真实的企图，因为只有在对手毫无准备的情况下，才容易实现目标。

案例

某工厂要从日本A公司引进收音机生产线，在引进过程中双方进行谈判。在谈判开始之后，日本公司坚持要按过去卖给某厂的价格来定价，坚决不让步，谈判进入僵局。我方为了占据主动地位，开始与日本B公司频频接触，洽谈相同的项目，并有意将此情报传播，同时，通过有关人员向A公司传递价格信息。A公司信以为真，不愿失去这笔交易，很快接受我方提出的价格，这个价格比过去其他厂商引进的价格低26%。

8. 最后通牒策略

最后通牒策略是指当谈判双方因某些问题纠缠不休时，其中处于有利地位的一方向对方提出最后交易条件，要么对方接受本方交易条件，要么本方退出谈判，以此迫使对方让步的谈判策略。

案例

有一位顾客要求美国一家保险公司偿付一笔赔偿费。保险公司先是答应给他一笔慷慨的赔偿费，同时，该公司具体负责清算赔偿的人士也告诉他说，自己下星期就要休假，要求这位顾客在星期五之前把所有资料送来核查，否则赔偿将无法实施。于是这位顾客加班加点，终于在星期五下午把所有资料都准备妥当。但当他把资料送到保险公司后，对方却答复说：经请示上级，公司只能偿付一半的赔偿费。这位顾客不知所措，为了要赶上星期五这个时间期限，他在焦急中暴露出了不利于自己的弱点。而根本就没有打算休假的保险公司人士却借用了一个虚假的时间限制，轻松地赢得了这场谈判。

最后通牒策略以极强硬的形象出现，人们往往不得已而用之。因为它的最后结果可能是促使谈判成功，也可能中断谈判。一般来说，谈判双方都是有所求而来的，谁都不愿白白地花费精力和时间空手而归。但即便如此，使用最后通牒策略也必须慎重，因为它实际上是把对方逼到了毫无选择的境地，容易引起对方的敌意。

一般来说，以下四种情况适合使用最后通牒策略：

(1) 谈判者知道自己处于一个强有力的地位，他的条件优越于别的竞争者。

(2) 谈判者已尝试过其他方法，但都未取得什么效果。这时，最后通牒策略是迫使对方改变想法的唯一手段。

(3) 当己方将条件降到最低限度，没有更大余地时。

(4) 当对方经过旷日持久的谈判，已无法再担负由于失去这笔交易所造成的损失而非达成协议不可时。

9. 疲劳战术策略

疲劳战术是通过谈判中超负荷、超长时间的谈判或故意单调的陈述，使对手从肉体上到精神上感到疲劳，从而使其因疲劳造成漏洞，甚至动摇立场。在谈判中谈判者不但要精力集中，而且还要体力充沛。疲劳使人反应迟钝，同时由于精力不支，对事情总是马马虎虎，因此容易被动挨打，甚至在谈判中犯下愚蠢的错误。

作为谈判者，一方面可以利用“疲劳战术”消磨对方的精力，另一方面也要谨防对方使用疲劳战术。

10. 限制策略

所谓限制策略，是指在谈判中以某种客观因素或条件受制约而无法满足对方的要求为由，坚定立场，阻止对方进攻，从而迫使对方作出让步的一种谈判策略。

商务谈判中，经常运用的限制因素有以下几种：

(1) 权力限制策略

谈判者所拥有的权力往往受到上司的授权、国家法律和公司政策以及交易惯例限制。一个谈判人员的权力受到限制后，可以很坦然地对对方的要求说“不”。

例如，己方可以这样说：“该问题很棘手，它超出了我的工作范围。听起来，贵方的道理似乎很令人信服，但主管部门的先生们是否与我感觉一样，我不能代替他们做主，只有等转告他们之后才知道。”因为未授权，对方无法强迫己方超越权限作出决策，而只能根据己方的权限来考虑这笔交易。对方或选择中止谈判、交易告吹，或寻找有更大权限的上司重新开始谈判。此时，己方人员可以说：“我作为主谈人的使命已完成了。遗憾的是，贵我双方未能解决问题。贵方的坚持有贵方的理由，我也不能强迫贵方放弃。只是贵方欲要继续谈判，主谈就不是我了。我只能代为转达贵方的意见供我方有关部门研究。”如果对方这样做了，他将面临又一个根本不熟悉的对手，又必须做更多的准备工作，都不得不遭受人力、物力、财力和时间上的损失，而且还有可能因此影响双方长期的友好合作关系。所以，对方往往宁可做一些让步，也不愿去找另一方的上司谈判。

(2) 资料限制策略

在商务谈判过程中，当对方要求己方就某一问题进一步解释，或要求己方让步时，己方可以用诚恳的口气告诉对方："实在抱歉，有关这方面的详细资料我方手头暂时没有(或者没有备齐，或者这属于本公司方面的商业秘密或专利品资料)，因此暂时还不能做出答复。"对方在听过这番话后，自然会暂时放下该问题。

(3) 其他方面的限制

包括自然环境、人力资源、生产技术要求、时间等因素的限制，都可用来阻止对方的进攻。这些限制有些能使己方有充分的时间去思考，能使己方更坚定自己的立场，迫使对方不得不让步；有些则使己方有机会想出更好的解决办法，或者更有能力和对方周旋，还能够考验对方的决心，顾全自己的面子，同时也能使对方有面子地让步。

因此，谈判学里有这样一句名言："在谈判中，受了限制的权力才是真正的权力。"受了限制的权力往往成了权力的来源。

8.3 商务谈判终局阶段策略

8.3.1 商务谈判的结束

商务谈判终局阶段是谈判的最后阶段，但也存在着最后的一些障碍，谈判人员应善于把握谈判结束的时机，促成谈判达成协议，签订合同，实现谈判目标。它是由一方向另一方发出成交信号，发出成交信号是一门艺术，运用得当会令谈判者在谈判收尾时获得意外的收获，并且赢得对方的忠诚和依赖。

1. 商务谈判结束的判断

(1) 从谈判涉及的交易条件来判断

考察交易条件中尚余的分歧；考察交易对手交易条件是否进人己方成交线；考察双方在交易条件上的一致性。

(2) 从谈判时间来判断

双方约定的谈判时间；单方限定的时间；形势突变的谈判时间。

(3) 从谈判策略来判断

最后立场策略；折中进退策略；总体交换条件策略。

(4) 以谈判者发出的信号来判断

在商务谈判活动中，随着双方对所商讨问题的不断深入，成交的机会会随时出现，那种认为只有商谈到最后，才是要求成交的最佳时机是极端错误的。

如何判断对方的成交迹象呢？主要有以下几个方面：

第一，对方由对一般问题的探讨延伸到对细节问题的探讨。例如，向你询问交货的时间；向你打听新旧产品及有关产品的比价问题；让你把价格说得确切一些；要求将报价的有效期延续几天。

第二，对方以建议的形式表示他的遗憾。例如，对质量和加工提出具体要求；提出了某些反对意见。

第三，对方要求实地试用产品。

第四，当对方对你的介绍和商品的使用功能随声附和，甚至讲的比你还要具体。

第五，当对方谈判小组成员由开始的紧张转向松弛，相互间会意地点头、用眼睛示意等。

作为谈判者，要善于抓住一切显示成交的机会，特别是对方讲话时所发出的信号，也许他是无意识的，这样对你更有利。

2. 商务谈判结果的可能和结束方式

(1) 结果的各种可能

达成交易，并改善了关系；

达成交易，但关系没有变化；

达成交易，但关系恶化；

没有成交，但改善了关系；

没有成交，关系也没有变化；

没有成交，但关系恶化。

(2) 结束的方式

成交；中止(有约期中止；无约期中止)；谈判破裂。

8.3.2 成交的达成及策略

1. 把握签约意向，向对方发出信号

谈判收尾，在很大程度上是一种掌握火候的艺术，通常会发现，一场谈判旷日持久但进展甚微，然后由于某种原因，大量的问题神速地得到解决，一方的让步有时能使对方相应也作出让步，反过来又引起新一轮的让步，最后的细节在几分钟内即可拍板。

(1) 常见的成交信号

① 谈判人员所提出的建议是完整的，绝对没有不明确之处；如果他的建议未被接受，除非中断谈判，谈判者没有别的出路。

② 谈判者用最少的言辞阐明自己的立场，谈话中表达出一定的承诺思想，但不含有讹诈的成分，比如："好，这就是我最后的主张了，现在您的意见如何？"

③ 谈判者在阐明自己的立场时，完全是一种最后决定的语气，坐直身体，双臂交叉，文件放在一边，两眼紧盯着对方，不卑不亢，没有任何紧张的表示。

④ 回答对方的任何问题尽可能简单，常常只回答一个"是"或"否"，使用短词，很少用论据，表明确实没有折中的余地。

⑤ 一再向对方保证，现在结束对他是最有利的，并告诉他理由。

发出这些信号，目的在于促使对方脱离勉强或惰性十足的状态，设法使对方行动起来，从而达成一个承诺。这时应该注意，若过分使用高压政策，有些谈判对手就会退出；如果过分表示出你希望成交的热情，对方就有可能一步也不让而向你发起进攻。

(2) 最后一次报价

在一方发出签约意向的信号，而对方又有同感的时候，谈判双方都需要作最后一次报

价。对最终报价,要注意以下几点:

① 不要过于匆忙报价,否则会被认为是另一个让步,令对方觉得还可以再努力争取到另一些让步;如果报价过晚,对局面已不起作用或影响很小,也是不妥的。为了选好时机,最好把最后的让步分成两步:主要部分在最后期限之前提出,刚好给对方留一定时间回顾和考虑;次要部分,如果有必要的话,应作为最后的"甜头",安排在最后时刻做出。

② 最后让步的幅度大小。最后让步必须足以成为预示最后成交的标志。在决定最后让步幅度时,一个主要因素是看对方接受这一让步的人在对方组织中的位置。大小应该刚好满足较高职位的人维持他的地位和尊严的需要。

③ 让步与要求同时并提,除非己方的让步是全面接受对方现时的要求,否则,必须让对方知道,不管在己方做出最后让步之前或做出让步的过程都希望对方予以响应,做出相应的让步。①

(3) 最后的总结

在发出成交信号、最终报价和交易达成的会谈之前,很有必要进行最后的回顾和总结,这种回顾的时间和形式取决于谈判的规模,可以安排在一个正式的会议上,也可以安排在一天谈判结束后的20分钟休息时间里。

2. 促成签约的策略

(1) 期限策略

即规定出谈判截止日期,利用谈判期限的力量向对方施加无形压力,借以达到促成签约的目的。

(2) 优惠劝导策略

即是向对方提供某种特殊的优待,促成尽快签订合同。例如,采用买几送一、折扣销售、附送零配件、提前送货、允许试用、免费安装、免费调试、免费培训、实行"三包"等手段。

(3) 采取一种表明结束的行动

谈判一方可以给对方一个购货单的号码、明信片,或者和他握手祝贺谈判成功。这些行动有助于加强对方已经做出的承诺。

(4) 主动征求签约细节方面的意见

谈判一方主动向对方提出协议或合同中的某一具体条款的签订问题,以敦促对方签约。例如,验收条款,要共同商定验收的时间、地点、方式及技术要求等。

8.3.3 签约和履约

此时,交易条件在双方可接受的范围内并且原则上已全部达成协议,预定的结束时间也即将到来,谈判双方逐步走向一致的最后阶段——签约阶段。很明显,这一重要阶段既是本次商务谈判的终结,又是商务谈判签约履约的开始。当然,它对下一次商务谈判的到来有着至关重要的影响。

1. 签订合同

在签订合同之前,首先需要以备忘录为基础草拟合同。此时,不仅要反复核查书面承

① 方明亮,刘华.商务谈判与礼仪[M].北京:科学出版社,2006:49—50.

诺，也不能忽视核实对方的口头允诺，在签字之前重读协议，就达成的工作、条件、送货方式、品质等条款严格审阅。合同签订后，我们需要立即执行谈判合同。卖方备货，买方筹款，做好接货准备，但同时我们应对此次谈判做个总结，审视已谈判目标的实际情况，策略运用以及分析总结对手，从中获得经验。值得注意的是应注意巩固与客户的友谊，建立牢固的关系网，以利于长远发展。

书面协议或合同的签订要注意以下几点：

（1）签字前的审核；

（2）合同书写全面完善，语言准确；

（3）合同文本的结构模式合理；

（4）合同的内容要素完整；

（5）选择合适的签字人；

（6）选择恰当的签字仪式。

2. 履约

协议（合同）履行中的主要谈判业务主要包括：

① 协议转让的谈判业务；

② 协议变更的谈判业务；

③ 协议解除的谈判业务。

【本章习题】

1. 商务谈判开局阶段的策略有哪些？

2. 制订一个车轮战术的策略。

3. 在谈判中，如果对方使用限制策略，应如何应对？

4. 正确运用商务谈判策略时要注意哪些问题？

【扩展学习】

澳大利亚A公司、德国B公司与我国C公司，谈判在我国合作投资滑石矿事宜，我方C公司欲控制出口货源，但又不能为该合作投入现金，只想用人力与无形资产投入。

A公司和B公司代表来华欲参观考察矿山，C公司积极派人配合并陪同前往，整个日程安排周到，准备充分，在有限的时间里满足了A公司和B公司该次访问的要求，双方在预备会和小结会上对合作投资方式进行了讨论。

A公司：我公司是较大的滑石产品生产的专业公司，产品在国际市场占有相当份额，尤其在精细滑石产品方面。

B公司：我们在中国投资过，但失败了，正在纠纷中，但我们认为中国资源丰富，潜在市场大，很想找一个合作伙伴再重新干。

C公司：贵公司算找对了人了。谢谢贵方这么看重我公司，贵方欲与我公司怎么合作呢？

A公司：我公司计划是在中国找一个有信誉、有能力的大公司，一起投资中国矿山。

C公司：我公司是出口滑石的公司，若要投资则需集团审批，据我集团的近期发展规划看这个行业不是投资重点。

B公司：贵公司的情况，我们理解，不过A公司却有诚心在中国投资，第一次的失败使这次投资十分犹豫。

C公司：的确，中国是个投资环境水平不平衡的地方。有的地区发达，有的地区不发达，要钱时说的很好，钱到手后就不是那么回事了。尤其是采矿投资，与地质条件关系很大，而当矿床跨越不同村镇时，还发生所有权的问题。过去，我们已遇到这类的问题，作为外国投资者需要解决地质探测、矿山合伙人选择、国家政策、人文、商务法律、市场等问题，这些均影响投资成本和成败。

A公司：贵公司讲的正是我们所担忧的，我们希望像贵公司这样的公司可以解决这些问题。

C公司：我公司是国际化的公司，按国际规范工作，尽管我们是中国人，但我们认为，使中国企业按国际规范与外国投资者合作是中国经济发展的重要条件。

B公司：若贵公司能参与合作，将是有意义的。

C公司：刚才我们已谈到贵方这样投资的问题所在，但我们十分赞赏贵公司对中国投资的勇气，作为中国公司，我们很愿意提供帮助，不过，我方将不以现金投入，而可以我们的商誉和协助解决上述问题的义务投入。

A公司：贵方这种投入也是有意义的。

C公司：如贵方认为是有价值的，那么我建议贵方可以将它罗列出来，并予以作价。当贵方与中方矿山谈判合资时，我方可与贵方作为一方谈判。我方在合资企业的股份，将从贵方所占份额中划出。

B公司：贵方的建议可以考虑。

C公司：若贵方同意我方合作的方式，那么，请贵方提供协议方案以确定双方关系，便于以后的工作。

A、B公司：待我回国汇报后，将书面回答贵方。

A、B公司代表回国后三周，给C公司来电，同意C公司以其商誉和服务入股。C公司为保出口货源和不出现金入股的方案谈判成功。

思考题

1. C公司在谈判中运用了什么策略？
2. A、B公司的谈判呢？
3. A、B、C公司的谈判结果如何评价？

第9章　商务谈判僵局的处理

【学习要点】

1. 掌握商务谈判各种僵局处理的策略和方法
2. 熟悉商务谈判中僵局产生的原因
3. 了解谈判过程中的优势与劣势

【导入案例】

中海油某公司欲从澳大利亚某研发公司(以下简称C公司)引进“地层测试仪”,双方就该技术交易在2000年至2002年期间举行了多次谈判。地层测试仪是石油勘探开发领域的一项核心技术,掌控在国外少数几家石油巨头公司手中。他们对中国实行严格的技术封锁,不出售技术和设备,只提供服务,以此来占领中国广阔的市场,赚取高额垄断利润。澳大利亚C公司因缺乏后续研究和开发资金,曾在2000年之前主动带着他们独立开发的、处于国际领先水平的该设备来中国寻求合作者,并先后在中国的渤海和南海进行现场作业,效果很好。

中方于2000年年初到澳方C公司进行全面考察,对该公司的技术设备很满意,并就技术引进事宜进行正式谈判。考虑到这项技术的重要性以及公司未来发展的需要,中方谈判的目标是出高价买断该技术。但C公司坚持只给中方技术使用权,允许中方制造该设备,技术专利仍掌控在自己手中。他们不同意将公司赖以生存的核心技术卖掉,委身变成中方的海外子公司或研发机构。双方巨大的原则立场分歧使谈判在一开始就陷入僵局。

中方向C公司表明了立场之后,对谈判进行“冷处理”,回国等待。迫于资金短缺的巨大压力,C公司无法再继续拖延,在2000—2002年期间,就交易条件多次找中方磋商,试图打破僵局。由于种种原因,中澳双方最终没能达成协议,谈判以失败告终。但中海油科技工作者走出了一条自力更生的技术创新之路。

9.1　僵局的产生

谈判僵局是指商务谈判过程中出现难以再顺利进行下去的僵持局面。在谈判中,谈判双方各自对利益的期望或对某一问题的立场和观点存在分歧,很难形成共识,而又都不愿做出妥协向对方让步时,谈判就会出现停顿,即进入僵持状态。

谈判僵局出现后对谈判双方的利益和情绪都会产生不良影响。谈判僵局会有两种后果:打破僵局继续谈判或谈判破裂,当然后一种结果是双方都不愿看到的。因此,了解谈判僵局出现的原因,避免僵局出现,以及一旦出现僵局能够运用科学有效的策略和技巧打破僵局,重新使谈判顺利进行下去,就成为谈判者必须掌握的重要技能。

9.1.1 僵局产生的原因

1. 立场分歧

立场分歧导致的僵局是比较常见的,由于谈判双方各自坚持自己的立场观点,排斥对方,认为己方是正确合理的,而对方是错误的,并且谁也不肯放弃自己的立场观点,往往会出现争执,形成僵持不下的局面。双方真正的利益需求被这种立场观点的争论所搅乱,而双方又为了维护自己的面子,不愿作出让步,用否定的语气指责对方,谈判就变成了不可相容的对立局面。

谈判者出于对己方立场观点的维护心理上往往会产生偏见,不能客观冷静地对待对方观点和客观事实。双方都固执己见排斥对方,而把利益忘在脑后,甚至为了“捍卫”立场观点的正确而以退出谈判相要挟。这种僵局处理不好就会破坏谈判的合作气氛,浪费谈判时间,甚至伤害双方的感情,最终使谈判走向破裂。

2. 面对强迫的反抗

谈判中,一方占有一定的优势,他们以优势者自居向对方提出不合理的交易条件,强迫对方接受,否则就威胁对方。被强迫一方出于维护自身利益或尊严的需要,拒绝接受对方的不合理条件,反抗对方强迫,越是受到逼迫就越不退让,从而使谈判陷入僵局。

3. 沟通的障碍

谈判过程是一个信息沟通的过程,只有双方信息实现正确、全面、顺畅的沟通,才能互相深入了解,正确把握和理解对方的利益和条件。但是实际上双方的信息沟通会遇到种种障碍,造成信息沟通受阻或失真,使双方产生对立,从而陷入僵局。

案例

一个到日本去谈判的美国商务代表团,碰到一件尴尬的事。直到他们要打道回府前,才知道贸易业务遇到了语言障碍,没有了达成协议的希望。因为在谈判时,就价格的确定问题上,开始没有得到统一,在谈判快要告一段落时,美方在价格上稍微作了点让步,这时,日本方面的回答是“Hi!”。结束后,美方就如释重负地准备“打道回府”。但结果其实并非如此。因为日本人说“Hi”,意味着“是,我理解你的意思(但我并不一定要认同你的意见)。”

信息沟通障碍指双方在交流信息过程中由于主、客观原因所造成的理解障碍。其主要表现为:由于双方文化背景差异所造成的观念、习俗、语言障碍,由于知识结构、教育程度的差异所造成的理解障碍,由于心理、性格差异所造成的情感障碍,由于表达能力、表达方式的差异所造成的传播障碍,等等。信息沟通障碍使谈判双方无法准确、真实、全面地进行沟通,甚至产生误解和对立情绪,使谈判不能顺利进行下去。

4. 谈判者行为的失误

谈判者行为的失误常常会引起对方的不满，使其产生抵触情绪和强烈的对抗，使谈判陷入僵局。例如，个别谈判人员工作作风不良、礼节不周、言谈举止不当、谈判方法等方面出现严重失误，触犯了对方的尊严或利益，产生了对立情绪，使谈判很难顺利进行下去，造成难堪的局面。

5. 偶发因素的干扰

在商务谈判所经历的一段时间内有可能出现一些偶然发生的情况，涉及谈判某一方的利益得失，谈判因此陷入僵局。例如，在谈判期间外部环境发生突变，某一方谈判者如果按原有条件谈判就会蒙受利益损失，于是他便推翻已做出的让步，从而引起对方的不满，使谈判陷入僵局。由于外部环境存在不确定性，谈判者随时要调整自己的谈判策略和交易条件，因此这种僵局的出现也是不可避免的。

6. 谈判一方故意制造僵局

谈判的一方为了试探对方的决心和实力而有意给对方出难题，迫使对方放弃自己的谈判目标，使谈判陷入僵局，其目的是使对方屈服，从而达成对己方有利的交易。这种故意制造僵局的方法如果运用得当会获得意外成功，否则可能导致不堪设想的后果。因此，除非谈判者有较大把握或较强的能力来控制僵局，否则不要轻易采用。

7. 目标的差距

在一些谈判中，双方都表现出积极、友好、坦诚的态度，但如果双方对各自所期望的收益存在很大的差距，那么谈判也会搁浅，走向僵局。

以上是造成谈判僵局的几种因素。谈判中出现僵局是很自然的事情，虽然人人都不希望出现僵局，但是出现僵局也并不可怕。面对僵局不要惊慌失措或情绪沮丧，更不要一味指责对方没有诚意，要弄清楚僵局产生的真实原因是什么，分歧究竟在何处，谈判的形势怎样，然后运用有效的策略技巧突破僵局，使谈判得以顺利进行下去。

9.1.2 处理僵局的原则

1. 避免僵局形成的态度

处理僵局最有效的途径是将形成僵局的因素消灭在萌芽状态，为避免僵局形成，谈判者应持如下态度：

（1）要有一个合理的心态，饱而不贪，饥而不急，荒而不慌，争而不松；

（2）要注意控制和调节情绪；

（3）持有欣赏对方的态度；

（4）语言适中，语气谦和；

（5）敢于承认错误的态度；

（6）遵循平等互利的原则；

（7）欢迎反对意见，认真倾听；

（8）抛弃成见，正视冲突。

2. 避免僵局的方法

(1) 把人和问题分开

要切记谈判者首先是人。在公司及国际交往事务中,人们往往忽略了这样一个基本的事实,即对方是活生生的人,而不是一个抽象的对方的代表。不把对手当做普通人,忽视他们的反应,往往会给谈判带来灾难性后果。

是人,就有情绪,有需求,有观点。人在谈判中会产生两种表现:一方面会产生互相满意的心理,随着时间推移建立起一种互相信赖、理解、尊重和友好的关系,使下一轮谈判更顺利和更有效率。另一方面,人也会变得愤愤不平,意志消沉,谨小慎微,充满敌意。他们感到自我利益受威胁,从个人利益角度歪曲别人的原意,而这种误会又会增加偏见,导致进入互相对抗的恶性循环。

要想在纷繁复杂的人际问题中找到出路,最好从三个基本方面着手:认知、情绪和交流。当认知出现差异时,多站在对方角度换位思考;不要以自己的担心推测对方的意图;讨论各自对问题的认识;让对方参与其中,使其明白谈判结果对双方都有利害关系;保全面子,使你的提议与对方观念一致。当面临情绪问题时,首先要承认并理解自己和对方的情绪;让对方发泄情绪;不要对情绪的冲动作出回应,这种情况如果不加以控制,将会导致激烈的争执;采取象征性的姿态,许多情况下,一声道歉就可以有效地化解敌对情绪,道歉是一项成本最小而收益最大的投资。交流出现障碍时,应首先认真聆听并理解对方的意思;接着说出你的想法,争取对方理解;说的时候只谈自己,不说对方,有的放矢;努力与对方建立良好的合作关系。

(2) 平等地对待对方

(3) 不要在立场问题上讨价还价

(4) 提出互利的选择

① 寻求共同利益。关于共同利益,有三点值得关注:第一,每一次谈判都潜伏着共同的利益;第二,共同利益是机会而不是天赐,为确保其应用,必须做一番工作,要把共同利益明确表现出来,将它系统地阐述为共同目标;第三,强调共同利益会使谈判更顺利、更和谐。①

② 协调分歧利益。人们总会因为各方面的分歧产生问题,但实际上分歧也会导致问题的解决。协议总是以分歧为基础的。观念与利益上的分歧,在协调后可能会使己方受益,使对方付出的代价减少。正如常说的,在分歧中求生存。

3. 打破僵局的原则

(1) 符合人之常情

真正的僵局形成后,谈判气氛会随之紧张,这时双方都不能失去理智。必须明确冲突的实质是双方利益的矛盾,而不是谈判者个人之间的矛盾,因此要把人与事严格区分开来,不可夹杂个人情绪的对立,以免影响谈判气氛。

(2) 努力做到双方不丢面子

面子就是得到尊重。在商务谈判中任何一方,都必须尊重对方的人格,在调整双方利益取向的前提下,使双方的基本需求得到满足,不可让任何一方下不了台,而造成丢面子、伤感情的局面。

---

① 方其. 商务谈判——理论、技巧、案例(第二版)[M]. 北京:中国人民大学出版社,2004:181—182.

(3) 尽可能实现双方的真正意图

僵局的解决,最终表现为双方各自利益的实现,实际上是实现了双方的真正意图。做不到这一点,就不会结束僵持局面。

9.1.3 努力建立互惠式谈判

互惠式谈判,是种以"解决问题"为第一目标的管理手法,也称为原则式谈判,是以公平价值为标准,以谈判目的为核心,在互相信任和尊重的基础上寻求双方各有所获的谈判方法。它综合软、硬式两种谈判方法的长处而避免其极端的弊病,从而形成一种应用更加广泛、更便于操作的方法。

互惠式谈判也称价值型谈判。这种谈判最早由美国哈佛大学谈判研究中心提出,故又称哈佛谈判术。互惠式谈判的参加者把对方看做与自己并肩合作的同事,既非朋友更非敌人;他们不像让步型谈判那样只强调双方的关系而忽视己方利益的获取,也不像立场型谈判那样只坚持本方的立场,不兼顾双方的利益,而是竭力寻求双方利益上的共同点,在此基础上设想各种使双方都有所获的方案。

1. 互惠式谈判的特征

互惠式谈判,吸取了软式谈判和硬式谈判的所长而避其极端,强调公正原则和公平价值,主要有以下特征:

(1) 谈判中对人温和、对事强硬,把人与事分开。

(2) 主张按照共同接受的具有客观公正性的原则和公平价值来取得协议,而不是简单地依靠在具体问题上的讨价还价。

(3) 谈判中开诚布公而不施诡计,追求利益而不失风度。

(4) 努力寻找共同点、消除分歧,争取共同满意的谈判结果。互惠式谈判是一种既理性又富有人情味的谈判态度与方法。

2. 运用互惠式谈判的要求

(1) 当事各方从大局着眼,相互尊重,平等协商。

(2) 处理问题坚持公正的客观标准,提出相互受益的谈判方案。

(3) 以诚相待,采取建设性态度,立足于解决问题。

(4) 求同存异,争取双赢。

这种谈判态度与方法,同现代谈判强调的实现互惠合作的宗旨相辅,日渐受到社会的推崇。

3. 互惠式谈判的过程

互惠式谈判法为我们的商务谈判建立了一个可以充分借鉴的框架,在具体应用中,可以分为如下三个阶段:

(1) 分析阶段(Analysis Stage)。这一阶段是谈判人员对谈判双方的情况进行分析,达到知己知彼的阶段。此阶段的要点是尽可能利用各种有效的途径获取信息,对信息进行组织、思考并对整体谈判形势作出判断。

① 关于人的因素。谈判者要考虑谈判各方都持有什么样的观点,双方对同一个问题有没有认识上的差异,有没有敌对情绪,存在什么样的交流障碍。

② 关于利益因素。谈判者应考虑并认清各方的利益所在,双方是否存在共同的利益,是否存在彼此矛盾但是可以兼容的利益等。

③ 关于方案因素。谈判者应审核既定的谈判方案,是否存在可供选择的谈判方案。

④ 关于标准因素。谈判者应该将双方建议作为协议基础的谈判标准,是否存在可以划分利益的公平标准?

(2) 策划阶段(Planning Stage)。这一阶段也就是谈判者在分析谈判形势的基础上,作进一步周密策划的阶段。此阶段的要点是要求谈判人员利用创造性思维,策划如何实施谈判。谈判者要再次思考以下四方面的问题:

① 关于人的问题。谈判者要对可能遇到的人的问题作出备选解决方案。比如,若出现了双方认识上的差异,如何解决?若出现了双方情绪上的冲突,又如何解决?

② 关于利益问题。谈判者应考虑在自己的各种利益中,哪些利益是对自己非常重要的?哪些利益是对对方非常重要的?用什么样的方法可以满足双方的要求?

③ 关于方案问题。谈判者应考虑用什么样的方法可以找出最终双方都能接受的解决方案,如何让双方摆脱僵局?

④ 关于标准问题。谈判者应找出供最终决策的客观标准。如双方各不让步,哪些标准可以用来公平地划分利益?

(3) 讨论阶段(Discussion Stage)。这一阶段也就是谈判双方讨论交流阶段。此阶段的要点是要谈判各方充分交流,努力达成协议,同样还要根据以下四项原则来考虑:

① 关于人的问题。要探讨观念的差异,让对方发泄挫折和气忿的情绪,克服交流的障碍;

② 关于利益问题。谈判每一方都要充分了解并关注对方的利益所在,使用各种询问方式进一步证实对方的利益所在;

③ 关于方案问题。双方都应积极配合对方在互利基础上寻求谈判解决方案;

④ 关于标准因素。对于相冲突的利益,努力以客观标准划分利益,并达成协议。

9.2 潜在僵局的处理方法

在谈判中,陷入僵局是常有的事,谈判者不必为此而焦虑。这时,应认真分析双方分歧的真相,并相应制定出有效的策略,打破僵局并非难事。

1. 先肯定局部,再全盘否定

谈判者对对方的意见和观点持不同的看法或是发生分歧时,在发言中首先应对对方的一部分观点和意见略加肯定,然后以充分的根据和理由间接委婉地全盘否定对方意见。例如,买方说:“使用这种包装的商品,我们不能要!”卖方经过通盘分析,了解到需方这是借包装问题来讨价还价,于是回答道:“是啊!许多人都认为这种包装的商品不好卖,但是如果真正认识到这种包装的好处,自然会改变看法的。已经有很多顾客专门挑选这类包装的商品了。”又如,买方说:“我们不需要送货,只要价格优惠!”卖方不直接答复,却说:“您的意见似乎有道理,可您是否算过这样一笔账,价格优惠的总额与送货的好处相比,还是送货对您更有利。”卖方先肯定对方的一部分意见,然后进行核算比较,最后间接否定买方的意见。

2. 用对方的意见去说服对方

即谈判者直接或间接地利用对方的意见去说服对方,促使其改变观点。例如,卖方对买方说:“贵方要货数量虽大,但是要求价格的折扣太大了,服务项目要求也过多,这样的生意实在是太难做了。”买方便可以这样去说服对方:“您说的这些问题都很实际,但正像您刚才说的那样,我们要货数量大,这是其他企业根本无法与我们相比的,因此我们要求价格折扣幅度大于其他企业也是可以理解的嘛,是正常合理的。再说,以后我们会成为您主要的长期合作伙伴,而且您还可以减少对许多小企业的优惠费用。从长远看,咱们还是互惠互利的。”

3. 反问劝导法

所谓反问劝导法,就是面对对方的过分要求,提出一连串的问题,这一连串的问题足以使对方明白你不是一个可以任人欺骗的“笨蛋”。不论对方回答或不回答这一连串的问题,也不论对方承认或不承认,都已经使他明白他提的要求太过分了。

4. 条件对等法

直截了当地拒绝对方必然会恶化双方的关系。不妨在拒绝对方前,先要求对方满足你的条件:如对方能满足,则你也可以满足对方的要求;如对方不能满足,那你也无法满足对方的要求。这就是条件对等法。这种条件对等法往往被外国银行的信贷人员用来拒绝向不合格的客户发放贷款。这是一种留有余地的拒绝。银行方面的人绝不能直接说借贷的人“信誉不可靠”或“无还款能力”等。那样既不符合银行的职业道德,也意味着断了自己的财路。说不定银行方面万一看走了眼,这些人将来飞黄腾达了呢?所以,银行方面的人总是用条件对等法来拒绝不合格的客户。既拒绝了对方,又能让双方不伤和气。

5. 舍弃枝节,抓住重点

在交锋的过程中,常会出现这样的情形:如果一方宣布一个强硬的立场,另一方很可能会批评和拒绝;如果一方批评另一方的建议,另一方就会防御和坚守;如果一方进行人身攻击,另一方就会采取措施反击。这样往往使一方处于被动,被动地适应对方,在对方的牵制下采取措施,沿着对方的思路走。同时,这样做的结果会使双方陷入攻击与防御的恶性循环中。

在这种情况下,己方应主动设局避免被动适应。具体的办法是:当一方肯定地提出他的立场时,另一方不要加以拒绝;当一方否定另一方的构想时,另一方也不要防御。而要把对方的攻击带到旁边并且把话题引到谈判的核心问题上,把对方的力量引到利益的探讨上。要构思互有收获的方案,以及寻找客观的标准,寻找解决问题的最佳途径。这样舍弃争执的枝节,抓住问题的重点,才能使谈判事半功倍。

9.3 打破僵局的策略

谈判僵局归纳为情绪性僵局和实质性僵局,化解不同僵局有不同的技巧和方法。

9.3.1 情绪性僵局缓解策略

对于情绪性僵局,主要是从回避的角度出发,想方设法排除误会,疏通路障。一是暂时休会,静候反思。在谈判中双方就某个问题产生争执,矛盾锐化时,容易言语声调升级,情绪失控,冷战变为热战,隐战变为明战,讨论问题变为人身攻击,应及时协商休会。双方趁此时间修复各自心态，调整失控的心理以转换气氛，以免僵局变成死局。二是审时度势，及时换人。谈判中途一般不要换人。但是由于形势的突然变化，双方主谈人的感情伤害已无法全面修复，一方对另一方不再信任的时候，就要及时更换谈判代表。通过换人化解僵局。

（一）转移论题

尽量在多个点上一起开始谈判，将谈判的面扩展得广一些。若在某一个问题上导致僵局，则可先撇开争执的问题，去谈另一个问题，而不是盯住一个问题不放，不要采取不妥一个问题誓不罢休的做法。例如，在价格问题上双方互不相让，僵住了，可以先暂时放一旁，改谈交货期、付款方式等其他问题。如果在这些议题上对方感到满意了，再重新回过头来谈价格问题，阻力就会小一些，商量的余地也就更大些，从而弥合分歧，使谈判出现新的转机。

（二）投其所好，改变气氛

这种谈判技巧和方法的基本思路，就是通过将话题转移到对方感兴趣的方面，缓和谈判的气氛，使双方在崭新和优良的谈判氛围里重新讨论有争议的问题，便于双方谈判达成协议。这是一种以积极的态度扭转谈判局面的谈判技巧和方法。

（三）视而不见

对于态度蛮横的谈判对手，可以尽可能漠视他的傲慢态度，要么装作没听见，要么不发表任何意见，要么绕过去，要么要求对手"再说一遍"。

案例

第一次世界大战后，土耳其与希腊发生冲突。英国准备教训土耳其，纠集法、美、意、日、俄、希腊等国代表与土耳其在洛桑谈判，企图胁迫土耳其签订不平等条约。英国谈判代表是外交大臣刻遵。刻遵是当时一位颇有名气的外交家。他身材魁梧，声音洪亮。土耳其派伊斯美尔参加谈判。伊斯美尔身材矮小，有点耳聋，是个名不见经传的人。刻遵轻视伊斯美尔，在谈判中常常表现出嚣张、傲慢、不可一世的态度。其他列强也盛气凌人，以势压人。在这种十分不利的谈判条件下，伊斯美尔从容不迫，不卑不亢，镇定自若。每当英国外交大臣刻遵大发雷霆、声色俱厉、咆哮如雷时，伊斯美尔总是若无其事地坐在那里静听。等刻遵声嘶力竭地叫骂完了，伊斯美尔才不慌不忙地张开右手，靠在耳边，把身体移向刻遵，十分温和地说："您说什么？我还没听明白呢！"意思是请刻遵再说一遍。

伊斯美尔正是用漠视战术与列强在谈判席上苦苦周旋了三个月，最后在不伤大英帝国面子的同时，维护了土耳其的利益，胜利地结束了谈判。

（四）改变谈判环境

即使是做了很大努力，采取了许多办法、措施，谈判僵局还是难以打破，这时，可以考虑改变一下谈判环境。谈判室是正式的工作场所，容易形成一种严肃而又紧张的气氛。当双方就某一问题发生争执，各持己见，互不相让，甚至话不投机、横眉冷对时，这种环境更容易使人产生一种压抑、沉闷的感觉。在这种情况下，可以建议暂时停止会谈或是通过游玩、休息、私下接触的方式来进一步增进了解，清除彼此间的隔阂，增进友谊，也可以不拘形式地就僵持的问题继续交换意见，寓严肃的讨论于轻松活泼、融洽愉快的气氛之中。这时，彼此间心情愉快,人也变得慷慨大方。谈判桌上争论了几个小时无法解决的问题,在这儿也许会迎刃而解了。经验表明,双方推心置腹地诚恳交谈对缓和僵局十分有效。如强调双方成功合作的重要性、双方之间的共同利益、以往合作的愉快经历、友好的交往等,以促进对方态度的转化。在必要时,双方会谈的负责人也可以单独磋商。

(五) 运用休会策略

谈判出现僵局,双方情绪都比较激动、紧张,会谈一时也难以继续进行。这时,提出休会是一个较好的缓和办法,东道主可征得客人的同意,宣布休会。双方可借休会时机冷静下来,仔细考虑争议的问题,也可以召集各自谈判小组成员,集思广益,商量具体的解决办法。

(六) 幽默处理

在谈判中运用幽默,可以使气氛轻松活跃,提高双方人员继续谈判的兴致。应注意的问题有:

第一,幽默要适宜,要与谈判对象、环境等结合,在幽默的氛围中达到最佳效果。幽默应因人、因事、因地、因时而发。幽默要力求内容健康而不落俗套,寓意含蓄而不晦涩,语言风趣而不庸俗。

第二,不要在幽默中加进嘲笑的成分。商务谈判中幽默的运用,要建立在对谈判对方尊重的基础上。幽默应该是善意的、友好的、发自内心的,其目的更多的是为了活跃谈判气氛,而不要含有对谈判对方嘲笑的成分或拿对方的“病处”“痛处”开玩笑。要做到调皮却不风凉,委婉却不悲观,尖锐却不刻薄,否则产生的效果可能与你的初衷南辕北辙。

第三,将自己作为幽默的对象,笑谈自己,以增加己方的吸引力。这实际上是一种漫画式的夸大其辞。在笑谈自己时,对自己表面的无大碍的某些缺陷、弱点进行夸大或缩小,使自身的某些素质特征鲜明地显露出来,既可以作为富含幽默感的“笑料”调节整个谈判的气氛,又可以表现自己的大度胸怀,并在可能难堪的窘境中以自我排解的方式实现己方的谈判目标。

第四,谈判双方人员要有必备的文化素质和相应的气质、修养。由于幽默是语言、性格、情景等要素的别开生面的巧妙组合,要求谈判人员具有高尚的情操、乐观的信念、较高的文化素养及较强的驾驭语言的能力。只有双方的谈判人具备相当的素质,才能幽默得起来,从而促使良好的、建设性的谈判气氛的形成。

(七) 场外沟通

谈判会场外的沟通亦称场外交易、会下交易等。它是一种非正式谈判,双方可以无拘无束地交换意见,达到加强沟通、消除障碍、避免出现僵局的目的。对于正式谈判出现的僵局,同样可以用场外沟通的途径直接进行解释,消除隔阂。场外沟通可以在以下情况中采用:

第一,谈判双方在正式会谈中相持不下,即将陷入僵局。彼此虽有求和之心,但在谈判桌上碍于面子,难以做到。

第二,当谈判陷入僵局,谈判双方或一方的幕后主持人希望借助非正式场合进行私下商谈从而缓解僵局。

第三,谈判双方的代表因身份问题,不方便在谈判桌上让步,但是可以借助私下交谈打破僵局。例如,谈判的领导者不是专家,但实际做决定的却是专家,这样在非正式场合,专家就可不因为身份问题而出面从容商谈,打破僵局。

第四,谈判对手傲慢、自负、喜好奉承。恭维别人不宜在谈判桌进行,有损我方在谈判桌上的谈判形象，但在非正式场合却可以给予其恰当的恭维，就有可能使其作出较大的让步，以打破僵局。

第五，谈判对手喜好郊游、娱乐。在我方安排了郊游和娱乐之后，对方出于喜欢、感谢、满意等原因，心理上就可能产生软化、松懈现象。这样，在谈判桌上谈不成的问题，在郊游和娱乐的场合就有可能谈成，从而打破僵局，达成有利于己方的协议。

（八）以情动人

这是一种巧妙的、独具匠心的"计谋""手段"，不仅日本商人在谈判中经常运用这种策略，西方谈判人员有时也会巧妙地运用。但是，使用这种策略，有着一种在某方面试图操纵对方的意图，而会引起一部分人不满。应注意的是，如果你能有效地使用这种策略，呼唤他人的良心，那么反过来，同样你也有可能被他人有效地利用。运用此策略时要注意以下几点：首先，态度要诚恳；其次，襟怀要坦白；最后，情义要真诚。

（九）冷静面对问题

缓解意见性对立僵局的技巧主要有以下四点。

1. 借助有关事实和理由委婉地否定对方意见

（1）先肯定，后否定

（2）先利用，后转化

（3）先提问，后否定

（4）先重复，后削弱

2. 求同存异

（1）最好先由对方主动改变话题打破僵局。

（2）当经过相当时间的争执或沉默后，己方没有把握对方会先改变话题，而僵局的持续给己方带来很大压力时，可以用一些方法打破僵局。

3. 拖延战术

（1）消除障碍。当双方"谈不拢"造成僵局时，有必要把洽谈节奏放慢，看看到底阻碍在什么地方，以便想办法解决。

（2）消磨意志。拖延战术是向谈判者意志施压的一种最常用的方法。突然的中止，没有答复（或是含糊不清的答复），往往比破口大骂、暴跳如雷更令人难以接受。

（3）等待时机。即通过拖延时间，静待法规、行情、汇率等变动，以掌握主动权，要挟对方作出让步。一般来说，可分两种情况：一是拖延谈判时间，稳住对方；二是谈判中留下漏洞，拖延交货。

4. 幕后指挥

幕后指挥指谈判的一方预料谈判会陷入僵局或谈判已陷于僵局，却不想作较大的让步，于是有决定权的决策人转入幕后指挥，而让代理人代替其进行谈判，以打破僵局。运用时应注意选用的代理人条件要合适，以及代理人进行谈判时，要善于使用权力有限的武器。

9.3.2 严重僵局处理策略

1. 正确认识谈判中的僵局

分析引起僵局的根源，判断双方分歧是属于想象的分歧、人为的分歧还是真正的分歧。

若是属于真正的分歧,则应当分析原因,然后采取灵活的具有针对性的措施予以解决。

2. 避重就轻

转移视线也不失为一个有效方法,有时谈判之所以出现僵局,是因为双方僵持在某个问题上。这时,可以把这个问题避开,磋商其他条款。例如,双方在价格条款上互不相让,僵持不下,可以把这一问题暂时抛在一边,洽谈交货日期、付款方式、运输、保险等条款。如果在这些问题处理上,双方都比较满意,就可能坚定了解决问题的信心。如果一方特别满意,很可能对价格条款作出适当让步。

3. 休会,改期再谈

休会是谈判人员比较熟悉并经常使用的一种策略。它不仅是谈判人员恢复体力、精力的一种生理需求,而且是谈判人员调节情绪、控制谈判过程、缓和谈判气氛、融洽双方关系的一种策略技巧。谈判中,双方因观点产生差异、出现分歧是常有的事,如果各持己见、互不妥协,往往会出现严重僵持以致谈判无法继续的局面。这时,如果继续进行谈判,双方的思想还沉浸在刚才的紧张气氛中,结果往往徒劳无益,有时甚至适得其反,导致以前的成果付诸东流。因此,比较好的做法就是休会。因为这时双方都需要找到时间进行思索,使双方有机会冷静下来,或者某一方的谈判成员相互之间需要停下来,客观地分析形势,统一认识,商量对策。谈判的任何一方都可以把休会作为一种战术性拖延的手段。当你回到谈判桌上时,你可以说,你原来说过要在某一特殊问题上让步是不可能的,但是你的上级现在指示你可以让步。这样让对方感到你改变观点是合理的。但是,在休会之前,务必向对方重申一下己方的提议,引起对方的注意,使对方在头脑冷静下来以后,利用休会的时间去认真思考。休会期间双方应集中考虑的问题为:商务谈判的议题取得了哪些进展?还有哪些方面有待深谈?对方态度有何变化?己方是否需调整一下策略?下一步谈些什么?己方有什么新建议?如此等等。

(1) 作为一种积极的策略,休会可以达到的目的

① 构思重要的问题;

② 思考新的论点与自卫方法;

③ 探索变通途径;

④ 检查原定的策略及战术;

⑤ 研究讨论可能的让步;

⑥ 决定如何应对对方提出的要求;

⑦ 分析价格、规格、时间与条件的变动;

⑧ 阻止对方提出尴尬的问题;

⑨ 排除讨厌的谈判对手;

⑩ 缓解体力不支或情绪紧张,应付谈判出现的新情况,以及缓和谈判一方的不满情绪。

(2) 破解对方“休会”的方法

① 当对方因谈判时间拖得过长、精力不济要求休会时,应设法留住对方或劝对方再多谈一会儿,或再谈论一个问题,因为到此时对方精力不济就容易出差错,意志薄弱者容易妥协,所以延长时间就是胜利。

② 当己方提出关键性问题,对方措手不及、情绪紧张时,应拖延其继续谈下去,对其有

关休会的暗示、提示佯作不知。

③ 当己方处于强有力的地位,可使用极端情绪化的手段去激怒对手,摧毁其抵抗力,对手显得难以承受时,对对手的休会提议可佯作不知,故意不理,直至对方让步,同意己方要求。

休会一般先由一方提出,只有经过双方同意,这种策略才能发挥作用。怎样取得对方同意呢?首先,提建议的一方应把握好时机,看准对方态度的变化。如果对方也有休会的要求,很显然会一拍即合。其次,要清楚并委婉地讲明需要。一般来说,参加谈判的各种人员都是有涵养的,如东道主提出休会,客人出于礼貌,很少拒绝。

4. 请第三方参与仲裁

仲裁缓解法是指商务谈判陷入僵局时,谈判的双方因为争执不下而请第三者来仲裁调停,从而缓解谈判僵局的策略方法。面对无法协商解决而又非解决不可的问题只能由第三者出面仲裁、调停。要找一个双方都信得过又和谈判双方都没有直接关系的第三者,这个第三者必须具有足够的社会经验和学识,对所仲裁和解决的问题具有一定的权威性,而且能够主持公道。公司以外的律师、教授及顾问比较能胜任这方面的工作。

(1) 作为仲裁者,通常应具备的条件

① 公正,可以主持公道;

② 社会经验丰富,阅历较深;

③ 学识渊博,精通业务;

④ 得到双方的认可与尊重。

(2) 对仲裁者的要求

① 能对有关法律、政策规定的事项提出公正、实际的解决办法;

② 能使陷入僵局的双方继续谈判;

③ 能不带情绪地倾听双方的意见;

④ 能提出对双方有益的创造性思想;

⑤ 能提出妥协的方法,促成交易。

(3) 警惕仲裁者可能犯的错误

① 可能由于种种原因,不自觉地形成某种偏见;

② 可能受某一方言辞的影响而被利用;

③ 在调停和解决某项争执时,可能会使问题更加复杂化;

④ 可能被一方贿赂收买。

如果有了充分的理由怀疑仲裁者的公正,就应及时而且坦率地向对方提出更换仲裁人。如果仲裁的结果明显不利于己方,就应该找借口否定这种仲裁。仲裁必须是双方自愿,其结果是强制执行的,对双方都有约束力。

5. 离席策略

谈判与其他领域的理念有所不同,即坚持不一定就是胜利,无谓的坚持只能陷入被动之中。如果某天谈判代表对你说:“我一定会坚持到底,保证取得谈判的成功。”这时你要考虑是否还继续委派他参与此次谈判了,因为一位不懂得放弃的谈判者很难获得理想的谈判结果。优秀的谈判者懂得放弃的价值,在谈判桌上不仅需要经验和技巧,还需要一定的魄力与勇气。在开始前就要让对方知道你的谈判基调,如果你确实得不到想要的东西,你会随时离开谈判桌。给对手最大的压力莫过于当即终止谈判,该策略可以使对方所制订的谈判策略全部落空。

6. 更换谈判班子

谈判中出现了僵局,并非一定都是双方利益的冲突导致,有时可能是谈判人员本身的问题造成的,比如是由于谈判人员的偏见造成的。在争论问题时,对他人的人格进行攻击,伤害了一方或双方人员的自尊心,必然引起对方的怒气,使谈判陷入僵局。类似这种由于谈判人员的性格、年龄、知识水平、生活背景、民族习惯等因素造成的僵局,经多方努力仍无效果时,可以征得对方同意后,及时更换谈判人员,消除不和谐因素,缓和气氛,就可能轻而易举地打破僵局。这是一种迫不得已的、被动的做法,必须慎重。必要时,可请企业的领导者出面,因势利导,以表明对谈判局势的关注,达到消除僵局的效果。

7. 最后通牒

在谈判中,人们有时不肯做最后选择。为了打消对手的奢望,促使对手早作出决定,通牒是一个有效手段,即亮出自己的最后条件,如价格、交货期、付款方式、签约日期等,表示出行就行、不行就拉倒的态度。

9.4 正确对待谈判中的劣势

9.4.1 正视谈判中的劣势

在谈判中,某一方处于劣势既可能是由于对方有优势,使己方处于劣势,也可能是由于己方自身有不利因素。主要出于以下几方面原因:

第一,对方实力雄厚,企业规模大,资金来源充足,能够从各个方面提供较优惠的条件。或者是公司有良好的经营状况,知名度较高。

第二,市场货源紧缺,对方具有垄断的趋势。在这种情况下,卖方会利用产品在市场上占有较大比例,提高要价。

第三,产品具有较强的竞争力。这里指产品的性能、质量及新颖性等都比较好,也许是名优产品,这些都会成为谈判桌上讨价还价的筹码。

第四,能够提供独特的技术或服务,没有竞争对手,使得卖方能够从各方面迫使买方作出让步。

第五,市场供过于求,买方可以从容选择卖主,并以此要求卖主提供各种优惠条件。

第六,一方急于达成协议也会使自己处于劣势。如急于推销存货,迫切需要资金货款。此外,公司的信誉和谈判者所掌握的知识、信息,也会影响双方的地位、实力。①

9.4.2 改变谈判中的劣势

(一)改变谈判中劣势的方法

出现在谈判中的劣势,会影响双方的利益分配。但是,可以通过努力改变在谈判中的不

---

① 方明亮,刘华.商务谈判与礼仪[M].北京:科学出版社,2006:189—190.

利地位，掌握谈判的主动权。当然，这里讲的劣势，是指在某一方面或某一条件下的劣势，并非是双方实力相差极为悬殊的优劣对比。如果所有的优势都掌握在对方手中，那就别指望靠谈判技巧来取得平等的利益。改变谈判的劣势有以下技巧可以使用：

1. 维护自己利益，提出最佳选择

使用最低限度标准也有有利的一面。从某种意义上说，它限制了谈判策略与技巧的灵活运用，因为最低限度是不能轻易变更的要求。只有你下定决心，坚持规定的标准，才会避免屈服于对方的压力。同时，最低限度也限制了人们的想象力，不能启发谈判人员去思考提出变通的解决办法。由此可见，应用最低限度标准并不是一个万全之策。它可以避免接受一个不利的协议，也可能造成无法提出和接受有利的方案。

那么，要避免谈判中处于劣势地位可能带来的不利后果，比较好的方法是根据实际情况，提出多样的选择方案，从中确定一个最佳方案，作为达成协议的标准。在这些方案中，至少要包括：对谈判结果的设想，对方根据什么向我方提出条件？不利于我方的因素有哪些？怎样克服？在什么样的情况下中断谈判？我们所能达到的目的是什么？在哪些方面进行最佳选择？等等。

在谈判中，对协议有多种应对方案，就会大大增强你的实力，使你有进退的余地。有时，能否在谈判中达成协议，就取决于你所提出的最佳选择的吸引力。你的最佳选择越可行，越切合实际，你改变谈判结果的可能性就越大。因为你充分了解和掌握了达成协议与不达成协议的各种利弊关系，进而就比较好地掌握了谈判的主动权，掌握了维护自己利益的方法，就会迫使对方在你希望的基础上谈判。

2. 尽量利用自己的优势

谈判对方有优势，并不是说在所有的方面都有优势，因为所有的优势都掌握在对方手中，仅靠谈判技巧要达成一个双方都满意的协议恐怕是不可能的。当谈判双方实力相差较大，我方处于劣势时，在谈判之前的准备工作中，就应包括对双方优势的分析，摆出对方的优势，再看看我方的优势是什么，如何利用我方的优势。这样，你就能够对双方的实力，以及由此产生的问题做到心中有数。例如，我方要购买一批产品，谈判的对手是实力雄厚的大公司，产品很有竞争力，生产批量大、周期短、交货迅速，这些都是它的优势。但是，对方急于出售产品以加速资金周转，就是它的短处，也恰恰是我方的优势。

双方在谈判中的优势、劣势并不是绝对的。在谈判初期，就双方的实力对比来看，你可能处于劣势。但是，随着多种方案的提出，你的实力增加了，优势也增加了。

有时，一方优势可能被掩盖了，表现不明显，也可能对方没有认识到你的优势的重要意义。因此，在谈判中如何利用自己的优势，发挥自己的长处，攻击对方的短处、薄弱环节，也是谈判人员应掌握的策略技巧之一。

总之，要改变谈判中的劣势，在坚持上述原则的基础上所应采取的具体步骤有三点：

第一，制定达成协议所必需的措施。如果不能达成协议，是否还存在着与其他公司洽谈的可能？如果按照对方的条件，是自己生产合算，还是购买合算。

第二，改进自己的最佳设想，把这些变为实际的选择。如果认为与对方谈判达成协议比不达成协议要有利，就应努力地把这种可能变为现实，最主要的是在谈判中不断充实、修改自己的最佳方案和计划，使之更加切合实际。

第三，在确定最佳方案的同时，也应明确达不成协议情况下所应采取的行动。

3．要掌握更多的信息情报

不可否认，企业具有一定规模，产品有一定的知名度，确实是企业本身具有的优势。但如果不具备这方面的优势，而对方又恰恰具有这样的优势，要改变的办法之一，就是广泛收集信息情报，了解更多的内幕，这样可以有效地避免在谈判中陷入被动，并发现更多的机会。比如，交易双方就价格问题反复磋商，对方倚仗较高商品质量，不提供优惠价格。但购买一方的企业如果掌握了市场行情，了解价格变化的走向趋势，如产品价格可能下降，或有更新的产品出现，那么，就可以据此向企业施加压力，造成卖方急于出售产品的心理，掌握谈判的主动权。

4．要有耐心

耐心就是力量，耐心就是实力。如果不具有其他方面的优势，那么，一定要有耐心或寻找没有耐心的对手。这样，也就有了防卫的筹码，在必要时，打乱对方的部署，争取胜利。在实际谈判中，无数事例证明，如果感到优势都不明显或都不存在的话，千万别忘记了要有耐心。

（二）劣势条件下的谈判策略

1．吹毛求疵策略

吹毛求疵就是在商务谈判中针对对方的产品或相关问题，再三故意挑剔毛病使对方的信心降低，从而作出让步的策略。该策略使用的关键点在于挑出的问题应恰到好处，把握好分寸。提出的问题和要求不能过于苛刻，如果把针眼大的毛病说成比鸡蛋还大，很容易引起对方的反感，认为你没有合作的诚意。此外，提出的问题一定是对方商品中确实存在的，而不能无中生有。吹毛求疵策略将使你在交易时充分地争取到讨价还价的余地，如果能够灵活运用，会使你受益。

2．以柔克刚策略

以柔克刚策略是指在谈判出现危难局面或对方坚持互不让步时，采取“软”的手法来迎接对方“硬”的态度，避免冲突，以求制胜。当己方在谈判中处于不利局面或弱势时，最好的策略是避开对方的锋芒，以柔克刚。在谈判中有时会遇到盛气凌人、锋芒毕露的对手，他们的共同特点是趾高气扬、居高临下，总想指挥或控制对方。面对这样的谈判者，以硬碰硬固然可以，但往往容易形成双方情绪的对立，危及谈判终极目标的实现。多数情况下，谈判者对咄咄逼人的对手所提出的要求，可暂不作出反应，而是以静待动，以逸待劳，以平和柔缓的持久战磨其棱角，挫其锐气，挑起他的厌烦情绪，伺机反守为攻，夺取谈判的最后胜利。

在这方面沙特阿拉伯的石油大亨亚马尼做得十分出色，他善于以柔克刚，使对方心悦诚服地接受条件。一位美国石油商曾经这样叙述亚马尼的谈判艺术：“亚马尼在谈判时总是低声细语，绝不高声恫吓。他最厉害的一招是心平气和地重复一个又一个问题，最后把你搞得精疲力竭，不得不把自己的祖奶奶都拱手让出去。他是我打过交道的最难对付的谈判对手。”

使用以柔克刚的策略，需要注意如下几点：要有持久作战的精神准备，采用迂回战术，通过若干回合的拉锯，按我方事先筹划好的步骤把谈判对手一步一步地拖下去；坚持以理服人，言谈举止做到有理、有利、有节，使对手心急而无处发，恼怒而无处泄。否则，稍有不慎，就可能给对方制造机会，使其喧嚣一时，搞乱全局。

3. 难得糊涂策略

难得糊涂作为一种处于弱势条件下的防御性策略，是指在出现对己方不利的局面时，故作糊涂，并以此为掩护来麻痹对方的斗志，以达到蒙混过关的目的。假装糊涂可以化解对手的步步紧逼，绕开对己方不利的条款，而把谈判话题引到有利于己方的交易条件上。当对方发现你误解了他的意思时，往往会赶紧向你解释，在不知不觉中受你的话语影响，在潜移默化中接受你的要求。所以，谈判老手总是把"难得糊涂"作为他们的一个信条，必要时就潇洒地"糊涂"一回。

假装糊涂贵在一个"巧"字，倘若弄巧成拙，结果自然不好。装糊涂要有一定的度，倘若超过了这个度，超过了对方的承受范围，势必影响感情，甚至引起谈判的破裂。另外，装糊涂、故意犯错或误解等方式不能超出法律所许可的范围，否则会惹来不应有的官司。

识破这种装糊涂的陷阱要十分谨慎，当发现对手在制造这种陷阱时，千万不要默认。对对手在谈判中的各种口头上的装糊涂，贵在以巧治巧，婉言点出其圈套，既不伤面子，又不至于在谈判中处于下风。谈判对手的假装糊涂不只表现在口头谈判上，更表现在协议或账单的文字上，将各种数字有意加错、遗漏或更改等。所以，谈判者在审查协议或账单时应十分仔细，再三检查，以避免陷入对手的"糊涂"陷阱之中。

4. 疲惫策略

疲惫策略是指通过马拉松式的谈判，逐渐消磨对手的锐气，使其疲惫，以扭转己方在谈判中的不利地位和被动局面。到了对手精疲力竭、头昏脑涨之时，己方则可反守为攻，抱着以理服人的态度，摆出己方的观点，促使对方接受己方条件的一种策略。

在商务谈判中，有时会遇到一种实力较强但锋芒毕露、咄咄逼人的谈判对手，他们以各种方式表现出居高临下、先声夺人的挑战姿态。对于这类谈判者，疲劳战术是一个十分有效的应对策略。

研究结果显示，被剥夺睡眠、食物或饮水的人的行动和思维能力十分薄弱，疲倦的人都比较容易被打动，犯下许多愚笨的错误。这就是为什么许多谈判者喜欢向对手发动疲劳攻势的原因。他们为了达到良好的谈判效果，千方百计地去消耗对方精力，使之在谈判中失利。

这种疲惫策略在涉外商务谈判时用得相当普遍。谈判者经过长时间紧张的飞行后，一下飞机就被对手接去赴宴；而后，对方大小负责人轮流亮相，表现得十分热情、好客；到了晚上，又专门安排舞会或观看演出等娱乐活动，直到深夜才罢休。第二天，也许远道而来的谈判者还在为主人的热情招待而激动不已时，谈判就已经开始了。可想而知，未能得到很好休息，精神尚处于兴奋状态的人，在艰巨持久的谈判中表现会如何。

采用疲惫策略，要求谈判者事先要有足够的思想准备，保持旺盛的精力。

5. 权力有限策略

权力有限策略是指在商务谈判中，实力较弱一方的谈判者被要求向对方作出某些条件过高的让步时，宣称在这个问题上授权有限，无权向对方作出这样的让步，或无法更改既定的事实，以使对方放弃所坚持的条件。

这种策略的一种做法往往是隐蔽手中的权力，推出一个“假设的决策人”，以避免正面或立即回答对方的问题。例如：“您的问题我很理解，但需向有关部门的领导汇报。”“我本人无权回答贵方提出的问题，需向我的上级请示才能答复。”等等。

这种策略通常是实力较弱一方的谈判人员在不利的情况下使出的一张“盾牌”。“权力有限”作为一种策略，则不完全是事实，而只是一种对抗对手的手段。在一般情况下，这一“盾牌”难辨真伪，对手只好凭自己一方的“底牌”来决定是否改变要求、作出让步。而运用这一策略的一方，即使要撤销“盾牌”也并不困难——比如，可以说已请示、领导同意便行了。

6. 反客为主策略

反客为主策略是指谈判中处于劣势的一方，运用让对方为谈判付出更大代价的方法，从而变被动为主动，达到转劣势为优势的目的。

反客为主策略的特点在于运用了在谈判中谁付出的代价大，谁就不想谈判失败的原理，使占有谈判优势的一方，在人力、物力、时间等方面消耗更大，进而确立自己的主动地位。一般说来，谈判的动力在于谈判者的利益需求，但是谈判的各方对利益需求的层次和程度有时是不一样的，这就决定了谈判者在谈判中的地位不同。对谈判需求较大、依赖程度较深的一方就会处于劣势；反之，对谈判需求较小，依赖程度较浅的一方就会处于优势。处于劣势的一方就可运用反客为主策略扭转被动局面。

【本章习题】

1. 常用的妥善的商务谈判僵局处理方法有哪些？
2. 商务谈判应遵循哪些原则可避免僵局？
3. 商务谈判中如何识别谈判威胁的真假虚实？

【扩展学习】

派莱克斯公司是一家美国的万向节公司，拥有广泛的国际市场销售渠道网络。1985 年，杭州万向节厂厂长鲁冠球赴美对其考察，双方签订了在以后 5 年里由杭州万向节厂每年向美方出口 20 万套万向节的合同。此后几年间，由于杭州万向节厂生产技术精良、产品质量达到国际标准、企业经营守信誉，因而产品在国际市场的销量不断增长。

1987 年 9 月，派莱克斯代表赶到杭州万向节厂，向鲁冠球提出了一个“垄断性”要求：凡是杭州万向节厂的产品，都必须经过他们的公司才能出口。

谈判中，响着空调器“咝咝”声的洽谈室内一片沉寂，紧张的气氛似乎使温度也陡然上升。扮“红脸”的美方代表说话口气咄咄逼人：“鲁先生，你还是签这个协议为好，否则，我方将削减向贵方的定货量。”

扮“白脸”的美方代表老成持重，不露声色在轻言慢语中夹杂着威胁的意思：“尊敬的鲁先生，您会看到，这里有两种选择，一是我们向贵厂提供技术、资金、先进设备、市场情报、代培工程师等优惠，而条件只是贵厂产品由我们独家经销；二是你们可以把产品卖给其他客户，但我们也可以转而购买其他地方如印度、韩国的产品。鲁先生，您会选择哪一种呢？”

鲁冠球义正辞严地回答：“我厂与贵公司的关系，只是卖方和买方的关系，它的基点应该是相互合作，共同发展。至于产品，我们愿意卖给谁就卖给谁，贵公司是不应该干涉的。”

美方代表立刻站起来,收拾起皮包,说:“很遗憾,我们将停止进口贵厂的产品!”

听完了翻译的话,鲁冠球把身体靠向沙发,尽力抑制着心中的怒火道:“那请便! 倘若您能在世界各地找到比我的价格更便宜、质量又比我的更好的万向节,您可以随时终止合同。但我仍然感谢当初贵公司对我厂的支持,因此也随时欢迎贵公司来继续合作。”

不久,一份措辞严厉的函件出现在鲁冠球的办公桌上。美方在信中说,杭州万向节厂的产品存在问题,需要检验,检验费由万向节厂支付。随即,原订购 1987 年出口 46.5 万套的万向节的计划,被削减为 21 万套。“只要签订独家经营合同,检验费和削减合同等事可以一笔勾销。”美方在来信中“宽容”地说。

美方的这种背信行为,确实使杭州万向节厂一度陷入困境。数十万套万向节积压在仓库,资金流转出现困难,企业效益直线下降。但全厂职工并没有在美方的压力下屈服,在兄弟部门的大力支持下,齐心协力地开发出了 60 多个新品种,打开了日本、意大利、法国、澳大利亚、德国、中国香港等 18 个国家和地区的市场,当年创汇 140 万美元。

这年圣诞节前,一辆豪华的轿车驶进了杭州万向节厂,走下车来的是派莱克斯公司代表,他们捧出一只铜鹰,放在鲁冠球的办公桌上,随即说:“鲁先生,我们敬佩您精明、强硬的性格,愿我们的事业像鹰一样腾飞全球!”双方重新签订了 1988 年的代销合同。

在这场中方供货和美方要求独家经营的谈判中,鲁冠球依靠本厂一流的产品质量和企业信誉,坚持不卑不亢、有理有节、平等互利的立场,迫使对方放弃了“独家经营”的要求,从而取得了谈判的胜利。①

思考题:

1. 美方代表的谈判方式是一种什么企图?
2. 鲁冠球回应的高明之处在哪里?

① 改编自 MBA 智库百科资料。

第10章　商务谈判中的沟通技巧

【学习要点】

1. 掌握商务谈判沟通的含义、特点和障碍
2. 熟悉与各类型公司沟通的技巧
3. 了解与外商沟通的技巧

【导入案例】

周恩来总理的口才蜚声海内外,他应变机敏、气魄非凡、言辞犀利、柔中有刚,是谈判中能够出色运用语言艺术的典范。据说,在北京举行的一次记者招待会上,周总理在介绍我国经济建设的成就及对外方针后,一西方记者问道:“请问,中国人民银行有多少资金?”这明显是一种讥笑。对此,周总理婉转地说道:“中国人民银行的货币资金嘛,有18.88元。”这一回答,全场愕然。顿时鸦雀无声,静听他细作解释:“中国人民银行发行面额为10元、5元、2元、1元、5角、2角、1角、5分、2分、1分共10种主辅人民币,合计为18.88元。中国人民银行是由全中国人民当家做主的金融机构,有全国人民作后盾,信誉卓著,实力雄厚,它所发行的货币,是世界上最有信誉的一种货币,在国际上享有盛誉。”一番话,语惊四座。接着,全场爆发热烈的掌声。

语言是人类用来进行信息交流的符号系统,在商务谈判中是不可或缺的信息载体。各种思维活动、思想都要用语言表达出来,在商务谈判中灵活地运用语言进行表达和交流是至关重要的,所以谋求成功的谈判必须恰当地运用语言。

10.1　商务谈判中的语言技巧

10.1.1　商务谈判中语言的类型

商务谈判的语言多种多样,从不同的角度或不同的标准出发,可以把它分成不同的类型。

1. 按语言的表达方式不同,商务谈判语言可以分为有声语言和无声语言

(1) 有声语言。是指通过人的发音器官来表达的语言,一般理解为口头语言。这种语言是借助人的听觉传递信息、表达态度、交流思想等。

(2) 无声语言。是指通过人的形体、姿态等非发音器官来表达的语言。一般理解为身

体语言。这种语言是借助人的视觉传递信息、表达态度、交流思想等。

在商务谈判中巧妙地运用这两种语言，可以产生珠联璧合、相辅相成的效果。

2. 按语言的表达特征，商务谈判语言可以分为专业语言、法律语言、外交语言、文学语言、军事语言等

(1) 专业语言。是指在商务谈判中使用的与业务内容有关的一些专用或专门术语。谈判业务不同，专业语言也不同。例如，在国际商务谈判中，有到岸价、离岸价等专业用语。在工程建筑谈判中有造价、开期、开工、竣工交付使用等专业用语。这些专业用语的特征是简练、明确、专一。

(2) 法律语言。是指商务谈判业务所涉及的有关法律规定的用语。不同的商务谈判运用的法律语言也就不同。每种法律语言及其术语都有特定的内涵，不能随意解释和使用。通过运用法律语言可以明确谈判双方各自的权利与业务、权限与责任等。

(3) 外交语言。是一种弹性较大的语言，其特征是模糊性、缓冲性和幽默性。在商务谈判中，使用外交语言既可满足对方自尊的需要，又可避免己方失礼；既可说明问题，还能为谈判决策留有进退余地。例如，在商务谈判中，常说"互惠互利"、"双方互惠"、"可以考虑"、"双赢"等，都属于外交语言。但过分使用外交语言容易可能会让对方感到无诚意合作。

(4) 文学语言。是一种富有想象的语言，这种语言的特征是生动、活泼、优雅、诙谐，富于想象，有情调，范围广。在商务谈判中恰如其分地运用文学语言，既可以生动明快地说明问题，还可以缓解紧张的谈判气氛。

(5) 军事语言。是一种带有命令性的语言，这种语言的特征是干脆、利落、简洁、坚定、自信、铿锵有力。在商务谈判中，适时运用军事性语言可以起到提高信心、稳定情绪、加速谈判进程的作用。

10.1.2 商务谈判中运用语言艺术的原则

在商务谈判中，不仅谈判的内容很重要，而且语言同样至关重要。在谈判中如何有效地运用语言艺术来表达自己的思想和见解需要遵循一些基本的原则。

1. 客观性原则

客观性原则要求在商务谈判中运用语言艺术表达思想、传递信息时，必须以客观事实为依据，并且运用恰当的语言向对方提供令其信服的证据。这一原则是其他原则的基础。离开了这一原则，无论这个语言有多么高的艺术水平，都将是一个谎言，商务谈判也就失去了其意义。

以商品销售为例。作为销售方，在做产品介绍时一定要遵循事实客观地来进行介绍推销。但是如果进行虚假宣传，这次的谈判可能过关，得到了暂时的利益，但因此可能会使产品信誉下降，使企业的长远利益受到损伤。

2. 针对性原则

谈判语言的针对性是指语言运用要有的放矢，对症下药。在我们进行谈判时要认清谈判对象，用有针对性的语言进行交流、谈判。不同的谈判议题与不同的谈判对手，需要使用不同的谈判语言。即使遇到同一谈判议题但是不同谈判对象，那么选择的谈判语言也应是不同的，因为每一个人的能力、知识水平及需求是不同的。而且，即使是同一谈判对象，随着时间的推移，其价值观、需要也会随之变化，所以在谈判中要有针对性地变换语言。

另外，谈判的内容五花八门，要根据不同的商品确定不同的谈判内容。从使用语言的角度来看，如果能把这些不同透视的越细，就越能在谈判中有针对性的运用语言，以保证每次洽谈的效果和整个谈判的顺利进行。

3. 逻辑性原则

逻辑性要求在商务谈判过程中运用语言艺术要概念明确，判断正确，证据确凿，推理符合逻辑规律，具有较强说服力。

在商务谈判中，逻辑性原则反映在问题的陈述、提问、回答、辩证、说服等各个环节。陈述问题时，要注意术语概念的同一性，问题或事件及其前因后果的衔接性、全面性、本质性和具体性。提问时要注意察言观色、有的放矢，注意和谈判议题紧密结合。回答时要切题，说服对方时要使语言、声调、表情等恰如其分地反映人的逻辑思维过程。

4. 说服性原则

说服性原则要求谈判人员在谈判过程中无论语言表现形式如何，都应该有令人信服的力量和力度。例如，是否使对方有想合作的念头，是否能够建立长期合作的关系等。

谈判语言的说服性，不仅仅是语言的客观性、针对性、逻辑性的辩证统一，还包括更广泛的内容。它要求声调、语气恰如其分，声调的抑扬顿挫、语言的轻重缓急都要适时、适地、适人。谈判人员还要将丰富的面部表情和适当的手势、期待与询问的目光等无声语言，也作为语言说服性的重要组成部分。

5. 隐含性原则

这里的隐含性是指谈判人员在运用语言时要根据特定的环境与条件，委婉而含蓄地表达思想、传递信息。虽然我们强调谈判语言的客观性、针对性、逻辑性和说服性，但并不是说在任何情况下都是直接的、毫无保留的。相反，在谈判中要根据不同的条件，灵活运用“隐隐约约”的语言表达，有时会有意想不到的结果。隐含性的要求除了口头上的语言表达，还直接表现在无声语言中。

6. 规范性原则

规范性是指谈判过程上的语言表达要文明、清晰、严谨、明确。首先，谈判语言必须坚持文明礼貌的原则，必须符合商界的特点和职业道德要求。无论出现任何情况都不能使用粗鲁、污秽或攻击辱骂的语言。其次，语言必须清晰易懂，口音应标准化。再次，谈判语言应当注意抑扬顿挫，有轻重缓急，避免吐舌挤眼、语不断句等。最后，谈判语言应当准确严谨，特别是在讨价还价等关键时刻，更要注意一言一语的准确性。

10.1.3 语言艺术在商务谈判沟通中的作用

有人形容，商务谈判就是“唇枪舌剑”，此话有一定的道理，因为在谈判中如果大家都奉行“沉默是金”，那么就很难进行沟通，很难判断对方的需求。在商务谈判中，恰当地运用语言艺术来表达同样的问题和一段话，可以使对方感兴趣，并乐于听下去；否则，对方会觉得尽是陈词滥调，因而产生反感，进而抵触。许多谈判的实战经验告诉我们：面对冷漠的或者不合作的谈判对手，通过恰当的语言艺术，可以使对手变得积极起来。

1. 商务谈判的价值评判标准

成功的商务谈判应该重视三个价值评判标准，即目标实现标准、成本优化标准和人际关系标准。在商务谈判中除了争取实现自己预定的目标、努力降低谈判成本之外,还应重视建立和维护双方友好合作的关系。商务谈判中的人际关系主要是通过语言来体现,同时谈判策略的实施必须讲求语言艺术。在商务谈判过程中,许多策略如软硬兼施、红脸白脸等,都需要比较高超的语言技巧和艺术。

商务谈判人员常常通过人的形体、姿态等非发音器官来与对方沟通、传递信息,表示态度,交流思想。在谈判过程中,我们可以通过观察对方的行为语言,获得有关信息。其实行为语言可以称得上是双刃剑,首先,我们可以通过对方的行为语言判断其当前的心理状态,以采取相应的政策。其次,我们可以通过自己出色的行为语言技巧,作用于对方视觉,促使对方相信他所看到、听到和想到的一切,从而坚定他做出判断的信心,使判断的结果更加接近己方的意图。

2. 语言艺术在商务谈判中的作用

成功的商务谈判都是出色运用语言艺术的结果,其作用主要表现在以下三个方面:

首先,语言艺术有利于谈判的成功。语言艺术水平的高低往往直接决定着谈判双方的关系乃至谈判的成败。如富于艺术性的语言可使双方关系由冷转热,变得轻松愉快;相反,用语不当可能会破坏原本融洽的谈判气氛。

其次,语言艺术有利于双方人际关系的处理。谈判双方良好的人际关系是谈判成功的前提,而良好的人际关系往往需要语言艺术来调整、改善、巩固和发展。具有较高的语言艺术水准既能准确地表达自己的目的,又能保持双方良好的人际关系,即使是反驳、否定对方的要求,也可以说得很委婉,让对方听得心服口服。否则,即使是赞同、认可、支持对方的观点,也可能使对方反感。

最后,语言艺术有利于阐明观点、实施策略。在谈判中双方要想将自己的判断、推理、论证等思维成果表达出来,都必须出色地运用语言艺术,而在实际实施策略时更需要语言艺术的配合。如采用较强的手法时,既要态度强硬、寸步不让,又要言之有据、入情入理,保持良好形象。

10.1.4 商务谈判中的叙述与问答技巧

(一) 叙述的技巧

商务谈判中的叙述是带有主动性的阐述,是商务沟通中传递大量信息、沟通情感的方法之一。在谈判初期双方都会感到拘谨。所以此时主动切入主题会缓和紧张的气氛。在谈判实践中应该掌握一些技巧来更好地与谈判对象进行沟通。

1. 叙述应简洁,并独立进行

商务谈判的叙述要尽可能简洁、通俗易懂。因为叙述的目的在于使对方听了立刻能够理解,以便对方完整地理解我方观点和意图。独立叙述包括三个含义:其一是不受别人影响,不论别人的语言、情绪有什么反应,陈述中都要坚持自己的观点;其二是不与对方的观点和问题接触,不谈是否同意对方的观点等,是按自己的既定原则和要求进行叙述;其三是只阐述自己的立场。

2. 叙述要围绕主体,由表及里,层次清晰

在商务谈判中,为融洽气氛,谈判人员应从题外话入题,介绍一些当地的风土人情或从某些社会流行话题出发;从“自谦”入题,如果对方是在我方所在地谈判,可谦虚地表示各方

面的照顾不周,也可称赞对方到来使我处蓬荜生辉,或者谦称自己才学疏浅、缺乏经验,希望通过谈判建立友谊等。在谈判中,为使对方便于接受,应分清叙述内容的主次及层次,这样使对方能够心情愉快地倾听己方的叙述。

3. 叙述应客观、准确、令人信服

在叙述事实时,应该尊重客观事实,不夸大事实,如果自己在夸大事实时被对方发现,会降低信誉度,不利于谈判。另外,在谈判中,叙述的观点要准确,在叙述方法上使人信服,避免在谈判中出现前后不一致。

4. 叙述应具体生动

叙述要避免平铺直叙,使用一些生动、活灵活现的生活用语,具体而形象地说明问题,会达到一些意想不到的效果。

(二) 提问的技巧

提问是商务谈判中经常运用的技巧,通过巧妙地提问可以摸清对方的需要,把握对方的心理状态,并能准确表达己方的思想。

1. 发问时要注意时机,便于更好地取得有利的谈判条件

在对方发言时我们不应中止对方的演说而提出新的问题,也不能过早暴露自己的疑问影响己方的谈判意图,等待对方讲完后找对时机进行发问,选择对方最适宜回复问题的时候发问。

2. 注意针对性

对于谈判对手,应了解对方的需要,因人而异,做出针对性的提问。

3. 充分准备

在谈判前应做好准备,如何发问,问哪些问题,等等,以提高发问的效能。

4. 注意时机

在谈判时,如果对方的回答不能够让己方满意,也不要咄咄逼人,等待合适的时机再进行发问。

5. 注意敏感问题

发问时提出的敏感性问题,应该解释下发问的理由,以示对人的尊重。

(三) 应答的技巧

在商务谈判中,谈判是由一系列问题和回答构成,准确的应答在谈判中也起了重要的作用。掌握应答的技巧,是谈判者语言运用的具体内容。

1. 充分准备

回答问题之前,自己要留有思考的时间。在谈判之前做好充分的准备,对对方可能提出的一系列问题,做出应对方案,做到知己知彼,百战不殆。

2. 不要急于回答

在对方提出问题时,如果是难度比较大的不要贸然回答,要了解真正的含义。可以要求对方再具体说明下。

3. 不必有问必答

在谈判中,有部分问题是不值得答复的,就要"答非所问",部分回答或者反问。在一些特殊场合,有些问题不便做出回应,可以以某种巧妙的非逻辑的方式做出应答。

10.1.5 商务谈判中“听”和“辩”的技巧

（一）倾听的技巧

倾听是交往活动的一项重要内容。积极倾听意味着向发言者表明自己在听他发言。“多听少说”是一个谈判者应具备的基本素质和修养。我们不仅是用耳朵这个器官去听，而且还应用眼睛观察对方的表情，通过对方语调的变化、语速、面部表情、肢体动作以及手势背后隐藏的含义去获得信息。

1. 积极、耐心地听

在对方发言时我们要有耐心地听对方的阐述，不能随意打断对方的发言。表现出感兴趣的态度，使对方能够感到你是在认真倾听。

2. 主动地听

在谈判中不是倾听就可以的，还要在倾听时记住发言者所说的关键问题，恰当地提问，深化对对方有关问题的理解，引导谈判的方向。主动倾听是建立在专心致志地倾听基础之上，否则的话无从鉴别对方的信息哪些是真、哪些是假，哪些有用、哪些没用。倾听的过程也是一个去粗取精，去伪存真的过程。

3. 适时查证

避免误会的最好方法是把主要利益用自己的话语表达出来，让对方加以证实。只有用这样的方法，才能正确地沟通。

4. 抑制争论的念头

在倾听过程中，必有一些意见不一致的地方。纵使内心有想打断他发言的念头，也要抑制自己，找合适的机会再作出合适的提问。

5. 给自己创造倾听的机会

一般人认为在谈判中，讲话多的一方占上风，最后一定取得谈判的成功。其实不然，如果谈判一方说话滔滔不绝，占用了大部分时间，那也就没有谈判可言了。因而应适当地给自己创造倾听的机会，尽量多给对方说话的机会。

总之，倾听不仅可以了解对方真实的需要，感知对方的心理状态，而且还可以改善谈判双方的关系，促进谈判的进程和双方的合作。

（二）辩论的技巧

在商务谈判中，辩论的目的是为了达成协议，在谈判中使己方的观点能够得到支持，反驳对方的观点，使己方的利益得到维护。

1. 观点明确，事实有力

论辩中，事实材料要符合观点的要求，在充分讲理由、提根据的基础上，反驳对方的观点。

2. 善于发挥优劣势

在论辩中，一旦占了上风，就要强势压顶，渲染自己的观点，但不可得意忘形，独占讲坛。在谈判桌上，优劣势是可以转化的，所以要把握好这个尺度。

3. 明确自身想要的结果

在谈判中，如果自己的观点已经达到了预想的结果，就要适可而止，不可穷追不舍，谈判不是辩论赛。

4．态度端正，文明用语

谈判语言要文明准确，措辞恰当，以理服人，决不能侮辱诽谤、尖酸刻薄和进行人身攻击。

5．语言逻辑严密

谈判中的辩论往往是在互相发难中完成的。一个优秀的谈判者应头脑清静、思维敏捷，来应付各种场面。谁在辩论中能思维敏捷、逻辑严密，谁就能取得胜利。

10.1.6 商务谈判中的行为语言技巧

在商务谈判沟通中，语言是可以传播任何信息的，非语言符号传播的范围是有限的，然而，它却可以补充、扩大语言符号传播的信息，也可以否定语言符号传播的信息。世界著名非语言传播专家伯德维斯泰尔指出，两个人之间一次普通的交谈，语言传播部分还不到35%，而非语言成分则传递了65%以上的信息。

表达无声语言的媒介有两大部分：一是人体语言，二是物体语言。前者是通过人的一系列动作表现出的各种信息，后者是通过对物品空间位置的不同来传递的信息。

（一）人体语言技巧

人体语言主要是通过眼睛、面部表情、声调、手势和姿势等表现一定思想内容。

1．眼睛语言

（1）对方的视线经常停留在你的脸上或与你对视，说明对方对谈判内容很感兴趣，想急于了解你的态度和诚意，成交的可能性大。

（2）交谈价格过程中对方时时躲避你的眼睛视线，说明对方把卖价抬得偏高或把买价压得过低。

（3）对方的视线时时左右移动、眼神闪烁不定，说明对你所谈的内容不感兴趣，但又不好意思打断你的谈话而产生了焦躁情绪。

（4）眼神闪烁不定，常被认为是掩饰的一种手段或不诚实的表现。

（5）对方的视线在说话和倾听时一直看其他方向，偶尔瞥一下你的脸便迅速离开，说明对方对诚意不足或只想占便宜。

2．表情语言

（1）表示有兴趣：眼睛轻轻一瞥，眉毛清扬，微笑。

（2）表示疑虑、批评甚至敌意：眼睛轻轻一瞥，皱眉，嘴角向下。

（3）表示对己方感兴趣：亲密注视，眉毛清扬或持平，微笑或嘴角上扬。

（4）表示严肃：严肃注视，眉毛持平，嘴角平平或微笑向下。

（5）表示不置可否、无所谓：眼睛平视，眉毛持平，面带微笑。

（6）表示距离或冷静观察：眼睛平视，视角向下，眉毛平平，面带微笑。

（7）表示发怒、生气或气氛：眼睛睁大，眉毛倒竖，嘴角向两边拉开。

（8）表示愉快、高兴：瞳孔放大，嘴张开，眉毛上扬。

（9）表示兴奋或暗喜：眼睛睁得很大，眉毛向上扬起，嘴角持平或微微向上。

3．语调语言

（1）平直调。其语调特征是平稳、语势舒缓，一般用来表达从容、庄重的感情。如“我们希望贵方以现金支付。”

（2）上扬调。其语调特征是前低后高，语势呈上升趋势，一般用来表达怀疑、鼓动、愤怒、斥责的感情。如“你到底什么意思？”

（3）降扬调。其语调特征是前高后低，语势呈下降趋势，一般用于来表达坚定、自信、感叹、祝愿的事情。如：“这到底怎么回事？”

（4）弯曲调。其语调特征是有升有降，语势曲折多变，一般用来表达忧虑、讽刺、调侃、怀疑的感情。如“为什么吃面条而不吃饺子？”

4. 手势语言

（1）伸出并敞开双掌。说明对方忠厚诚恳、言行一致。

（2）说话时掌心向下的手势。表示控制、压抑、压制，带有强制性，这会使人产生抵触情绪。

（3）说话时掌心向上的手势。表示谦虚、诚实、诚恳、屈从、不带有任何威胁性。

（4）挠头。说明对方犹豫不决，感到为难。

（5）托腮。对方托腮时身体往前倾，双目注视你的脸，意味着对你谈的内容颇感兴趣；若是身体后仰托腮，同时视线向下，则意味着对你谈的内容有疑虑、有戒心、不以为然甚至厌烦。

（6）搓手。表示对方对谈判结局的急切期待心理。

5. 姿态语言

（1）“二郎腿”。与对方并排而坐时，对方若驾着“二郎腿”并上身向前向你倾斜，意味着合作的态度；反之，则意味着拒绝、傲慢或有较强的优越感。相对而坐时，对方架着“二郎腿”却正襟危坐，说明他是比较拘谨、欠缺灵活的人，且自觉处于很低的交易地位，成交期望值很高。

（2）驾腿。对方与你初次打交道时采取这种姿势并仰靠在沙发背上，通常带有倨傲、戒备、猜疑、不愿合作的态度；若上身前倾并又滔滔不绝地说话，则意味着对方是个热情且文化素质较低的人，对谈判内容感兴趣。

（3）并腿。交谈中始终或经常保持这一姿势并上身直立或前倾的对手，意味着谦恭、尊敬，表明对方有求于你，自觉交易地位低下，成交期望值很高。时常并腿后仰的对手大多小心谨慎、思虑细致全面，但缺乏信心和魅力。

（4）十指交叉、搂住后脑勺，则显示一种权威、优势和自信。

（5）一手支撑着脑袋，则说明对方处于思考状态。

（6）若对方频频弹烟灰、一根接着一根地抽烟，往往意味着内心紧张、不安，借烟雾和抽烟的动作来掩饰面部表情和可能会颤抖的手，这十有八九是谈判新手或正在采取欺诈手段。

（二）物体语言技巧

物体语言是指人在摆弄一些物体时通过这些姿势所要表达的信息，这些物品在商务谈判中可能随身携带的有笔、本子、茶杯、打火机、烟帽子、眼镜及服装、衣饰等。这些物品拿在手中，戴在身上，呈现不同的姿势，就反映不同的内容与含义。

（1）手中玩笔，说明漫不经心，对所谈问题不在乎。

（2）猛推一下眼镜，说明对方因某事特别气愤。

(3) 摘下眼镜,轻轻揉眼睛,说明对方精神疲倦,对争论的问题产生厌倦和正在积蓄力量准备再战。

(4) 如果拿起水杯喝水,可能是为了掩饰自己紧张的表情。

(5) 轻轻拿起桌子上的帽子,或轻轻戴帽,则可能表示要结束这轮谈判,或暗示告辞。

(6) 打开包,可能想起还有事情要谈;关上包,则表示到此为止。

(7) 不停地看手表,则可能是要赶时间,有想走的意思。

10.2 商务谈判中的沟通技巧

10.2.1 商务谈判中的沟通艺术和策略

沟通需要建立在相互信任、相互理解、相互尊重、保持友好的基础上,这样才能保持长久的合作关系。

你的表达一定要让对方听明白。为了让对方了解你的想法,你一定要让对方明白你的谈话,声东击西、兜圈子往往并不会增加谈判成功的可能性。虽然一些东方国家的谈判人员比较含蓄,会对沟通造成一定的麻烦,但是如果你也含蓄,那么谈判过程将更加艰难,因此国际商务谈判者要学会表达自己的感受,而不是要指责对方。

谈判不是辩论,谈判双方也不是一个案子的原告和被告,而更像处于相同地位的审理同一个案子的两个法官,也就是说,双方虽然有不同的见解,但最终还是要对"裁决"取得一致的意见。

沟通的内容应该有针对性。谈判者在充分沟通的同时也要注意,内容太多、缺乏针对性,也会妨碍谈判的效率,有时会产生相反的效果。在谈判中,浪费时间和精力对双方都是一种损失。尤其是针对那些高度个人主义的谈判人员。

在商务谈判中,沟通不仅需要技巧,还要有一定的策略。

首先,做好谈判的计划工作。也就是要充分了解自己及谈判对手的情况,包括其他利益方的国家和文化情况,即知己知彼。为了做到知己我们要清楚地知道自己想要什么;要了解什么阻碍了自己想要的东西;列出谈判双方可能有的各种选择,考虑哪些方案是自己可以接受的或是能被对方接受的;等等。业务谈判是双方或多方的,要想取得洽谈成功,知彼也是非常重要的,在谈判中,不仅要全面动态地了解对手对协议的期望,更要了解对方的民族习性、谈判手段和语言文化等信息。

其次,克服沟通障碍。在谈判时要明确目标,善于变通,积极地、创造性地开展工作。要注意双方是否有沟通障碍,是否有下列情况发生:存在由于文化背景不同造成的某些词语和肢体语言上的误解;虽然知道,却没有准确地理解对方所提供的信息的内容;虽然理解,却不愿意接受这种理解。要注意克服沟通障碍。谈判的截止日期、分心、情绪压力、责任、文化背景都会让谈判者在考虑问题的时候更多依赖自己的文化惯性思维。对于这些诱因的理解能够帮助谈判者对待跨国谈判的文化因素。

最后,掌握与不同国家和地区的商务谈判技巧。不同的文化造就了不同的性格和行为,形成了不同的谈判风格。不同的风格主要表现在谈判过程中的行为、举止和实施控制谈判进程的方法、手段上。在东西方商务谈判过程中，文化背景的差异、不同的文化心态、风俗习惯等，往往被很多人忽略，而常常正是文化因素的影响，决定了商务谈判活动的成败。在进行谈判时，各个民族都是平等的。无论对手所处的文化环境看起来有多么不可思议或无法理解甚至荒谬，谈判时都应该彼此尊重。在正确谈判意识的指导下，涉外谈判者必须掌握谈判对手的谈判风格，灵活应变，对症下药，使国际商务谈判向有利于己方的方向发展。

10.2.2 与不同国家商人沟通的技巧

由于全球化、文化多样性给商务活动带来的影响与日俱增。来自不同国家的人都要跨越文化界限进行团队合作。不同的国家、不同的民族，其所处地理环境不同，历史背景不同，宗教信仰不同，形成了各具特色的生活方式、民族传统和风俗习惯。因此，文化差异不仅会影响到谈判双方对各种言行举止的运用和解释，而且会影响谈判者的思考方式和各自的价值观念，并且会下意识地把这些概念带到谈判桌面上来，致使谈判复杂化。由于不同的国家、不同的民族在文化上存在着差异性，因此应该采取不同的沟通方式与技巧。

（一）与美国人谈判的沟通技巧

1. 美国人谈判的特征

美国人性格外露、热情奔放，他们认为双方互相忍让才能打开僵局，愿意在谈判中让步，使谈判顺利进行下去。美国人重视效率，尽量缩短谈判时间。在谈判过程中注重协商，他们喜欢一个事实接着一个事实、一个问题接着一个问题地讨论，最后才完成整个协定。

2. 与美国人谈判的沟通技巧

同美国人谈判应当有热情、自信，创造良好的谈判气氛，以赢得对方的好感。与美国人谈判时，应当注意美国人富有讨价还价的能力和对“一揽子”交易感兴趣的特点，积极运用对方力量去促成更大范围内的联合协作，全局平衡，一揽子成交。同时，与美国人谈判必须守时，办事必须高效。

美国人喜欢一切井然有序，不喜欢事先没有联系，以及与突然闯进来的“不速之客”去洽谈生意，美国商人或谈判代表总是注重预约晤谈。另外，同美国人谈判时，也要带上自己的律师，而且是称职的律师。签订合同时，一定要把合同条款仔细推敲，使其既符合中国法律，又不与美国法律相抵触。

（二）与日本人谈判的沟通技巧

1. 日本人谈判的特征

日本人讲话喜欢兜圈子，这常常使对方摸不着头脑。他们不愿过分言简意赅地表达思想，这种间接的交谈方式使他们保持了选择的灵活性。另外，日本人的情报意识非常强，谈判之前广泛地搜集情报，并以情报为依据作出决策。日本人的忍耐力很强，在谈判过程中擅长采用“蘑菇战术”和“车轮战术”。在拖延中想方设法了解对方的真实意图，你若急于求成，他就乘机抬价或压价，把对方弄得筋疲力尽、焦躁不安。

2. 与日本人谈判的沟通技巧

根据日本商人的特点，与其谈判时应注意双方谈判人员在授权上要平衡。因此，在与日方谈判时，必须搞清楚对手有多大的权力、能作出什么决定，然后再来挑选己方的谈判人员。与日方谈判时，我方人员的谈吐也应尽量婉转一点，要不动声色，彬彬有礼，表现出足够的耐心，因为急躁和没有耐心在日本人看来是软弱的表现。在等待的时间里，你也可以自己搞些调查，从别处尽量多了解对方的情况。

如果是初次与日本公司打交道，一定要通过熟人介绍或通过中间人去办，切勿自己直接去找该公司，日本人对直截了当、硬性推销的做法会感到不自在。日本人不愿意和对方的年轻人会谈，所以选择谈判人员时要考虑年龄问题。另外，由于日本企业家奉行的大男子主义，因此代表团中最好不包括女性。

与日方谈判不能只重视对方谈判班子中某个人，而要争取说服每个人。如果暂时未能全面达成一致意见，也不应急于催促，否则只能适得其反。许多日本人对律师总是抱怀疑的态度，因此只要可以不用律师做主要谈判人员，就不要带律师。

注意不要公开批评日本人，不要直截了当地拒绝日本人，而说你还得进一步考虑。如果你不得不否定某个建议，也要以明确、委婉而非威胁的态度来陈述理由。

（三）与韩国人谈判的沟通技巧

1. 韩国人谈判的特征

韩国人重视谈判前的咨询准备，一般在谈判前韩国人都会对对方做详细的咨询了解。一旦韩国人坐下来谈判，就可以肯定他们早已经对这项谈判进行了周密的准备。韩国人非常重视谈判礼仪。他们非常重视谈判地点的选择，一般喜欢在有名气的酒店、饭店会晤。韩国人特别重视谈判前开始阶段的气氛，见面时总是热情地与对方打招呼，向对方介绍自己的姓名、职务等。

2. 与韩国人谈判的沟通技巧

韩国人逻辑性强，做事条理清晰，谈判时注重技巧。谈判时他们往往先将主要议题提出讨论。按照各阶段，主要议题一般分为五个方面：阐明各自意图、叫价、讨价还价、协商、签订合同。对于大型谈判，他们更乐于开门见山、直奔主题。韩国人常用的谈判方法有两种，即横向谈判和纵向谈判，前者是先谈主条款然后谈次要条款，最后谈附加条款；后者是双方共同提出的条款逐条协商，达成一致后再转向下一条款进行讨论。

（四）与英国人谈判的沟通技巧

英国人十分注重礼仪，他们谈吐文明、举止高雅、珍惜社会公德，很有礼让精神。无论是在谈判场内还是场外，英国谈判人员很注重体现个人修养，尊重谈判业务；同时也很注重对方的修养和风度，如果你在谈判中显示出良好的教养和风度，就会很快赢得他们的尊重，为谈判成功打下良好的基础。

英国人谈判稳健，善于简明扼要地阐述立场、陈述观点，之后便是更多的沉默，表现出平静、自信和谨慎，而不是激动、冒险和夸夸其谈。但英国人在谈判中缺乏灵活性，他们通常采取一种非此即彼、不允许对方讨价还价的态度。

英国人对谈判的准备不够充分，不够详细周密。通常，他们不能保证合同的按期履行，不能按期交货。所以，在和英国人订的合同中，应把交货时间及违反的赔偿条款写清楚。

（五）与法国人谈判的沟通技巧

法国人艺术修养高，热情浪漫，开朗活泼，注重生活情趣，是属于比较外向的民族，喜欢与人交往，也乐于助人。

法国人善于表达，在谈判初级阶段，他们喜欢聊一些社会新闻及文化方面的话题，以创造一种轻松友好的气氛。法国人讲话妙语连珠而又富有逻辑性,经常从分析和批判的角度提出论据,喜爱辩论。与法国人谈判时,必须强调你的建议对对方有利,让他感到你是一个很为他着想的人。

法国人时间观念不强,地位越高,来得越迟,以显示其高贵。在公共场合上,不要因为法国人的迟到而发火。

法国人为自己的语言而自豪,他们认为法语是世界上最高贵、最优美的语言。因此,在进行商务谈判时,他们往往要求对方同意以法语作为谈判语言,即使他们的英语讲得很好。所以,要与法国人长期做生意,最好学些法语,如果能讲几句法语,将有助于营造良好的气氛。

(六) 与俄罗斯人谈判的沟通技巧

俄罗斯人固守传统,顾全面子,缺乏灵活性。在谈判中,如果对方的让步与他们原定的具体目标相吻合,容易达成协议;如果有差距,他们很难让步,即使明知自己的要求不符合客观标准,也拒不妥协。

俄罗斯人十分善于与外国人做生意,在谈判桌前显得非常精明。他们不仅擅长寻找合作伙伴,而且很看重价格,会千方百计地迫使对方降价。比如:

(1) 他们会以日后源源不断的新订单引诱对手降价:"我们第一次向你们订货,希望你给个最优惠价,以后我们会长期向你订货。"一旦对方降低了价格,他们就会永远将价钱压在最低水平上。

(2) 他们会"欲擒故纵",告诉对手:"你开的价实在太高,你的竞争者们报价都相当低。如果跟他们做生意,现在都快达成协议了。"

(3) 他们还会使出"虚张声势"的强硬招数,比如大声喊叫"太不公平了",或是使劲地敲着桌子以示不满,甚至拂袖而去。这时,你千万别太实在,最好报个虚价,坚守阵地,不为所动,坚持到底。

俄罗斯人是强硬的谈判者,他们通过不停的争论和拖延使西方谈判者沮丧并使谈判陷入僵局。这是因为俄罗斯人对时间概念的理解不同于西方人。俄罗斯人不认同西方人所信仰的"时间就是金钱"的观念。俄罗斯人是很沉得住气、坚持固执的谈判者。他们会努力去最大限度地减少自己的微笑及其他表情,总显示一个平静的外表。

10.3 商务谈判中的文字处理艺术

商务谈判中的文字处理是指用文字表现谈判前的准备、谈判过程和谈判结果的全部内容。

10.3.1 文字处理的特征

商务谈判前的准备、谈判过程、谈判结束等都离不开文字处理,简单地说,离不开"写"。商务谈判文字处理科学与否,直接关系到谈判质量、谈判进程和谈判效果。商务谈判文字处理的基本特征有:

(1) 及时准确。即在商务谈判中任何一个环节的文字处理都要及时、准确、迅速、精练、如实、完整地反映谈判过程的全部内容。

（2）格式固定。商务谈判中文字处理的内容均属于应用文范畴，一般都有固定的格式。缺少其中的任何一项都会影响到商务谈判的进程和效果。

（3）语言简明。除记录、备忘录外，商务谈判其他内容的文字处理要求质朴、准确、简明。即直截了当、不含糊其辞、语言精练、不存在歧义。

（4）时间性强。这是商务谈判中的文字处理与一般行文的重要区别。商务谈判的文字内容都具有法律约束力，同时也是处理日后纠纷的依据。

10.3.2 文字处理的原则和艺术

（一）商务谈判沟通中的文字处理的原则

商务谈判中文字处理的原则主要有：实用性原则、可靠性原则及准确性原则。

（二）商务谈判沟通中的文字处理的艺术

1. 商务谈判记录的文字处理艺术

商务谈判记录是指用文字形式如实、及时、准确、完整地反映谈判全过程的书面材料。商务谈判记录的要求有：

（1）记录必须符合谈判的实际情况，谈判文书不能随意增添或删改谈判内容和基本精神。

（2）谈判进入达成协议的关键阶段，对重要人物的发言要做详细记录，有的甚至要记下原句。

（3）严格按照规定格式记录谈判。

2. 国际商务谈判备忘录的文字处理艺术

国际商务谈判备忘录是指记录有关活动或事务，起揭示或提醒作用，以免忘却的一种记事性文书。备忘录的类型主要有：个人备忘录、交往式备忘录、计划式备忘录。备忘录的内容一般包括标题、正文、落款。

3. 国际商务谈判合同的文字处理艺术

（1）国际商务谈判合同的特征

商务合同是谈判双方在经济合作和贸易交往中，为实现各自的经济目标、明确相互之间的权利义务关系，通过协商一致而共同订立的协议。因此，商务合同一般具有以下特征：

① 双方权利义务相等。合同在签约之前双方必定按照符合双方的利益进行谈判，其中，当事人所享受的权利必须要与他所承担的义务相对应，双方应互有权利和义务。这样，双方才能真诚执行合同条约，使相互间经济活动得以长期持续地进行下去。

② 合同条文必须明确规范。在合同内容中，条款的用词应专业、明确、规范，避免发生歧义。

③ 合同的签订应符合法律依据。在商务谈判中，因为合同双方都明确了各自的权利和义务，所以双方都承担了各自的法律责任。特别是一些涉外合同中，不仅要考虑到本国的法律，还要考虑到对方国家的法律，在某些情况下，还要充分考虑国际公约与国际商务中的不成文法，即国际惯例。

（2）合同的总体构成

合同的格式与一般文章一样，由标题部分和行文部分组成，行文部分则又因文章的起承转合而相应地分为开头、正文和结尾三个层次,这三个层次又叫做约首、条款和约尾。

(3) 合同的主要条款

指一般商务合同都必须有的共同特征。这些条款是商务合同的主要内容和核心,它规定了当事人双方的权利和义务,是确定商务合同是否合法有效的主要条件,也是当事人双方全面履行商务合同的主要依据。商务合同的主要条款包括:

① 标的。标的是指商务合同当事人双方的权利义务共同指向的对象。由于合同种类不同,标的也就不同。标的有的是实物,有的是货币,有的是劳务。它是订立商务合同的基础和前提,如果没有标的,合同就不能成立,如果标的不明确,合同则无法履行。

② 数量和质量。数量和质量是标的的具体化,是使标的相互区别的具体特征。数量是标的的计量,是衡量标的大小、多少、轻重的尺度。标的的数量是通过计量单位和计量方法来衡量的,必须使用国家法定的计量单位和统一的计算方法。质量是标的的内在素质和外观形象的综合状况。签订商务合同必须详细地载明标的的名称、品种、规格、型号、等级、质地等具体内容。质量标准遵从由国家标准或行业标准,没有国家标准或行业标准的,由双方协商。

③ 价款或酬金。它是指商务合同当事人一方向交付标的的另一方所支付以货币为表现形式的代价。在以物为标的的商务合同中,这种代价称为价款;在以劳务、智力成果为标的的商务合同中,这种代价称为酬金。

④ 履行的期限、地点和方式。履行期限是指商务合同当事人双方完成合同规定的各自义务的时间界限。一般以日、旬、月、季、年来表示,可以由当事人双方协商确定。商务合同的履行期限因合同种类不同而不尽相同,但无论何种商务合同,履行期限都应尽可能规定得具体明确,因为履行期限是确定当事人双方是按期履行还是逾期履行的客观标准。履行地点是指当事人双方履行义务的地点,亦即交付或提取标的物的地点。履行地点的确定有两种方式:一是按商务合同的性质由法律直接加以规定,二是由当事人双方协商确定履行地点。履行方式是指当事人采用什么方式履行合同义务。它包括标的的交付方式和价金结算方式。标的交付又分为送货方式、自提方式、代运方式;价金的结算方式又分为现金结算和转账结算。无论采取以上何种履行方式,首先取决于标的的性质,但不管当事人的目的和合同标的如何不同,都必须明确规定是一次履行,还是分期履行;是当事人自己履行,还是由他人代为履行。

⑤ 违约责任。违约责任是指因当事人一方或双方的过错,造成商务合同不能履行或不能完全履行而责任方必须承担的责任。对于违约责任,法律有规定的,按照法律规定执行;法律没有规定的,由当事人双方协商确定。违约责任的基本形式是支付违约金和赔偿金,对违约方制裁。

(4) 合同签订的文字处理技巧

① 签约谨慎。

② 用词准确。

③ 条款完备具体。

④ 警惕数字陷阱。

【本章习题】

1. 在商务谈判中,运用语言艺术时应注重哪些原则?

2. 语言艺术在商务谈判中有哪些作用?

3. 商务谈判中,都有哪些技巧?

4. 商务谈判中,文字处理的原则有哪些?

【扩展学习】

美国汽车工业“三驾马车”之一的克莱斯勒公司是美国第十大制造企业。但是自20世纪70年代以来,9年内竟有7年亏损,其中1978年亏损2.04亿美元。在此危难之际,艾柯卡出任总经理。为了维持公司最低限度的生产活动,艾柯卡请求政府给予紧急经济援助,提供贷款担保。国会就此举行听证会。

参议院、银行业委员会主任质问艾柯卡:“如果保证贷款获得通过的话,那么政府对克莱斯勒的介入更深,这与你长久以来鼓吹的自由企业竞争不是相矛盾吗?”

艾柯卡说:“不错,我一直都是自由企业的拥护者,我极不情愿到这里来。但是我们目前的处境确实很艰难,除非能获得政府的保证贷款,否则我没有办法挽救这个企业。”

他接着说:“我没有撒谎,各位参议员先生比我更清楚,请求贷款案并没有先例,事实上,目前你们的账册上已经有了4 000亿元的保证贷款。因此,恳求你们通融一下,为克莱斯勒公司争取4 100万元的贷款吧。因为克莱斯勒公司是美国第十大制造企业,它关系着60万人的就业机会。”

艾柯卡接着指出,日本企业正在乘虚而入,如果克莱斯勒倒闭的话,它的十几万员工将成为日本企业的佣工;如果克莱斯勒倒闭的话,国家在第一年就得为失业人口花费27亿元的失业金和福利保险。他说:“各位愿意现在就付出27亿美元,还是将他的一小部分作为保证贷款,日后并可全数收回?”

持反对意见的议员无言以对,贷款案最后获得通过,挽救了克莱斯勒公司。

思考题

在整个谈判中,艾柯卡就公司目前状况做了陈述,并且使得参议院和银行同意了申请贷款,从中你得到了什么体会?

第11章 商务谈判中的心理技巧

【学习要点】

1. 了解商务谈判心理的含义
2. 熟悉商务谈判中的需求理论及应用
3. 熟悉商务谈判的不同层次
4. 了解影响商务谈判的因素——能力、性格、气质等
5. 掌握商务谈判需要的心理素质要求

【导入案例】

在谈判桌上有时常会感到自己置身于不利处境中，又说不出为什么。明知是对手故意设计的，用来干扰和削弱我方的谈判力量。比如，座位阳光刺眼，看不清对手的表情；会议室纷乱嘈杂，常有干扰和噪音；疲劳战术，连续谈判；并在我方疲劳和困倦的时候提出一些细小但比较关键的改动，难以察觉。甚至利用外部环境形成压力，例如，我国知识产权代表团首次赴美谈判时，纽约好几家中资公司都"碰巧"关门，忙于应付所谓的反倾销活动，美方企图以此对我代表团造成一定的心理压力。

这个案例说明，有时对待对手可以"狠"一点，某些微妙的机关用到好处，对方是很难察觉到的，但应该掌握好度。

11.1 现代商务谈判中的需求理论及应用

11.1.1 现代商务谈判的需求理论

需要是人们最基本、最典型的心理现象。需要的存在是人们行为活动的内在驱动力，与人的活动有着直接、必然的联系，时刻支配着人们的行为活动。谈判活动也是建立在需要的基础上的，如果不存在尚未满足的需要，人们便不会进行谈判。需要和需要的满足是谈判的共同基础和动力。

1. 需要的含义

需要是人类对客观事物的某种欲望。如口渴的人需要饮料解渴，厂商需要购买原材料进行生产。买卖双方的需要，促使他们坐下来进行谈判，为的是最大限度地满足各自的需要。

要研究需要对人们行为活动的支配作用，首先应了解需要的一般特点：

(1) 需要是具体的，有针对性的。

(2) 需要是反复的，连续的。

(3) 需要是不断发展、提高的。

2. 马斯洛需求理论

人类有着各种各样复杂的需要。美国著名心理学家马斯洛在20世纪50年代提出了“需要层次”理论，把人的各种需要划分成五个层次，并按照其需要满足的先后顺序进行排列，依次为生理需要、安全需要、社会需要、尊重的需要和自我实现的需要。

(1) 生理需要，它是最低层次的需求，偏重于物质需求，自然需要(如儿童购买零食)。

(2) 安全需要，包括得到保证、稳定、秩序等(如新员工在谈判中更多关注谈判成功，从而证明自己，保证自己在公司的生存)。

(3) 社交需要，指人了解外部信息，寻求感情归宿，得到爱的需要(在谈判中表现为有些对手喜欢让步，借此获得别人的爱，这是有悖于谈判原则的)。

(4) 尊重需要，即自尊和他尊的需要，希望自己的能力得到公正的认同，在群体中确立自己的地位(例如中国人的注重人情和面子这一特点)。

(5) 自我实现需要，是指希望完成与自己能力相称的工作，充分表现个人或群体的思想、兴趣、能力和意志等，是一种自发的、自我鞭策努力的心理需求。

3. 马斯洛需求理论在商务谈判中的应用

需求层次理论不仅揭示了商务谈判对人类生存发展的必然性和必要性，同时也是人们在商务谈判中获胜的理论依据。

一方面，较好地掌握和运用需求层次理论，可以为满足谈判者高层次的需要提供条件。这就要求在商务谈判进行时，力求做好以下几点：

(1) 必须较好地满足谈判者的生理需要。

(2) 尽可能地为商务谈判营造一个安全的氛围。

(3) 在进行谈判的过程中，要与对手建立起一种信任、融洽的谈判气氛。

(4) 在谈判时要使用谦和的语言和态度，注意到谈判对手尊重和自尊的需要，使谈判圆满成功。对于谈判者的最高要求是在不影响满足自我实现需求的同时，也尽可能地使对方得到满足。

总之，在谈判的整个过程，要注意到谈判者各个层次的需要，并尽可能地从低层次到高层次对这些需要给予满足。当然，这是要在满足自己需要的前提下进行的。只有这样，才能避免谈判陷入僵局，为最终的胜利创造良好的环境和条件。

另一方面，较好地运用需求层次理论，可以通过满足其他层次需要，来弥补谈判中无法满足的条件。

案例

某广告公司急需一名设计人员，登出招聘广告数日后，一名各方面条件都符合要求的人员前来找人事部门领导，他提出了年薪10万元的要求，但按照公司的实际情况，只能给他7

万元，而应征人员反复强调 10 万元是最低要求。如果就此讨论，很显然无法达成协议，谈判不会成功。那么这个分歧、差异就无法解决了吗？不是的。这位人事部门主管在讲明 7 万元无法增加的前提下，又提出了一些其他可以满足的条件。经过坦诚的协商，他们达成了协议，即公司给他每年 7 万元的年薪，同时为他免费提供一套住房，解决子女教育问题，给予广告总策划的职务，提供免费医疗。

虽然这名应征者最终拿到的年薪与他的要求有差距，也就是说他的这一需要没有得到满足，但公司给予的其他条件满足了他的安全、社会、自尊及自我实现等需要。对其他需求的满足，在一定程度上弥补了应征者提出的工资待遇的不足，使谈判走向成功。可见，这对谈判的最后结果有着决定性意义。

人类的需要是复杂多样的，每个人的需要更是千变万化。需求层次理论是对一般意义上的需要的一种理论，它无法反映一些特殊情况下人们的需要。比如，在一些特定条件下，需要的层次会发生变化，自尊或自我实现的需要会比其他需要更为强烈，这是需要层次理论无法解释说明的。因此，特定条件下要具体问题具体分析，不能生搬硬套，一概而论。

11.1.2 现代商务谈判的三个层次

现代商务谈判的三个层次包括个人间的谈判、组织间的谈判和国家间的谈判。

个人之间的谈判，主体是“个人”，具有简单性、直接性和广泛性。组织之间的谈判，谈判主体是“组织”，具有集约性、程式性和效益性。国家间的谈判，谈判主体是“国家”，具有政治性、宏观性和严谨性。

11.1.3 现代商务谈判中需求的不同适用方法

对谈判的分析表明，适用于不同需求的谈判方法总表现为某几种形式的反复出现，这就是所谓的“需求的不同适用方法”。尼尔伦伯格认为，现代商务谈判中的不同适用方法主要包括以下 6 种：

(1) 谈判者顺从对方需要；

(2) 谈判者使对方服从其自身的需要；

(3) 谈判者同时服从对方和自己的需要；

(4) 谈判者违背自己的需要；

(5) 谈判者损害对方的需要；

(6) 谈判者不顾自己和对方的需要。

11.2 个性与谈判

个性是指个人带有倾向的、本质的、比较稳定的心理特征的总和，包括人生观、兴趣、爱好、能力、气质、性格等多方面。它是在人的一定心理基础上，在社会实践活动中形成和发展起来的。它体现了个体独特的风格，独特的心理活动，以及独特的行为表现。个性是由多层次、多侧面的心理特征结合构成的整体，这些层次特征包括能力特征、气质特征、性格特征。

在商务谈判中经常要和个性不同的人打交道，谈判人员也有自己的个性。因此，我们应该注意通过对谈判者个性的了解，帮助己方谈判人员克服自己性格上的弱点，提高谈判人员的素质，并根据对方的个性心理特征，选择不同的谈判策略，促使谈判成功。

11.2.1 能力与谈判

谈判活动是一种内容复杂、参加人员较多的社会活动，需要谈判者具备多方面能力。

1. 语言表达能力

语言是交际的工具，语言表达能力对谈判人员来说是十分重要的。对谈判人员来说，首先是能够用准确、规范的语言陈述立场、观点，提供消息，交流感情，说服对方。这是对谈判人员语言表达能力最起码的要求。如果说话含混不清，吐字不准，措辞不当，或前言不接后语，没有逻辑性，会极大地影响谈判人员相互之间的沟通、交流，也是谈判的大忌。

语言表达能力差，不仅不能很好地阐述自己的观点、要求，也不能很好地说服对方，甚至会引起对方的反感。在许多情况下，谈判的障碍都是由语言障碍造成的。这一点，在国际贸易谈判中表现得尤为突出。

当然，要求谈判人员具备良好的语言表达能力，能言善辩，并不是要求他能够滔滔不绝地演讲，甚至是夸夸其谈、自吹自擂。谈判不是演讲比赛，也不是领导讲话，是双方的沟通交流。因此，要求谈判者既能够清晰明了地说明个人的意见，也能够虚心听取对方意见，即也应有“听话”的能力。

语言表达能力主要是人们在社会实践活动中锻炼形成的。当然，由于人们生理条件差异，人的这种能力有高有低。但是，只要经过一定的系统训练和在实践中有意识地锻炼，是会得到提高的。对谈判人员来讲，比较切实可行的方法是举行模拟谈判，草拟出对方可能提出的问题，并让我方人员扮演对方代表，这样既锻炼了语言表达能力，又对谈判中可能出现的问题做了准备，有较好的实用效果。

2. 观察注意力

谈判中，察言观色是很重要的。美国一位传播学家将人们之间的信息沟通用一个公式来表示：信息的全部表达 = 7% 语调 + 38% 声音 + 55% 表情。稍加注意，你就可以发现，不论是个别交谈，还是小组聚会，谈判人员的表情神态是很不相同的。有的人在倾听的同时频频点头，有的人发出会意的微笑，还有的人全神贯注、目不转睛地望着讲话者，有的则一边听一边若有所思。各种神态表情反映了人们不同的心理活动，也表现出人们对讲话者的一定看法，在传递某种信息，捕捉这些信息就靠我们的观察注意能力。

观察是人的一种知觉认识。它是通过眼睛看、耳朵听、手触摸等形式了解周围事物的心理活动。特别是人的眼睛，正常情况下，人们视线之间的接触约占全部谈话时间的 30% ~ 60%，由此可判断人们对谈判内容感兴趣的程度。同语言表达能力一样，人的观察注意能力也有一定的差别。这在心理学实验中已经得到肯定的证实。

在谈判中，观察注意力较强的谈判者在与对方的简单接触中，能很好地发现对方的特点、爱好甚至经历，并据此作出相应的推断。这非常有助于谈判人员的相互沟通、了解。当你在讲话时，你可以细心观察对方的表情、动作，判断自己的观点是否能被接受，在什么程度上被接受，对方对你讲的内容是否热心，等等。当你作为倾听者时，也能从说话人的姿势、表情上判断出他对听话人的重视与否，有没有诚意。如果谈判人员观察注意力较差，就不能很好地了解这些非语言信息传递的内涵，无法进行有效的信息反馈。自然，也就不能及时地调整自己的表达方式，可能会陷入比较被动的地位。

观察注意力首先与人的经验密切相关，经验越丰富、阅历越广泛，人的观察注意力也就越强。其次，要确定明确的观察目标，如果一个人漫无目的地观察一切，就不能把自己的注意力很好地组织起来，就不能有效地控制自己的知觉去观察认识所确定的目标结果，必然会对关键之处熟视无睹。即使是有所觉察，也是一知半解，印象模糊。如果有明确的观察目的，就可以避免知觉的偶然性和自发性，排除不利的干扰，提高观察的积极主动性。最后，还应培养有顺序、有系统地观察事物的习惯。对一种事物有序、有步骤地去体验认识，这样才能看到事物各部分之间的联系，而不至于遗漏一些重要的特征。

3. 记忆力

人的记忆能力是有差别的，有的人的记忆保持得既长久又准确，有的人则很快就忘掉了；有的人数字记忆好，有的人形象记忆好；等等。人的这种记忆差别还与人的年龄经验、所从事的职业和实践范围有着密切的联系。良好的记忆力对谈判人员是十分重要的。它不仅有助于谈判人员更好地掌握各种信息、情报，有助于处理洽谈中的各种问题，而且还会增加个人魅力，给对方留下良好印象。在谈判中，记忆就像一架摄像机，能不花任何成本记录下谈判中双方的言行，以备在需要时随时取用。记忆提醒你曾许下的诺言，联系上曾接触过的人物，积累起更多的经验。所以，谈判人员应注意培养和提高自己的记忆能力。

4. 判断力

良好的判断能力对谈判人员来说也很重要。谈判专家认为，谈判是人们所从事的工作中最困难的一种，一个优秀的谈判者需要具备其他职业中所不常见的特质，其一就是良好的职业判断力。

判断是指确定事物和现象之间的联系。在现实活动中，事物和现象之间的联系往往被各种假象所干扰，影响人们正确认识其相互之间的关系，这就需要人们运用判断力去排除各种干扰因素，了解事物的本质。

在商务谈判中，良好的判断能力会使谈判人员及早地洞察问题或分歧的关键所在，准确地分析、预见事物发展可能产生的各种结果，从而确定相应的策略，决定买卖的取舍。

判断力与风险有密切的联系，判断力越准确，风险就越小，成功的把握就越大。在许多情况下，判断力只是人们的某种直觉。当然，这种直觉的产生是建立在接收外界大量信息的基础上的。判断也与人的经验密切相关，经验越丰富，过滤信息的能力越强，分析判断就越准确、越敏锐。

5. 决策能力

决策能力是谈判活动中比较重要的一种能力。当谈判人员就交易的具体内容协商讨论之后，进入拍板决策阶段，需要谈判人员迅速准确地做出决断。

谈判者决策能力的高低与其自信心等有直接的关系。自信心强，处理问题迅速、果断。敢于冒风险的人，决策能力相对较强；反之，则较弱。决策过程持续的时间长短也反映了人的决策能力的差别。一般地讲，行为谨慎的人决策可能费时较长，甚至反复考虑斟酌，但一旦拍板定案,则义无反顾,坚决执行。决策能力较差的人,决策时间也比较长,老是犹豫反复、拿不准主意。决策能力的强弱,还要根据决策结果和决策内容去分析。当一个人决定做某件事或不做某件事,事实证明他经常是对的,那么,他的决策能力就相对较强。决策能力不单单是人的某一方面能力的表现,从某种程度上说,它是人的各种能力的综合体现。它是建立在人们观察、注意、分析的基础上,运用判断思考、逻辑推理作出的决断。因此,培养锻炼谈判人员的决策能力,必须要注意各种能力的平衡发展。

6. 应变能力

应变能力是指人对突然发生的情况或尚未料到情况的适应、应对能力。在谈判活动中经常会出现各种意外的突发情况,如果谈判人员不能很好地应对和处理,就会陷于被动,甚至功亏一篑,导致谈判失败。

应变能力的强弱与人的灵活性、创造性有密切的联系,当眼前出现的情况同原先预想的有较大出入时,应变能力强的人能够调动自己的想象力,提出各种灵活的办法、变通的方案,尽量妥善解决。同时,对双方提出的方案、措施,也能够冷静分析思考,权衡利弊关系,作出正确的抉择。但应变能力差的谈判人员却做不到这一点。他们习惯于按老办法去处理新问题,不去寻找更好的解决问题的方法。显然,这种类型的谈判人员是达不成有建设性的协议的。

综上所述,能力是谈判者顺利完成谈判活动、达成谈判协议的根本保证。因此,谈判人员所具备的能力以及这些能力的培养和提高有着十分重要的意义。这就要求不仅谈判者个人要注意在实践中培养锻炼自己的能力,还要以各种方式专门训练,如进行心理训练、模拟谈判等。

11.2.2 气质与谈判

气质是个人心理活动的动力特征。气质主要是由神经过程的生理特点所决定的。这些动力特征主要表现在心理过程的强度、速度、稳定性、灵活性及指向性等方面。譬如,我们情绪的强弱、意志能力的大小、知觉或思维的快慢、注意力集中时间的长短、注意力转移的难易,以及心理活动是倾向于外部事物还是自身内部等,都是具体表现。

关于气质的分类,是公元前五世纪由希腊著名医生希波克拉底首先提出的。他认为人体内有血液、黏液、黄胆汁和黑胆汁四种液体。按照每种液体在人体内所占的比例不同,会形成胆汁质、多血质、黏液质和抑郁质四种气质类型。

1. 胆汁质

这类气质的人的一般特点是具有很高的兴奋性,因而在行为上表现出不均衡性。他们脾气暴躁,好挑衅,态度直率,性急,精力旺盛,动作敏捷,情绪易冲动。这类人的工作特点是带有周期性和波动性,他们能以极大的热情投身于工作,埋头于事业,他们准备并以行动去克服困难。然而,当精力消耗殆尽而目的没有达成时,他们便失去信心,情绪沮丧。

2. 多血质

这类气质的人的特点是有很高的灵活性,容易适应变化的环境。这类人活泼、敏捷、富有讨价还价的能力,该出手时就出手,态度热忱,外向奔放,对业务兢兢业业,且注意力易转移,情感丰富但不强烈,且易于变化。他们在从事多变和多样化的工作时成绩卓越,因此,要求反应敏捷的工作对他们最合适。

3. 黏液质

具有这类气质的人的一般特点是安静、持重、沉着,但反应缓慢。他们的情感不易外露,注意稳定,难于转移,对自己的力量估计好后,就把事情一干到底。他们处事持重,交际适度,从容不迫,性格有一贯性和确定性,善于做有条理的、要求细致和持久的工作。

4. 抑郁质

具有这类气质的人的特点是情绪易变,性格孤僻,优柔寡断,行动迟缓,情感体验深刻而持久,往往因微不足道的理由而动感情,但感情有内稳性,并善于察觉别人不易察觉的细小事,处事精细,对委托的事情有责任感和坚定性,能克服困难。在一个友爱的集体里或在习惯性工作的环境下,这类人可能是一个容易相处的人。

气质类型本身虽然没有什么好坏之分,但它对人心理过程的变化和个性品质的形成却有积极或消极的作用。所以,了解人的气质类型,有助于根据谈判者的各种谈判行为发现和识别其气质方面的特点,并在谈判中注意利用谈判者气质特征的积极方面,控制其消极方面,从而提高商务谈判的成功率。

11.2.3 性格与谈判

性格是指人对客观现实的态度和行为方式中经常表现出来的稳定倾向。它是个性特征的核心,决定人的活动的内容和方向。所以,性格的形成与发展对人的行为活动有重要的影响。在现实活动中,人们的性格是千差万别的,比如在交际方面,有的人活泼外向,喜欢结交朋友,有的人孤寂内向,爱独自沉思;在待人处事上,有的人诚实、和蔼,有的人虚伪、狡诈;在情绪特点方面,有的人乐观进取,有的人悲观失望;在行动上,有的人果断坚强,有的人则谨慎怯懦。这些都会在谈判活动中表现出来,直接影响人们的行为方式。

人与人之间的性格差别是极大的,有的甚至截然对立,对于性格类型的分析是难以穷尽的。这里,我们就谈判这一特定形式的活动,分析几种具有一定代表性的谈判人员的性格类型。

1. 权力型

这种类型的人根本特征是对权力、成绩狂热地追求。为了取得最大成就,获得最大利益,他们不惜一切代价。在多数谈判场合中,他们想尽一切办法使自己成为权力的中心,我行我素,不给对方留下任何余地。一旦他们控制谈判,就会充分运用手中的权力,向对方讨价还价,甚至不择手段,逼迫对方接受条件。他们时常抱怨权力有限,束缚了他们谈判能力的发挥。更有甚者,为了体现他们是权力的拥有者,他们追求豪华的谈判场所、舒适的谈判环境、精美的宴席及隆重的场面。

权力型谈判者的另一特点是敢冒风险,喜欢挑战。他们不仅喜欢向对方挑战,而且喜欢迎接困难和挑战,因为只有通过接受挑战和战胜困难,才能显示出他们的能力和树立起自我形象,一帆风顺的谈判会使他们觉得没劲、不过瘾。只有经过艰苦的讨价还价,调动他们的全部力量获取成功,才会使他们感到满足。

权力型谈判者的第三个特点是急于建树,决策果断。这种人求胜心切,不喜欢、也不能容忍拖沓和延误。他们在要获得更大权力和成绩的心情驱使下,总是迅速地处理手头的工作，然后着手下一步的行动。

总而言之，贪权人强烈地追求专权，全力以赴地实现目标，敢冒风险，喜欢挑剔，缺少同情，不惜代价。在谈判中，这是最难对付的一类人，因为如果你顺从他，你必然会被剥夺得一干二净，如果你抵制他，谈判就会陷入僵局，甚至破裂。

要对付这类谈判对手，必须首先在思想上有所准备，要针对这类人的性格特点，寻找接近问题的突破口，正像这种人的优点一样，他们的弱点也十分明显，主要是：不顾及冒险代价，一意孤行；缺乏必要的警惕性；没有耐心，讨厌拖拉；对细节不感兴趣，不愿陷入琐事；希望统治他人，包括自己的同事；必须是谈判的主导者，不能当配角；易于冲动，有时控制不住自己。

针对他们的弱点，可从以下几个方面采取对策：一是要在谈判中表现出极大的耐心，靠韧性取胜，以柔克刚。即使对方发火，甚至暴跳如雷，也一定要沉着冷静，耐心倾听，不要急于反驳、反击。如果能冷眼旁观，无动于衷，效果会更好，因为对方就是想通过这种形式来制服你。如果你能承受住，他便无计可施，甚至还会对你产生尊重、敬佩之情。二是努力创造一种直率的，并能让对手接受的气氛。在个人谈判中，应避免面对面直接冲突，这不是惧怕对方，而是因为这样不能解决问题，应该把更多的精力放在引起对手的兴趣和欲望上。

2. 说服型

在谈判活动中，最普遍、最具有代表性的人就是说服型的人。权力型的人容易引起对方的警惕，但说服型的人却容易被人所忽视。在说服型谈判者温文尔雅的外表下，很可能暗藏雄心，等着与你一争高低。

说服型谈判者的性格特点：

（1）具有良好的人际关系，他们需要别人的赞扬和欢迎，受到社会的承认对他们来说比什么都重要。

（2）处理问题决不草率盲从，三思而后行。他们对自己的面子、对对方的面子都竭力维护，绝不轻易做伤害对方感情的事。在许多场合，即使他们不同意对方的提议，也不愿意直截了当地拒绝，总是想方设法说服对方或阐述他们不能接受的理由。

说服型谈判者的弱点在于过分热心与对方搞好关系，忽略了必要的进攻和反击；对细节问题不感兴趣，不愿进行数字研究；不能长时间专注于单一的具体工作，希望考虑重大问题；不适应冲突气氛，不喜欢单独工作等。

针对他们的弱点，可以从以下几个方面采取对策：首先，要在维持礼节的前提下，保持进攻的态度，并注意双方感情的距离，不要与对手交往过于亲密。必要时，保持态度上的进攻性，引起一些争论，使对手感到紧张不适。其次，可准备大量细节问题，使对方感到厌烦，产生尽快达成协议的想法。再次，在可能的条件下，努力造成一对一的谈判局面。说服者群体意识较强，他们善于利用他人造成有利于自己的环境气氛，不喜欢单独工作，因为这使他们的优势无法发挥。利用这一点，或许可以争取主动。最后，准备一些奉承话，必要时给对方戴个高帽。这很有效，但必须恭维得恰到好处。

3. 执行型

这种性格类型的人在谈判中并不少见，他们的最显著特点是：

(1) 坚决执行上级的命令和指示以及事先定好的计划,全力以赴,但是没有自己的主张和见解,缺乏创造性。维护现状是他们最大的愿望。

(2) 工作安全感强。他们喜欢安全、有秩序、没有太大波折的谈判。他们不愿接受挑战,也不喜欢爱挑战的人。面对各种挑战,他们往往不知所措。

这种性格的人喜欢照章办事,适应能力较差,在处理问题时往往寻找先例。如果出现某一问题,以前是用 A 方法处理的,他们就决不会采用 B 方法。所以,这类人很少在谈判中能独当一面,缺少构思能力和想象力,决策能力也很差。他们一般只适合在某些特定的局部领域中,工作起来得心应手,有效率。

执行型性格人的性格弱点:

(1) 他们讨厌挑战、冲突,不喜欢新提议、新花样;

(2) 没有能力把握大的问题,不习惯、也不善于从全局考虑问题;

(3) 不愿意很快决策,也尽量避免决策;

(4) 不适应单边谈判,需要得到同伴的支持;

(5) 适应能力差,有时无法应付复杂的、多种方案的局面。

对待这类型谈判者,在谈判中可以使用以下方法:

(1) 努力造成一对一谈判的格局,把谈判分解为有明确目标的各个阶段,这样容易获得对方的配合,使谈判更有效率。

(2) 争取缩短谈判的每一具体过程,这类人反应迟缓,谈判时间越长,他们的防御性也越强,所以,从某种角度讲,达成协议的速度是成功的关键。

(3) 准备详细的资料支持自己的观点。由于执行者常会要求回答一些详细和具体的问题,因此,必须有足够的准备来应付,但不要轻易提出新建议或主张,这会引起他们的反感或防卫。

(4) 讲话的态度、措辞也很重要,冷静、耐心都是不可缺少的。

4. 疑虑型

这类型性格人的典型特征是怀疑多虑,他们对任何事都持怀疑、批评的态度。每当一项新建议拿到谈判桌上来,即使是对他们有明显的好处,只要是对方提出的,他们就会怀疑、反对,千方百计地探求他们所不知道的一切。

他们遇事时常常犹豫不定,难于决策。他们对问题考虑慎重,不轻易下结论。在关键时刻,如拍板、签合同、选择方案等问题上,不能当机立断,老是犹豫反复,拿不定主意,担心吃亏上当。结果,常常贻误时机,错过达成更有利的协议的机会。

他们还对细节问题观察仔细,注意较多,而且设想具体,常提出一些出人意料的问题。此外,这种人也不喜欢矛盾冲突,虽然他们经常怀疑一切,经常批评、抱怨他人,但很少会弄到冲突激化的程度,他们竭力避免对立,如果真的发生冲突,也很少固执己见。

对待这类型谈判者,在谈判中可以使用以下方法:

(1) 向他们提出的方案、建议一定要详细、具体、准确,避免使用"大概""差不多"等模糊的字词句,论点清楚,论据充分。

(2) 耐心、细心地对待对方,如果对方决策时间长,千万不要催促,逼迫对方表态,因为这样会加重他的疑心。

（3）在陈述问题的同时，要留出充裕的时间让对方思考，并提出详细的数据说明。在谈判中要尽量襟怀坦荡、诚实、热情。

（4）这类人不适应矛盾冲突，也不能过多地运用这种方法，否则会促使他防卫、封闭自己，来躲避你的进攻，双方无法进行坦诚、友好的合作。

11.3 谈判者的心理

11.3.1 谈判心理禁忌

谈判的禁忌是多方面的，下面将从两大方面分别阐述商务谈判的心理禁忌。

1. 一般谈判心理禁忌

（1）戒急。在商务谈判中，有的谈判者急于表明自己的最低要求，急于显示自己的实力，急于展示自己对市场、对技术、对产品的熟悉，急于显示自己的口才等。这些行为很容易暴露自己，易陷于被动地位。

（2）戒轻。在商务谈判中，有的谈判者会轻易暴露所卖产品的真实价格，轻信对方的强硬态度，没有得到对方切实的交换条件就轻易作出让步，遇到障碍轻易放弃谈判等。"轻"的弊病一是"授人以柄"，二是"示人以弱"，三是"假人以痴"，都是自讨苦吃的心理弊病。

（3）戒俗。所谓俗就是小市民作风。在商务谈判中，有的谈判者因对方有求于他就态度傲慢，有的谈判者因有求于对方就卑躬屈膝。这些行为可能会使谈判者既失去谈判的利益，又失去谈判者的尊严。

（4）戒狭。心理狭隘的人不适合介入谈判，因为心理狭小则容不下这张谈判桌。在商务谈判中，有的谈判者把个人感情带入谈判中，或让自己的情绪受人感染，或脾气急躁，或太在乎对方的言语、态度。这种谈判者一般都不能很好地完成谈判任务。

（5）戒弱。俗话说"未被打死，先被吓死"就是弱。在商务谈判中，有的谈判者过高地估计对手的实力，不敢与强势的对手正面交锋、据理力争，有的谈判者始终以低姿态面对对手，虚弱之态可掬，忠厚之状可欺。

2. 专业谈判心理禁忌

（1）忌缺乏信心。在激烈的商务谈判中，特别是同强者的谈判中，缺乏求胜的信心是很难取得谈判成功的。"高度重视——充分准备——方法得当——坚持到底"，这是取得谈判胜利的普遍法则。在谈判中，谈判各方为了实现自己的目标，都试图调整自己的心理状态，从气势上压倒对手。所以，成功的信念是谈判者从事谈判活动必备的心理要素，谈判者要相信自己的实力和优势，相信集体的智慧和力量，相信谈判双方的合作意愿，具有说服对方的信心。自信心的获得是建立在充分调研的基础上，而不是盲目的自信，更不是固执于自己错误的所谓自信。

（2）忌热情过度。严格来讲，谈判是一件非常严肃的事情，它是企业实现经济利益的常见业务活动。在进行商务谈判时，适度的热心和关怀会使对方乐于和你交往，但过分热情就会暴露出你的缺点和愿望，给人以有求于他的感觉。这样就削弱了己方的谈判力，提高了对手的地位，本来比较容易解决的问题可能就要付出更大的代价。因此，对于谈判者而言，在商务谈判中对于热情的把握关键在于一个“度”的问题。如果己方实力较强，对于对方的提案，不要过于热心，只要表示稍感兴趣，就会增加谈判力量。相反，如果己方实力较弱，则应先缓和一下两者之间的冷漠关系，同时表现出热情但不过度，感兴趣却不强求，不卑不亢，泰然处之，从而增加谈判力量。

(3) 忌举措失度。在商务谈判中，各种情形复杂多变，难以预料。当出现某些比较棘手的问题时，如果没有心理准备，不知所措，就会签订对自己利益损害太大的协议，或者处理不当，不利于谈判的顺利进行。有为一点小事纠缠不清的，有故意寻衅找事的，当这些事情发生时，谈判当事人应保持清醒的头脑，沉着冷静，随机应变，分析其原因，找出问题的症结。如果是对方蛮不讲理，故意制造事端，就毫不客气，以牙还牙，不让对方得逞，以免被对方的气势所压倒。在不同的谈判场合会遇上各种对手，碰到不同的情况，不知所措，只会乱了自己的阵脚，帮了对手。所以，谈判者一定要学会“临危不乱”才行。

(4) 忌失去耐心。耐心是在心理上战胜谈判对手的一种战术，它在商务谈判中表现为不急于求得谈判的结果，而是通过自己有意识的言论和行动，使对方知道合作的诚意与可能。谈判是一种耐力的竞赛和比拼，没有耐力素质的人不宜参与谈判。耐心是提高谈判效率赢得谈判主动权的一种手段，让对方了解自己，又使自己详尽地了解对手。只有双方相互了解、彼此信任的谈判才能获得成功，所以，耐心是商务谈判过程中一个不可忽视的制胜因素。

案例 **戴维营和平协议**

著名的戴维营和平协议是一个由于美国前总统卡特的耐心而促成谈判成功的经典案例。为了促成埃及和以色列的和平谈判，卡特精心地将谈判地点选择在戴维营，尽管那里环境幽静、风景优美、生活设施配套完善，但卡特总统仅为谈判者安排了两辆自行车作为娱乐工具，晚上休息，住宿的人可以任选三部乏味的电影中的任何一部看。住到第6天，每个人都把这些电影至少看过两次了，他们厌烦得近乎发疯。但是接下来的每天早上8点钟，埃及总统萨达特和以色列总理贝京都会准时听到卡特的敲门声和那句熟悉而单调的话语，“您好！我是卡特，再把那个乏味的题目讨论上一天吧。”正是由于卡特总统的耐心，到第13天，萨达特和贝京都忍耐不住了，再也不想为谈判中的一些问题争论不休了，这就有了著名的戴维营和平协议。

(资料来源：王淑贤. 商务谈判理论与实务. 北京：经济管理出版社，2003)

(5) 忌掉以轻心。谈判永远不可以掉以轻心。谈判获胜前不能掉以轻心，获胜后更不能掉以轻心，否则，要么是功败垂成，要么树敌。在商务谈判中，一方设置陷阱的情况经常发生，有些商家在提出条件时比较含混，故意掩盖事情的真相。如果谈判者不能及时地发现问题，很容易被迷惑，为合同的履行埋下祸根，一旦情况发生了变化，对方以各种理由不执行协议，将导致谈判前功尽弃。

(6) 忌假设自缚。有哲人指出，主观臆断是一般人的通病。别让你的有限经验成为永恒的事实。作为谈判者就是要冒风险，挣脱过去经历的先例，对臆测提出质疑，从现有的经验之中做些新的尝试。不要表现得仿佛你有限的经验能代表全球性的真理。尽量先去试验一下自己的猜测是否正确,迫使自己走出经验之外,别固守着落伍的方式做事情。

11.3.2 成功谈判者的心理素质要求

谈判人员良好的心理素质是谈判取得成功的重要基础条件。谈判人员的坚定信心,对谈判的诚意,在谈判中的耐心等,都是保证谈判成功不可或缺的心理素质。良好的心理素质,是谈判者抗御谈判心理挫折的条件和铺设谈判成功之路的基石。谈判人员加强自身心理素质的培养,可以把握谈判的心理适应。

谈判人员对商务谈判心理有正确的认识,就可以有意识地培养和提高自身的心理素质,摒弃不良的心理行为习惯,从而把自己造就成商务谈判的人才。商务谈判人员应具备的基本心理素质是:

(1) 崇高的事业心、责任感。指谈判者要以极大的热情和全部的精力投入到谈判活动中,以对自己工作高度负责的态度、抱定必胜的信念去进行谈判活动。只有这样,才会有勇有谋,百折不挠,达到目标;才能虚怀若谷,大智若愚,取得成功。试问,一个根本不愿意进行谈判,对集体和国家都没有责任心的人,代表集体去进行谈判,他会全力以赴吗?会取得成功吗?不会的。再有,一个抱着个人目的代表集体去谈判,他会为集体的利益据理力争吗?他会使集体需要获得最大程度的满足吗?不会的。只有具有崇高事业心和强烈责任感的谈判者,才会以科学严谨、认真负责、求实创新的态度,本着对自己负责、对别人负责、对集体负责的原则,克服一切困难,顺利完成谈判任务。

(2) 坚韧不拔的意志。商务谈判不仅是一种智力、技能和实力的比试,更是一场意志、耐性和毅力的较量。有一些重大艰难的谈判,往往不是一轮、两轮就能完成的。对谈判者而言,如果缺乏应有的意志和耐心,是很难在谈判中成功的。意志和耐心不仅是谈判者应具备的心理素质,也是进行谈判的一种方法和技巧。

(3) 以礼待人的谈判诚意和态度。谈判的目的是为了较好地满足谈判双方的需要,是一种交际、一种合作,谈判双方能否互相交往、信任、取得合作,还取决于谈判双方在整个活动中的诚意和态度。谈判作为一种交往活动是人类自尊需要的满足,要得到别人的尊重,前提是要尊重别人。谦虚恭让的谈判风格、优雅得体的举止和豁达宽广的胸怀是一位成功谈判者所必需的。在谈判过程中以诚意感动对方,可以使谈判双方互相信任,建立良好的交往关系,有利于谈判的顺利进行。谈判桌上谦和的态度和化敌为友的含蓄委婉,比任何场合的交谈都更为重要。例如,谈判者挨着谈判桌,摆出一副真诚的姿态,脸上露出淡淡的笑意,对方发言时总是显出认真倾听的样子,常常是很讨人喜欢的。“是呀,但是……”“我理解你的处境,但是……”“我完全明白你的意思,也赞同你的意见,但是……。”这些话既表示了对对方的尊重、理解、同情,同时又赢得了“但是”以后所包含的内容,使谈判向成功又迈进了一步。

(4) 良好的心理调控能力。要完成伟大的事业没有激情是不行的。但在激情下面,限制我们激情所激发的行动是那种广泛、不受个人情感影响的观察。谈判是一种高智能的斗智谋的竞赛活动,感情用事会给谈判造成很大的不利影响。一名成功的谈判者,应具有良好的心理调控能力,在遭受心理挫折时,善于作自我调节、临危不乱,在整个谈判过程中始终保持清醒、冷静的头脑，保持灵敏的反应能力、较强的思辨性和准确的语言表达，使自己的作用和潜能得以充分发挥，从而促成谈判的成功。

【本章习题】

1. 性格对商务谈判的影响有哪些？
2. 试举例说明需要层次理论在现代商务谈判中的实际应用。
3. 如何发现谈判对手的需要？

【扩展学习】

在很久以前的一个部落，有这样一个传统：那里的青年人想结婚，先要学会捕捉牛的技术，捉了足够多的牛作为聘礼，送给女方家，才可以成家立室。最少的聘礼是一头牛，最高是九头牛。这个部落酋长有两个女儿，有一天，一个青年走到酋长的面前，说爱上了他的大女儿，愿意以九头牛作为聘礼迎娶她。酋长听了之后，大吃一惊，忙说："九头牛的价值太高了，大女儿不值，不如改娶小女儿吧，小女儿值九头牛。"可是这位青年坚持要娶酋长的大女儿，酋长终于答应了他，这件事轰动了整个部落。

一年后的一天，酋长经过这位青年的家，看见他家正在举行晚会，一大群人围成圆圈，正欣赏一位美丽的女郎载歌载舞，酋长十分奇怪，去问那位青年这个女郎是谁？怎么酋长会不认识呢？年轻人回答："她就是酋长您的大女儿啊。"

年轻人以"九头牛"的价值对待他迎娶回来的妻子，同时酋长的大女儿也确信自己的价值是最高"九头牛"的时候，她便发生了脱胎换骨的变化。

思考题

从该案例中我们能够获得什么启示？

第12章 国际商务谈判

【学习要点】

1. 掌握国际商务谈判的特征和要求

2. 熟悉、了解各国商务谈判风格

【导入案例】

我国一家石油公司的经理在与石油输出国组织的一位阿拉伯代表谈判，下面是他的一些自述："在协商一些细节问题时，谈话中，阿拉伯代表逐渐地向我靠拢过来，直到距离我大约还有15厘米时才停下来。当时我没有意识到什么，而且我也对中东地区的风俗习惯不太熟悉。我往后退了退。在我们之间保持着一个我认为适当的距离，大约60厘米左右。这时，只见阿拉伯代表略略迟疑了一下，皱了皱眉头，随即又向我靠过来，此时我不安地又退了一步。突然，我发现我的助手正焦急地盯着我，并摇头向我示意，我终于明白了他的意思，我站住不动了，在一个我觉得特别扭、最不舒服的位置上谈妥了这笔交易。"

12.1 国际商务谈判的特征与要求

12.1.1 国际商务谈判概念

国际商务谈判的定义有三个层次：国际、商务和谈判，其内涵是多层意义的结合。可以归纳为：就不同国家间附属多个国家的法律标准的交易进行的讨论和协商。这里主要应掌握"地域和法律标准"对讨论和协商的定性。国际商务谈判是国际商务活动的重要组成部分，在国际商务活动中占据相当大的比重。有关研究表明，在国际商务活动过程中，销售人员、企业在各个地区的管理人员、律师及工程技术人员等50%的工作时间用于各种各样的商务谈判之中，其中多数是与来自不同文化背景或不同国家的对手之间的谈判。

我们应该完整、准确地理解国际商务谈判的含义：

（1）国际商务谈判是国际商务活动的主要内容。在国际商务实践活动中，谈判占有很大的比重，并往往起决定性作用。

（2）国际商务谈判是国际商务交易的讨论、洽谈等商业活动的总称。我们不能仅仅把签约的辉煌时刻称为国际商务谈判，也不能把它理解为仅仅是签约之前那一阶段的事情，它还包括签约之后协议的履行阶段。签约只是交易的开始,更重要的是协议的圆满执行。相当一部分人重视了对签约之前那一阶段的研究,忽略了签约之后的事情。

(3) 商务活动的主体分属于不同的主权国家。也就是说,谈判主体属于不同的主权国家,谈判结果和益处将有益于不同的主权国家。特别是在国际商务合作形式多样化的今天,这一点必须牢记。同一个国家的人,大家彼此熟悉,但也许会代表不同的国家进行谈判。在这种情况下,国家和民族利益必须充分考虑。当然,由于历史的原因,可能在一个主权国家内的不同地区实行着不同的社会制度。如果出现这种情况,不能称为国际谈判或国家之间的商务谈判,准确的称呼应该是跨区域谈判。

(4) 国际商务谈判是国内商务谈判的延伸和发展。国内商务谈判和国际商务谈判都是商务活动的必要组成部分,是企业发展国内市场和国际市场业务的重要手段。与国内商务谈判是一致的,它仍然是以实现商业利润为目标,以价格谈判为核心。只不过,在一定阶段上,国际商务谈判的商业目标表现得比较间接而已。

12.1.2 国际商务谈判特征

国际商务谈判是国内商务谈判的延伸和发展。因此,国际商务谈判首先具备国内商务谈判的特征。国内商务谈判的特征在本书的第一章作过介绍,在此不再赘述。与国内商务谈判相比,国际商务谈判的特征主要有:

1. 国际性

国际性是国际商务谈判的最大特点,又称为跨国性。其谈判主体属于两个或两个以上的国家。谈判者代表了不同国家或地区的利益。通常以国家的简称加具体的谈判对象或事物来称呼特定的国际商务谈判,如"中美知识产权谈判""中美俄关于某某工程建设的谈判"等。由于国际商务谈判的结果会导致资产的跨国转移,因而要涉及国际贸易、国际结算、国际保险、国际运输等一系列问题。在国际商务谈判中,要以国际商法为准则,并以国际惯例为基础。国际商务谈判的这一特点是其他特点的基础。

2. 跨文化性

国际商务谈判不仅是跨国的谈判,而且是跨文化的谈判。不同国家的谈判代表有着不同的社会、文化、经济、政治背景,谈判各方的价值观、思维方式、行为方式、交往模式、语言及风俗习惯等各不相同。

比如,在语言交际中,美国谈判者常有与日本人几乎同样数量的交谈重叠,但远比巴西人少。在非语言交际中,美国谈判者一般没有日本谈判者那么多的沉默,但比巴西人要来得沉默。他们比日本人保持更多的眼睛接触,但比巴西人少。巴西谈判者在触碰方面比美国以及日本要多得多。

3. 复杂性

复杂性是由跨文化性和国际性派生而来的,是指国际商务谈判比国内商务谈判环境更加复杂多变。从事国际商务谈判的人将花费更多的时间与精力来适应环境及其多变性。国际商务的这种复杂性体现在若干差异上,如语言及其方言的差异、沟通方式的差异、时间和空间概念的差异、决策结构的差异、法律制度的差异、谈判认识上的差异、经营风险的差异、谈判地点的差异等。

4. 政策性

由于国际商务谈判常常涉及谈判主体所在国家之间的政治和外交关系，所以，政府会经常干预或影响商务谈判。在国际商务谈判的过程和谈判结果方面，谈判者必须贯彻执行国家的有关方针政策和外交政策，特别是执行对外经济贸易的一系列法律和规章制度。这就要求谈判人员熟悉相关国家的方针政策。

5. 困难性

国际商务谈判协议签订之后的执行阶段，如果出现纠纷或其他意外，需要协调的关系多，经历的环节多，解决起来相当困难。这就要求谈判者事先要估计到某些可能出现的意外事件，并进行相应的防范与准备。

商务谈判是当事人之间为实现一定的经济目的，明确相互的权利义务关系而进行协商的行为。认真研究谈判的特点和原则，是谈判取得成功的保证。

12.1.3 国际商务谈判工作的基本要求

国际商务谈判是国内商务谈判的延伸和发展，它们之间并不存在本质的区别，但是，如果谈判人员以对待国内谈判对手和对待国内商务活动同样的逻辑和思维去对待国际商务谈判的对手与遇到的问题，显然难以取得国际商务谈判的预期效果。因此，为了做好国际商务谈判工作，谈判者除了要掌握好商务谈判的基本原理和方法外，还必须注意以下几个基本要求：

1. 树立正确的国际商务谈判意识

国际商务谈判意识是促使谈判走向成功的灵魂。谈判者谈判意识的正确与否，将直接影响到谈判方针的确定、谈判策略的选择，影响到谈判中的行为准则。正确的国际商务谈判意识主要包括：谈判是协商，不是“竞技比赛”；谈判中既存在利益关系又存在人际关系，良好的人际关系是实现利益的基础和保障；国际商务谈判既要着眼于当前的交易谈判，又要放眼未来，考虑今后的交易往来。

2. 做好开展国际商务谈判的调查和准备

国际商务谈判的复杂性要求谈判者在开展正式谈判之前，做好相关的调查和准备工作。首先，要充分地分析和了解潜在的谈判对手，明确对方企业和可能的谈判者的个人状况，分析政府介入的可能性，以及一方或双方政府介入可能带来的问题。其次，要调研商务活动的环境，包括国际政治、经济、法律、社会意识形态等，评估各种潜在的风险及其可能产生的影响，拟订各种防范风险的措施。再次，合理安排谈判计划，选择比较合适的谈判地点，对对方的策略开展反策略准备。最后，反复分析论证，准备多种谈判方案，应对情况突变。

3. 正确认识和对待文化差异

国际商务谈判的跨文化特征要求谈判者必须正确认识及对待文化差异。世界上不同国家、不同民族的文化没有高低贵贱的分别。文化习俗的差异反映了不同文化中的民族与自然、地理环境等斗争的历史。尊重对方的文化是对国际商务谈判者最起码的要求。“入乡随俗，出国问禁”，从事国际商务谈判的人员要善于从对方角度看问题，善于理解对方看问题的思维方式和逻辑判断方式。切记，在国际商务谈判中，以自己熟悉的文化的“优点”去评判对方文化的“缺点”，是谈判的一大禁忌。当自己跨出国门与他人进行谈判，自己就成为别人眼中的外国人。

4. 熟悉国家政策、国际商法和国际惯例

国际商务谈判的政策性特点要求谈判者必须熟悉国家的政策，尤其是外交政策和对外经济贸易政策，把国家和民族的利益置于崇高的地位。除此之外，还要了解国际商法，遵循国际商务惯例。

5. 善于运用国际商务谈判的基本原则

在国际商务谈判中，要善于运用国际商务谈判的一些基本原则来解决实际问题，取得谈判效果。在国际商务谈判中，要运用技巧，尽量扩大总体利益，使双方都多受益；善于营造公开、公平和公正的竞争局面，防止暗箱操作；一定要明确谈判目标，学会妥协，争取实质利益。

6. 具备良好的外语技能

语言是交流磋商必不可少的工具。良好的外语技能有利于双方的交流效率，避免沟通过程中的障碍和误解。许多国家的人都认为，对方懂得自己的语言是对自己民族的尊重。法国人对自己语言的热爱和“保护”众所周知，对在法国不讲法语的外国人，他们的热情与欢迎程度就会降低。学好语言，能够更好地了解对方的文化。语言本身就是文化的重要组成部分。

12.2 国际商务谈判的风格

谈判风格，是一个使用频率很高的词。但是，至今仍没有准确的定义。我们认为，谈判风格是指谈判人员在谈判过程中，通过言行举止表现出来的建立在其文化积淀基础上的与对方谈判人员明显不同的关于谈判思想、策略和行为方式等的特点。这一概念包括以下几层含义：

(1) 谈判风格是在谈判过程中表现出来的关于谈判的言行举止；

(2) 谈判风格是谈判人员文化积淀的折射和反映；

(3) 谈判风格有其自身的特点，与不同国家或地区的风格存在明显差异；

(4) 谈判风格历经反复实践和总结，被某一国家或民族的谈判人员所认同。

12.2.1 谈判风格的特点与作用

1. 谈判风格的特点

谈判风格所包含的内容太多、太广，所以很难用简短的语言来概括它。但我们还是可以概括出它的一些特点：

(1) 对内的共同性。是指同一个民族或有着相同文化背景的谈判人员，在商务谈判中会体现出大体相同的谈判风格。比如，受儒家文化影响的中国人和日本人，都有“爱面子”的特点。从这个意义上，世界上不同国家或地区商人才存在不同的特点。

(2) 对外的独特性。是指特定群体及其个人在判断中体现出来的独特气质和风格。任何集团的人的集合都是一个群体，会体现出群体与群体之间的差异。在同一个群体内，个体与个体之间也存在着差异。谈判风格的独特性决定了它表现形式的多样化。所以，不同国家、民族，或同一个国家、同一个民族，由于文化背景、生活方式、风俗习惯等的影响，会表现出不同的风格。

（3）成因的一致性。无论哪种谈判风格，其形成原因大体一致，即主要受文化背景、人的性格及文化素养等方面的影响。

任何一个民族都有深厚的文化土壤，谈判者必然会受到本民族风俗习惯、价值观念和思维方式等的影响，形成他们的世界观，并指导自己的行为处事。如果忽视这一点，很难对其表现出来的谈判风格作出合理而深刻的理解，很难适应对方的谈判风格，当然也就难以获得谈判的成功。

人的性格与文化背景和后天环境影响有着密切的关系，是社会化的结果。如我国北方人以从事农业为主，多处于征战与政治漩涡的中心，形成了直爽、豪侠、慷慨的性格。南方人长期遨游商海，形成了机智灵活的特点。

一个国家和一个民族的价值观、文化传统及思维方式造就出体现自己风格的优秀谈判人员，但并不等于其国家和民族所有的人都能体现这种优秀的东西；同时，其他性格的人同样可以成为优秀的谈判人员，原因在于后天因素的影响。后天因素是指个体所受的教育程度，表现为知识、修养、能力的提高等。谈判人员的风格不仅与其性格、民族有一致性，更与其文化素养一致。为此，要形成自己的谈判风格，还需要从提高自己的文化素养入手。

2. 谈判风格的作用

谈判风格对谈判有着不可忽视的作用，甚至关系到谈判的成败。研究谈判风格，具有重要的作用。

（1）营造良好的谈判氛围。良好的谈判气氛是保证谈判顺利进行的首要条件。如果我们对谈判对手的谈判风格十分熟悉的话，言行举止会十分得体，能比较快地赢得对方的好感，使他们从感情和态度上接纳我们。在这样的氛围下开展谈判，深入探讨问题，自然会容易得多。

（2）为谈判策略提供依据。学习和研究谈判风格不仅仅是为了创造良好的谈判氛围，更重要的是为谈判策略的运筹提供依据。如果我们不研究对方的谈判风格，不了解谈判风格的形成、表现形式及作用，就会在制定谈判策略的时候无从下手，更谈不上主动根据对方的谈判风格设谋用略。谈判风格所涉及的知识领域非常广阔，如天文、地理、社会、宗教、民俗、文化、心理、行为、政治、经济等。这些知识本身就会为谈判策略的确定提供依据和帮助。

（3）有助于提高谈判水平。商务谈判往往是很理性化的行为，但理性往往受到非理性或感性东西的引导或驱使。谈判风格在认识上有可能是理性的，但其表现形式多为感性。我们研究和学习谈判风格的过程本身，就是一种学习和提高的过程。我们要实行“拿来主义”，汲取不同国家、不同民族和地区谈判风格中优秀的东西，汲取他们优秀的谈判经验与艺术，减少失误或避免损失，进而形成自己的谈判风格，或使自己的谈判风格更完善、更完美。

3. 考察商务谈判风格的方法

不同国家的商人在长期谈判实践中形成的谈判风格，零碎地表现在他们的日常言谈举止中。想要用比较少的文字来描述或总结这些风格显得非常困难。因此，需要我们先确立考察商务谈判风格的方法。

使用哪些方法来考察不同国家、不同地区商人的谈判风格呢？主要有两种：一是从谈判者的性格特征来总结或描述，这是由于个人的性格特点千差万别，很难取舍；二是从地理分布及不同国家商人表现的大体特点来介绍。我们主要选择了第二种方法来做介绍。为了便于比较，我们选取了一些特定的角度来考察一些比较重要的国家。这些角度包括：商人如何建立谈判关系；在谈判中，他们的决策程序怎样；时间观念有没有差别；沟通如何进行；对待合同或协议是什么态度等。

12.2.2 不同文化及跨文化谈判风格

谈判风格受谈判人员个人气质、心理素质的影响，也会因每个人所处的国度、地区不同，受到不同的政治、经济、文化传统的影响而有所不同。我们来看看由于文化背景不同形成的不同谈判风格。

（一）美国商人的谈判风格

由于美国在国际贸易中的地位，美国文化给谈判带来的特点引人注目。从总体上来说，美国人的性格通常是外向的。因此，有人将美国人的性格特点归纳为外露、坦率、真挚、热情、自信、滔滔不绝，以及追求物质上的实际利益。

与美国人做生意，"是"和"否"必须保持清楚，这是一条基本的原则。当无法接受对方提出的条款时，要明白地告诉对方不能接受，而不要含糊其辞，使对方存有希望。有些人为不致失去继续洽谈的机会，便假装有意接受的样子而含糊作答，或者答应以后作答而实际上迟迟不作回答，这些都会导致纠纷的产生。万一发生了纠纷，就更要注意谈判的态度，必须诚恳、认真，绝对不要笑。因为在美国人看来，出现了纠纷而争论时，双方的心情都很恶劣，笑容必定是装出来的，这就会使得对方更为生气，甚至认为你已经自认理亏了。

与美国人谈判，绝对不要指名批评某人。指责客户公司中某人的缺点，或把以前与某人有过摩擦的事作为话题，或把处于竞争关系的公司的缺点抖搂出来进行指责等，都是绝对不可以的。这是因为美国人谈到第三者时，都会顾及避免损伤对方的人格。这点，务必牢记于心，否则是会被对方蔑视的。

美国人对商品的包装和装潢比较讲究。这是因为在美国，包装与装潢对商品的销路具有重要的影响，只有新奇的符合国际潮流的包装与装潢，才能激起消费者的购买欲，扩大销售。在美国，一些日用品花费在包装装潢上的费用占到商品成本的很大比例。

在经商过程中，美国人通常喜欢公事公办，个人交往和商业交往是明确分开的。他们认为，良好的商业关系带来彼此的友谊，而非个人之间的友谊带来良好的商业关系。不过，美国人强调个人主义和自由平等，生活态度积极、开放，很愿意交朋友而且容易结交。美国人以顾客为主，甚于以产品为主，他们很努力地维护和老客户的长期关系，以求稳定的市场占有率。有一种不正确的理解认为美国人做生意很死板，丝毫不讲人情，实际上这是错误的，美国人的传统就是从事商业。

美国人的时间观念很强，办事要预约，并且准时。美国谈判者总是努力节约时间，不喜欢繁文缛节，希望省去礼节、闲聊，直接切入正题。他们喜欢谈判紧凑，强调尽可能有效率地进行，迅速决策不拖沓。在美国人的价值观念中，时间是线性的而且是有限的，必须珍惜和有效地利用。

美国商人坦诚直率、真挚热情、健谈，不断发表自己的意见和看法。他们注重实际，对"是"与"非"有明确理性的定义。当他们无法接受对方提出的条件时，就明白地告诉对方自己不能接受，而且从不含糊其辞，使对方心存希望。无论介绍还是提出建议，美国谈判者都乐于简明扼要，尽量提供准确数据。任何非直接、模棱两可的回答都会被美国谈判者视为缺乏能力与自信、不真诚甚至虚伪的表现。美国人推崇人人平等，交往中不强调等级差别。对谈判，他们认为是双方公平自由的协商，应该有“双赢”的结果，所以希望彼此尽量坦诚地陈述观点和意见。

（二）英国商人的谈判风格

英国人有很强的民族自豪感和排外心理，总带着一种强国之民悠悠自得的样子。初与英国商人交往，开始总感觉有一段距离，让人感到他们高傲、保守。但慢慢地接近，建立起友谊之后，他们会十分珍惜，并会长期信任你。与美国人相似，英国人同样习惯于将商业活动和自己个人生活严格分开，有一套关于商业交往行为礼仪的明确准则。个人关系往往以完成某项工作、达成某个谈判为前提，是滞后于商业关系的。

英国商人比较看重秩序、纪律和责任，组织中的权力自上而下流动，等级性很强，决策多来自于上层。同时，也比较重视个人能力，不喜欢分权和集体负责。在对外商务交往中，英国人的等级观念使他们比较注重对方的身份、经历、业绩、背景，而不像美国人那样更看重对手在谈判中的表现。所以，在必要的情况下，派较有身份地位的人参加与英国人的谈判，会有一定的积极作用。

英国人对时间的看法非常严谨。他们崇尚准时和守时，有按日程或计划办事的习惯和传统。在商务活动中讲究效率，谈判大多进行得较紧凑，不拖沓。

英国人以绅士风度闻名世界，常常处变不惊、谈话轻描淡写。对他人和他物，英国人所能给的赞赏是“像英国式的”。他们喜欢以他们的文化遗产、喂养的宠物等作为谈论的话题，尽量避免讨论政治、宗教、皇家是非等。初识英国人，最安全的话题当然是天气。

英国人谈判稳健，善于简明扼要地阐述立场、陈述观点，之后更多的是沉默，表现出平静、自信而谨慎。在谈判中，与英国人讨价还价的余地不大。有时他们会采取非此即彼的态度。在谈判关键时刻，他们往往表现得既固执又不肯花大力气争取，使对手颇为头痛。英国人认为，追求生活的秩序与舒适是最重要的，勤奋与努力是第二位的。所以，他们愿意做风险小、利润少的买卖。在谈判中，如果遇到纠纷，英国商人会毫不留情地争辩。

英国人很重视合同的签订，喜欢仔细推敲合同的所有细节。一旦认为某个细节不妥，便拒绝签字，除非耐心说服，并提供有力的证明材料。英国商人一般比较守信用，履约率比较高。要注意维护合同的严肃性。但国际上对英国商人比较一致的抱怨是他们有不大关心交货日期的习惯，出口产品经常不能按期交货。所以，在与英国人签订的协议中万万不可忘记写进延迟发货的惩罚条款加以约束。

（三）法国商人的谈判风格

法国人乐观、开朗、热情、幽默、爱国，并注重生活情趣，富有浓郁的人情味、热情和浪漫情怀，非常重视相互信任的朋友关系，并因此影响生意。在商务交往中，法国人往往凭借着信赖和人际关系去进行，在未成为朋友之前，他们不会同你进行大宗交易，而且习惯于先用小生意试探，建立信誉和友谊之后，大生意便接踵而至。热情的法国人将家庭宴会作为最隆重的款待，但绝不能将家庭宴会上的交往视为交易谈判的延伸。一旦将谈判桌上的话题带到餐桌上来，法国人会极为不满。

法国公司家族企业多，讲究产品特色，不轻易做超越自己财力范围的投资。一般情况下，法国公司的组织结构单纯，自上而下的层次不多，比较重视个人力量，很少进行集体决策。从事谈判也大多由个人承担责任，决策迅速。法国商人大多专业性强，熟悉产品，知识面广。即使是专业性很强的谈判，他们也能一个人独当几面。

法国商人大多十分健谈，富有感情，话题广泛，而且口若悬河，出口成章。在谈判开始时，他们喜欢聊一些社会新闻及文化方面的话题，以创造一种轻松友好的气氛，否则将被视为“枯燥无味”的谈判者。法国商人在边聊边谈中慢慢转入正题，在最后的决定阶段，才一丝不苟地谈生意。法国人非常尊重自己的传统文化和语言，在商务谈判中多用法语。如果能讲几句法语，将有助于谈判形成良好的气氛。

法国人比较注重信用，一旦签约，会比较好地执行协议。在合同条款中，他们非常重视交货期和质量条款。在合同的文字方面，法国人往往坚持使用法语，以示其爱国热情。为此，与法国商人签订协议不得不使用两种文字，并且要商定两种文字的合同具有同等的效力。

在谈判方式的选择上，他们偏爱横向谈判，谈判的重点在于整个交易是否可行，不太重视细节部分。主要问题谈妥后，他们便急于签约。他们认为具体问题可以以后再商量或是日后发现问题时再修改。经常出现昨天签好的协议明天就要修改的情况。

法国商人不喜欢为谈判制订严格的日程安排，但喜欢看到成果，所以在各个谈判阶段，都有“备忘录”“协议书”之类的文件，为后面的正式签约奠定基础。

（四）加拿大商人的谈判风格

加拿大是个移民国家，民族众多，各民族相互影响，文化彼此渗透。大多数人性格开朗，强调自由，注重实利，发挥个性，讲究生活舒适。受多元文化的影响，加拿大商人一般懂英、法两种语言。

加拿大居民大多是法国人和英国人的后裔。在谈判决策上，有非常深的法国人和英国人的风格（请参阅英国人和法国人谈判风格）。

（五）德国商人的谈判风格

德国人沉稳、自信、好强、勤奋、严谨，对发展个人关系和商业关系都很严肃，他们十分注重礼节、穿戴、称呼等。要想得到德国伙伴的尊重和信任，着装必须严肃得体。德国谈判者的个人关系是很严肃的，他们希望你也如此。如果你和德国谈判对手不熟悉，你要称呼他“史密特先生”（或“史密特博士”），而不要直呼其名“弗里茨”。如果对方是 20 岁以上的女士，你应该称呼她为“史密特夫人”。穿戴也要正规，要习惯于在所有场合下穿一套西装。无论你穿什么，不要把手放在口袋里，因为这被认为是无礼的表现。

在商务谈判中，德国人强调个人才能。个人意见和个人行动对商业活动有重大影响。各公司或企业纪律严明，秩序性强。决策大多自上而下作出，不习惯分权或集体负责。

无论公事还是私事，德国人非常守时，在商业谈判和交往中忌讳迟到。对迟到者，德国人会毫不掩饰他们的不信任和厌恶感。勤奋、敬业是德国企业主的美德。在欧洲，德国人的上班时间最长，8 点以前上班，有时要到晚上 8 点才下班。

尽管德国人比较保守，但他们办事雷厉风行，考虑事情周到细致，注重细枝末节，力争任何事都完美无缺。在谈判前，他们收集资料详细，准备周密，从不打没有准备的仗。充分的准备使他们在谈判一开始便占据主动,谈判思维极有系统性、逻辑性。他们谈判果断,极注重计划性和节奏,一开始就一本正经地进入正题。谈判中,德国人语气严肃,陈述和报价清楚明白;谈判建议具体、切实,以一种清晰、有序和有权威的方式加以表述。但是,德国人在谈判中常常固执己见,缺乏灵活性。

德国人非常擅长商业谈判,他们一旦决定购买就会想尽办法让你让步。德国谈判者经常在签订合同之前的最后时刻试图让你降低价格,因此,你最好有所提防,或者拒绝,或者作出最后让步。

德国人最擅长讨价还价,这并不是因为他们具有争强好胜的个性,而是因为他们对工作一丝不苟,严肃认真。无论你的企业在你自己的国家里多么有信誉,他们都要调查你的企业的情况,只要可能,还要让你的产品在他们的或你的工厂中实际演示。在他们开始讨论你的产品的价值之前,还要向你的技术人员及客户了解情况。因此,你在交易的初期不能太着急。德国人有"契约之民"的雅称,非常重视和尊重契约。在签订合同之前,他们将每个细节都谈判到,明确双方的权利及义务后才签字。这种严谨的谈判作风,使得德国商人的履约率在欧洲最高。他们会一丝不苟地按照合同办事,诚实可信。同时,他们也严格要求对方,除非有特殊情况,绝不理会其贸易伙伴在交货和支付方式及日期等方面提出的宽限请求或事后解释。他们重视商权,在德国的法律条文中有严格而明确的商权规定。比如,如果要取消代理契约,必须支付五年期间平均交易额的所得利润,否则不能取消代理契约等。

(六)俄罗斯商人的谈判风格

俄罗斯是礼仪之邦。俄罗斯人热情好客,注重个人之间的关系,愿意与熟人做生意。他们的商业关系是建立在个人关系基础之上的,只有建立了个人关系,相互信任和忠诚,才会发展成为商业关系。没有个人关系,即使是一家优秀的外国公司进入俄罗斯市场,也很难维持其发展。俄罗斯人主要通过参加各种社会活动来建立关系,增进彼此友谊。这些活动包括拜访、生日晚会、参观、聊天等。在与俄罗斯人交往时,必须注重礼节,尊重民族习惯,还要对当地的风土民情表示出兴趣等。只有这样,在谈判中才会赢得他们的好感、诚意与信任。

长期以来,俄罗斯是以计划经济为主的国家,中央集权的历史比较悠久。这使得俄罗斯社会生活的各个方面和各个层面都带有比较浓厚的集权特征。他们往往以谈判小组的形式出现,等级地位观念重,责任常常不太明确和具体。他们推崇集体成员的一致决策和决策过程的等级化。他们喜欢按计划办事,一旦对方的让步与其原定目标有差距,则难以达成协议。由于俄罗斯人在谈判中经常要向领导汇报情况,因而谈判中决策与反馈的时间较长。俄罗斯正处于从计划经济向市场经济过渡的时期,正经历剧烈的政治、经济和社会变革。与他们谈判要注意这个变化,搜集相关资料,作好应对复杂性和动荡性的准备。

俄罗斯有一句古老的谚语说:"如果你打算出门旅行一天,最好带上一周的面包。"因为在俄罗斯,难以预料和不确定的因素太多,包括谈判中的时间和决策,行政部门的干预,交通和通信的落后。他们认为,时间是非线性的,没有必要把它分成一段一段地加以规划。谈判时俄罗斯人不爱提出讨论提纲和详细过程安排,谈判节奏松弛、缓慢。不过,俄罗斯人比较遵守时间,在商务交往中,需事先预约。

俄罗斯人喜欢非公开的交往,喜欢私人关系早于商业关系的沟通方式。一旦彼此熟悉,建立起友谊,俄罗斯人表现得非常豪爽、质朴、热情,他们健谈、灵活,乐于谈论自己的艺术、建筑、文学、戏剧、芭蕾等。他们非常大方、豪迈,长时间不停地敬酒,见面和离开都要握手。俄罗斯人是讨价还价的行家里手,善于运用各种技巧。常用制造竞争、有的放矢等技巧。

俄罗斯人重视合同。一旦达成谈判协议,他们会按照协议的字面意义严格执行;同时,他们也很少接受对手变更合同条款的要求。在谈判中,他们对每项条款,尤其是技术细节十分重视,并会在合同中精确表示各条款。

（七）葡萄牙商人的谈判风格

葡萄牙人在某些地方很像希腊人,他们比较随便,约会时经常迟到,但喜欢社交。除了少数人比较富有以外,大多数人比较贫穷。他们穿着比希腊人讲究,尽管天气很热也穿着西装。你和他们谈判时,他们穿着上衣,你也应该穿上上衣,在工作和社交等所有场合你都应该戴上领带。

在葡萄牙做生意很费时间。他们在决策时有拖延的传统。然而,这里是做生意的好地方,高尔夫球场比比皆是,海滩风景如画,膳食供应花样繁多。

（八）意大利商人的谈判风格

在欧洲国家中,意大利人并不像其他国家那样对时间特别看重,约会、赴宴经常迟到,而且习以为常。即使是精心组织的重要活动,也不一定能保证如期举行,但如果他们特别重视与你的交易,情况可能另当别论。

意大利人崇尚时髦,不论是商人还是旅行家,都衣冠楚楚,潇洒自如。他们的办公地点,一般设施都比较讲究;他们对生活中的舒适,如住宿、饮食都十分注重;对自己的国家及家庭也感到十分自豪与骄傲。在商务谈判中,最好不要谈论国体政事,但可以听听他们或引导他们谈谈其家庭、朋友。当然,前提是你与他们有了一定的交情。

意大利人性格外向,情绪多变,喜怒都常常表现出来。在谈话中,他们的手势也比较多,肩膀、胳膊、手,甚至整个身体都随说话的声音而扭动,以至于有的专家认为,听意大利人说话是一种享受。

意大利人比德国人少一些刻板,比英国人多一份热情。但在处理商务时,通常不动感情。他们决策过程也比较缓慢,但不同于日本人,他们并不是要与同僚商量,而是不愿仓促表态。所以,对他们使用最后期限策略,作用较好。

意大利人有节约的习惯,与产品质量、性能、交货日期相比,他们更关心的是花较少的钱买到质量、性能都说得过去的产品。如果是他们卖东西,只要能有理想的价格,他们会千方百计地满足用户的要求。

（九）荷兰商人的谈判风格

荷兰人曾经是欧洲最正统的民族,并且至今仍是讲究清洁卫生的典范。如果希腊人和荷兰人做生意的话,文化素养高而且会做生意的荷兰人肯定占优势。

老一代荷兰人极爱清洁,并讲究秩序,他们希望做生意时也这样。他们喜欢花一些时间预先对商业协定和会谈作些计划,他们不喜欢你不通知就去拜访他们。你要想和他们会谈,必须在到达荷兰之前就和他们约定好,而不能到饭馆后再和他们联系。他们性格坦率,开诚布公,你从他们的窗户没有窗帘就可以看出一点来:全家人干自己的事,而不怕外人看见。

其他国家的人一般不会讲荷兰语,而他们会讲很多种外国话。几乎你遇到的每个人都会讲英语和德语。因此,你和他们谈判时不会有语言障碍,他们能听懂你的意思。如果他们自己进行协商,就改用荷兰语,即使你在旁边,他们也不担心失密。由于荷兰过去的殖民地印度尼西亚和苏里南的大批移民进入荷兰,使荷兰成为一个多民族的社会。

荷兰人善于进行贸易谈判,虽然有时候他们有点不讲情面,但他们认为自己可以很好地与外国人相处。荷兰是个小国,荷兰人是欧洲共同体成员国中最赞成欧洲一体化的,他们讨厌欧洲其他国家人民过分的国家主义观念。

他们和德国人一样努力签订好合同,和你打交道时,他们会利用自己的经济势力获得额外的利益。

(十) 西班牙人的谈判风格

西班牙地处地中海的西部。西班牙人与希腊人截然不同,他们傲慢甚至目中无人,在谈判时,他们的行为举止就仿佛他们是世界的主人或者是你居住的那个地方的主人。

西班牙人在谈生意时总是注意穿戴,而且在其他许多场合也如此。他们对生活和各种关系,特别是国内事务的安排,都有严肃的看法,这与其他南欧人是不同的。因此,身着泳装时,绝不要离开海滩或游泳池到其他地方闲逛。在旅游地区的旺季,西班牙人和他们的警察对于公众行为是很认真的。

西班牙人很强调信誉,你会发现他们签订合同后,一般都非常认真地履行。他们指望从你那儿得到的东西并不少,他们具有地中海人讨价还价的本领,做起来也从来不知道脸红,而且他们认为你也会如此。但是,一旦双方达成协议,则不能对合同进行丝毫修改。他们宁愿受点损失也不愿公开承认他们犯了错误。如果你认为他们在协议中无意受到了损失而帮助他们的话,你就等于永久地赢得了他们的友谊和信任。

西班牙人通常是在晚餐上谈生意和庆祝生意的成功,而且你应该知道,西班牙人极少在晚上九点以前坐下来吃饭。晚餐经常进行到午夜,在这之前还要光顾酒吧,在那儿你可以吃一些海外小吃并喝几杯酒。如果你没去酒吧,那么你如果饿了,可以先提前吃点东西。

(十一) 澳大利亚商人的谈判风格

澳大利亚由六个州组成,各州都有各自的宪法,法律也不相同,各州之间的地区观念比较浓。澳大利亚的人口中,90%是欧洲系人,以沉着型居多,不喜欢生活环境被扰乱。

澳大利亚由于地广人稀,因而很重视办事效率。谈判中,澳方派出的谈判人员一定都是具有决定权的人。因此,对方也应该派出同样具有决定权的人,否则他们会很介意。他们极不愿意把时间浪费在不能做决定的空谈中,而且在谈判中谈及价格时,不喜欢对方报高价,然后再慢慢地减价。他们极不愿意在讨价还价上浪费时间。所以,他们采购货物,大多采用招标的方式,根本不给予讨价还价的机会,所以必须以最低价格议价。

澳大利亚人的成见比较重,所以谈判人员必须给他们留下好的第一印象,才能使谈判顺利进行。

澳大利亚的一般员工都很遵守工作时间,下班时间一到,就会立即离开办公室。但经理阶层的责任感很强,对工作很热心,待人不拘束,也乐于接受招待。但需要注意的是,不要以为在一起喝过酒生意就好做了。他们的想法是,招待归招待,与生意无关,公私分明。另外,由于澳大利亚行业范围狭小,信息传递得很快,因此谈判中要注意措辞。

（十二）日本商人的谈判风格

日本是个礼仪社会。日本人所做的一切，都要受严格礼仪的约束。许多礼节在西方人看起来有些可笑或做作，但日本人做起来却一丝不苟、认认真真。正因为如此，如果外国人不适应日本人的礼仪，或表示出不理解、轻视，那么，他就不大可能在推销和采购业务中引起日本人的重视，也不可能获得他们的信任与好感。尊重并理解日本礼仪，并能很好地适应，并不是要求学会像日本人那样鞠躬，喜欢喝日本人的大酱汤，而是在了解日本文化背景的基础上，理解并尊重他们的行为。

日本商人具有强烈的群体意识。日本文化所塑造的日本人的价值观念与精神取向都是集体主义的，以集体为核心。日本人认为压抑自己的个性是一种美德，人们要循众意而行。日本的文化教化人们将个人的意愿融于和服从于集体的意愿。所以，日本人认为，寻求人们之间的和谐关系是最为重要的。任何聚会和商务谈判，如果是在这样的感觉和气氛下进行的，那么它将存在一种平衡，一切也就进行得很顺利。

（十三）中国商人的谈判风格

中国企业家十分注重人际关系。在中国，建立关系是寻求信任和安全感的一种表现。在商业领域和社会交往的各个环节，都渗透着“关系”。“关系”成为人们所依赖的与他人、与社会进行沟通联系的一个重要渠道。建立关系之后，我国商人往往通过一些社交活动来达到相互的沟通与理解。这些活动通常有宴请、观光、购物等。

决策结构和关系一样，人的因素始终是决定性的。从某种程度上说，我国企业的决策系统比较复杂，改革过程中企业的类型多，差异大。企业的高层领导往往是谈判的决策者。争取他们的参与，有利于明确彼此承担的义务，便于执行谈判协议。

中国商人对时间的流逝并不十分敏感。人们喜欢有条不紊、按部就班。在商务交往中，对时机的判断将直接影响到交易行为。信奉欲速则不达，防止拔苗助长、急躁妄为。如果时机不成熟，他们宁可按兵不动，也不草率行事。随着市场经济的确立和深入，中国商人的时间观念正在逐渐加强，工作效率也正在不断提高。

我国文化追求广泛意义上的和谐与平衡。受儒家文化的影响，“面子”观念深入社会生活的各个方面与层次，并直接影响商务谈判。在商务谈判中，商人不喜欢直接、强硬的交流方式，对对方提出的要求常常采取含糊其辞、模棱两可的方法作答，或利用反问把重点转移。

在沟通过程中，一些被西方人认为是交谈禁区的话题，如家庭状况、身体状况甚至年龄和收入等，都可以作为加深了解的话题。不过，无论什么话题，都要表现得谦虚有礼。谦虚是儒家思想提倡的美德。

传统中国社会重视关系胜于重视法律。改革开放后，中国加强了法制建设和执法的力度，中国商企的法制观念和合同意识不断增加。

【本章习题】

1. 国际谈判的基本要求有哪些？
2. 试述国际商务谈判的风格和特点。
3. 举例探讨各国不同的谈判风格。

【扩展学习】

日本一家航空公司就引进法国飞机的问题与法国的飞机制造厂商进行谈判。为了让日方了解产品的性能,法国方面作了大量的准备工作,各种资料一应俱全。谈判一开始,急于求成的法方代表口若悬河,滔滔不绝地进行讲解,翻译忙得满头大汗。日本人埋头做笔记,仔细聆听,一言不发。法方最后问道:“你们觉得怎样?”日本代表有礼貌地回答道:“我们不明白。”“不明白?这是什么意思?”法方代表焦急地问道。日方代表仍然以微笑作答:“不明白,一切都不明白。”法方代表看到一切都要前功尽弃,付之东流,沮丧地说:“那么……你们希望我们怎么办?”日方提出:“你们可以把全部资料再为我们重新解释一遍吗?”法方不得已,又重复一遍。这样反复几次的结果,日本人把价格压到了最低。

思考题

请根据上述案例,回答下列问题,并简要说明理由。

(1) 日本人为什么能把价格压到最低?

(2) 体现了日本人的什么谈判风格?

(3) 这种风格有什么好处?

参考文献

[1] 金正坤.商务礼仪[M].北京大学出版社,2004
[2] 张占一.试议焦急文化和知识文化.语言教学与研究,1990
[3] 吴冰.中西方文化差异拾零.闽西职业大学学报,2002
[4] 孙金玲.谈商务谈判礼仪.科技资讯,2006
[5] 徐鹏飞.浅谈商务谈判中的礼仪.商场现代化,2006
[6] 仇耀辉.商务谈判中应注意的礼仪修养.经济论坛,2006
[7] 王俊.现代商务谈判礼仪.经济日报,2002
[8] 王盘根.商务公关[M].北京:高等教育出版社,2005
[9] 方其. 商务谈判—理论、技巧、案例[M]. 北京:中国人民大学出版社,2008
[10] 方明亮,刘华. 商务谈判与礼仪[M]. 北京:科学出版社,2009
[11] 高建军,卞纪兰. 商务谈判实物[M]. 北京:北京航空航天大学出版社,2007
[12] 陈刚平,周晓梅.旅游社交礼仪[M].北京:旅游教育出版社,2000

教师反馈及教辅申请表

北京大学出版社本着“教材优先、学术为本”的出版宗旨，竭诚为广大高等院校师生服务。为更有针对性地提供服务，请您按照以下步骤在微信后台提交教辅申请，我们会在 1~2 个工作日内将配套教辅资料，发送到您的邮箱。

◎手机扫描下方二维码，或直接微信搜索公众号“北京大学经管书苑”，进行关注；

◎点击菜单栏“在线申请”—“教辅申请”，出现如右下界面：

◎将表格上的信息填写准确、完整后，点击提交；

◎信息核对无误后，教辅资源会及时发送给您；如果填写有问题，工作人员会同您联系。

温馨提示：如果您不使用微信，您可以通过下方的联系方式（任选其一），将您的姓名、院校、邮箱及教材使用信息反馈给我们，工作人员会同您进一步联系。

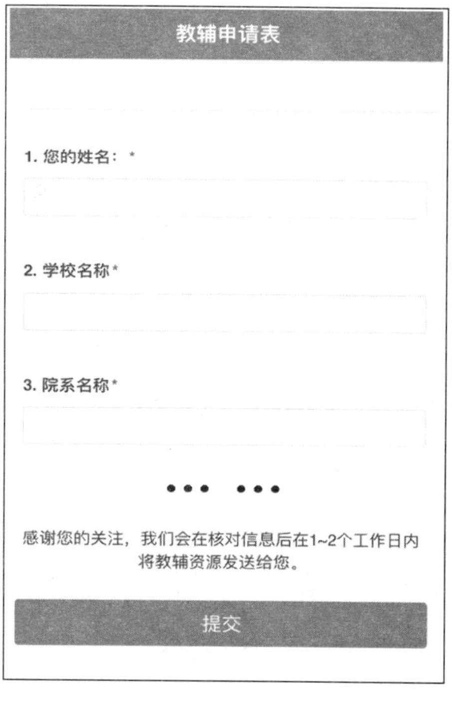

我们的联系方式：

通信地址：北京大学出版社经济与管理图书事业部北京市海淀区成府路 205 号，100871

联 系 人：周莹

电　　话：010-62767312 /62757146

电子邮件：em@pup.cn

Q Q：5520 63295（推荐使用）

微信：北京大学经管书苑（pupembook）

网址：www.pup.cn